Ships Passenger Lists
Port *of* Galveston
Texas
- 1846-1871 -

By:
Galveston County Genealogical Society

Southern Historical Press, Inc.
Greenville, South Carolina

This volume was reproduced from
A personal copy located in the
Publisher's private library

All rights reserved. No part of this publication may be reproduced,
stored in a retrieval system, transmitted in any form, posted
on to the web in any form or by any means without
the prior written permission of the publisher.

Please direct all correspondence and orders to:

www.southernhistoricalpress.com
or
**SOUTHERN HISTORICAL PRESS, Inc.
PO BOX 1267
Greenville, SC   29601
southernhistoricalpress@gmail.com**

Originally published: Easley, SC.   1984
Copyright 1984 by: Southern Historical Press, Inc.
ISBN #0-89308-343-7
All rights Reserved.
Printed in the United States of America

FOREWORD

This was an extremely difficult task our genealogy group tackled. Very few members are of German ancestry, but this would not have helped. The person that recorded the names at the time of embarkation spelled the names as he wanted. For instance "Frederick" was spelled different almost every time it was entered. There are names that do not make sense and spelling of names that make even less. I cannot even say please check spellings as you would probably never think of spelling a name the way it may be listed. All I can say is good luck and read every name in the book and maybe you will be lucky.

It has taken over two and one half years in this effort and much appreciation is expressed to the many volunteers for the countless hours spent to make this published record available to you, the genealogist.

Ella E. Lee Sheffield

CONCERNING THE PORT OF GALVESTON

1. The establishment of the Port of Galveston

   The Port of Galveston was established as a port of customs entry by order of the Congress of Mexico on October 17, 1825. The city of Galveston was founded in 1839; and Texas adopted Federal recordkeeping after the state was annexed on December 29, 1845.

2. How long was the port an entry for immigrants?

   The port is still a port of entry; however, there is no longer any regular passenger service from foreign ports, so very few immigrants enter through this port.

3. Is Galveston the only port of entry in Texas?

   Galveston is not and was not the only port in Texas. It was, however, the major port of entry in the 19th century.

SHIPS PASSENGER LIST
Port of Galveston, Texas
1846-1871

VESSEL	FROM	MASTER	DATE
1st Quarter 1846			
Bark Dyle Soomes	Antwerp		
Andaira Valley	Antwerp		March 27, 1846
2nd Quarter 1846			
Schooner Leo. Gardes	Bremen		
4th Quarter, ending 31 December 1847			
Chas. N. Cooper		Ed. A. York	October 23, 1847
Barque Natchez		S.B. Lindsey	
Barque Franciska			
Brig. Helen & Elise		Fehrs.	December 7
1st Quarter 1848			
Brig. Jon Dethard	Bremen		January 2, 1848
2nd Quarter 1848			
Brig. Antoinette	Bremen	Wessels	June 13
4th Quarter 1848			
Bark Louis	Antwerp	Andiens	November 20, 1848
Bark John Holland	Antwerp	Henderson	November 27
Barke Colonist	Hamburg	Jungensan	November 28
Bark Neptune	Bremen	Viahenman	December 15
Brig. John Gethard	Bremen	Wigmeyer	December 15
Brig. Canestuis	Bremen	Buschman	December 19
2nd Quarter 1849			
Isabella Teague	England		May 11, 1849
Galliott Flora	England		May 2, 1849
Brig. Herschel	Bremen		May 21, 1849
4th Quarter 1849			
Br. Neptune	Bremen	Schweichel	November 6, 1849
Brig. Canapus	Bremen	Bushman	December 3, 1849
Brig. Reform	Bremen	Ammermann	December 3, 1849
Bk. Franziska	Bremen	Hagerdorn	December 6, 1849
Bk. Hamburg-Knollen	Hamburg		December 15, 1849
1st Quarter 1850			
Brig. Henschel	Bremen	Raschen	January 24, 1850
Bark Alexander	Hamburg	Hemichsen	March 4
2nd Quarter 1850			
Bark Neptune	Bremen	Vespuman	June 13
Bark Colonist	Hamburg	Jergensan	June 13
4th Quarter 1850			
Bark Bessilian	Hamburg	Hinrichsen	October 13
Brig Reform	Bremen	F. Ammermann	November 29
Bark Solan	Bremen	Balleer	November 30
Br. Herman Taeodore	Bremen	Muller	December 2, 1850
Br. John Frederick	Hamburg	Behrens	December 21, 1850
1st Quarter 1852			
Brig. Sophie	Bremen	Behrens	January 19
Sch. Brig. Magnet	Bremen	Hasloop	February 2
3rd Quarter 1852			
Bark Creole	Bremen	Wessels	July 8

1st Quarter 1857
Bark E. von Beaulieu   Bremen   Wragge   January

3rd Quarter 1857
Brig. Anna Louisa   Bremen   Meyer   July 31, 1857

1st Quarter 1858
Bark Jeverland   Bremen   Shellman   March 29

2nd Quarter 1858
Wiser   Bremen   Vesperman   June
Wilhelm
Fortuna   Bremen   Dewers   June

3rd Quarter 1866 ending September 31, 1866

4th Quarter 1866
Bark Iris   October 17, 1866
Bk. Weser   November 26, 1866
Bark Beaulieu   December 5, 1866

1st Quarter 1867
Havelock (Hancock)   February 5, 1867
Bark Bismarch   March 1867

2nd Quarter 1867
Bark Iris   Bremen   Schutte   May 13, 1867

4th Quarter 1867
Bark Fortuna   Bremmen   Freytag   November 1, 1867
Bark Iris   Bremen   Schutte   November 6
Bark Diana   Bremen   Siegner   November 6
Ship Neptune   Bremen   Hirdes   November 16
Bark Texas   Bremen   Mientzen   December 14
Bark Anton Guncher   Bremen   Setterson   December 16
Bark Wesen   Bremen   Behrens   December 23

1st Quarter 1868
Bark Gessner   Bremen   Jaburg   January 20

4th Quarter 1868
Bark Texas   Bremen   Eclleentzen   October 19
SS Lord Buve   Liverpool   Thomas Buker   December 9

4th Quarter 1869
Bark Iris   October 16, 1869
Bark Neptune   November 1869
Bark Galveston   November 1869
Weser   1869
Erna   December 1869

2nd Quarter 1870
Iris   Bremen   Schutte   April 14
Galveston   Bremen   August Heidorn   June 2
Weser   Bremen   Ed Rodinberg   June 2

3rd Quarter 1870
Herbert   Liverpool   Cleanes   August 19

4th Quarter 1870
Heiress   Liverpool   John Rea   October 29
Erna   Bremen   Schutte   December 28

1st Quarter 1871
Meteor   Bremen   N.B. Dirkson   January 30, 1871

2nd Quarter 1871
Bremen   Bremen   John Hillmers May 10, 1871
Weser   Bremen   John Poppe   June 15, 1871
Galveston   Bremen   Otto Rehkopf   June 19, 1871

List of passengers arrived from foreign ports in the Port of Galveston
the 1st Quarter, 1846

Name of the Vessel Bark Dyle Soomes from Antwerp

Name	Age	Sex	Occupation	Origin	Destination
page 1					
J. G. Schiewtez	37	M	Farmer	Germany	Texas U.S.A.
Fredericka Fumale & female infant	34	F			
Christine Fumale	11	F			
Frederick Schiewetez	9	M	Farmer	Germany	Texas
Jacob Schiewetez	5	M			
George do	3	M			
Jane do	7	F	Farmer	Germany	Texas
J. A. Schussler	35	M	Farmer	Germany	Texas
Eva V. Schussler & female infant	35	F		Germany	Texas
John Schussler	9	M			
Conrad do	7	M			
Jacob do	5	M			
Guillumne do	2	M			
Christian Boringher	37	M	Farmer	Germany	Texas
Christine R. do & male child	33	F			
Elize Boringher	7	F			
Jane do	5	F			
Justina do	3	F			
Peter Metzger	54	M	Farmer	Germany	Texas
Philip C. Metzger	25	M			
Jacob do	15	M			
Frederick do	11	M			
Anne Marie do	23	F			
Franz Marie do	21	F			
J. J. Schukraft	33	M	Farmer	Germany	Texas
Marie do & female child	39	F		Germany	Texas
Gotlieb do	7	M			
page 2					
Fredrick Schukraft	6	M			
Jacob F. Wessinger	31	M	Farmer	Germany	Texas
Ann C. F. do & female child	30	F		Germany	Texas
John Wessinger	5	M			
Christopher J. Frink	34	M	Farmer	Germany	Texas
Ann S. Frink & female child	30	F		Germany	Texas
Jacob Frink	5	M			
J. J. Schimetz	35	M	Laborer	Germany	Texas
Margaret G. do & female & male child	30	F		Germany	Texas
Philip Schimetz	2	M			
Lois Ekert	33	M	Farmer		
Christina W. Ekert & female child	28	F			
Adolphe Ekert	2	M			
Valentin Horn	33	M	Farmer		
Ann Marie do	38	F			
J. M. Fisc	66	M			
Marie Fisc	60	F			
Anne Fisc	31	F			
J. Schukraft	23	M	Farmer	Germany	Texas
Mary C. Steiner	20	F			
Regina Schukraft	64	F			
Gottlieb Heberle	24	M	Farmer	Germany	Texas
Christian Frank	30	M	Farmer	Germany	Texas
Chatirine Brauning	19	F	Farmer	Germany	Texas
John M. Gaughler	25	M	Farmer	Germany	Texas

Name	Age	Sex	Occupation	From	To
Felise Nusser	23	M	Farmer	Germany	Texas
Gia Brun	28	M	Farmer	Germany	Texas
Andrew F. Herthing	23	M	Farmer	Germany	Texas
Henry Berheanz	30	M	Farmer	Germany	Texas

page 3

Name	Age	Sex	Occupation	From	To
John C. Schober	18	M	Farmer	Germany	Texas U.S.
Charles Gehsdorf	46	M	Farmer	Germany	Texas
Anne Gehsdorf & female & male child	28	F			
Jane do	7	F			
Caroline do	6	F			
Charles Wagner	25	M	Farmer	Germany	Texas
John Kessler	30	M	Farmer	Germany	Texas
O. Bluker	41	M	Farmer	Germany	Texas
Elizabeth H. do	42	F			
Catherine do	3	F			
John do	11	M	Farmer	Germany	Texas
Jacob do	9	M	Farmer	Germany	Texas
Louis Grahy	20	M	Farmer	Germany	Texas
Louise Grahy	22	F		Germany	Texas
Margaret Thier	20	F			
Peter Metz	28	M	Farmer	Germany	Texas
Catherine T. Metz & child	20	F		Germany	Texas
William Palm	20	M	Farmer	Germany	Texas
M. E. Grewelge	58	F			
Geo. F. Grewelge	32	M	Farmer	Germany	Texas
Henry Thier	25	M	Farmer	Germany	Texas
Joh Henrich	23	M	Farmer	Germany	Texas
John Riake	45	M	Farmer	Germany	Texas
J. M. Rienarz	65	M	Farmer	Germany	Texas
Frederick do	10	M	Farmer	Germany	Texas
Regina do	13	F		Germany	Texas

page 4

Name	Age	Sex	Occupation	From	To
John W. Foerester	37	M	Farmer	Germany	Texas
Regina G. do & male child	32	F		Germany	Texas
Bertha do	12	F			
Jane do		F	(DIED)		
Edward do	7	M	Farmer	Germany	Texas
Jacob W. Schroeder	33	M	Farmer	Germany	Texas
Anne G. do & female child	30	F		Germany	Texas
Elenore do	4	F			
Peter Schroeder	3	M			
William Schink	28	M			
E. Anne B. do	32	F			
Edward Spartz	20	M	Farmer	Germany	Texas
Caroline do	20	M	(DIED)		
Charlotte Spaltz	60	F			
Fredk. Spartz	29	M	Farmer	Germany	Texas
Catherine May	66	F			
Ida May	24	F			
Edwd. May	28	M	Farmer	Germany	Texas
Elenora May	11	F			
Edwd. Foerler	37	M	Farmer	Germany	Texas
Emily S. do & male child	35	F			
Louise do	3	F			
Fredk. do	9	M			
Gusto do	5	M			
Bartholo Vennewitz	24	M	Farmer	Germany	Texas
Henry W. Orlepp	47	M	Farmer	Germany	Texas
Elize B. do	42	F			
Dorothy do	12	F			
Fredk. do	12	M			
Auguste	8	M			

page 5

Name	Age	Sex	Occupation	From	To
Henry Orlep	6	M			

Name	Age	Sex	Occupation	From	To
Fredrick do	6	M			
Henry Zerbeck	54	M	Farmer	Germany	Texas
Gertrude M. do	52	F	Farmer	Germany	Texas
Eliza do	24	F			
Maria do	21	F			
John Zerbech	23	M			
Anthony do	26	M			
John Weil	40	M	Farmer	Germany	Texas
Marie Franz do	42	F			
Jane do	14	F			
Henry do	10	M			
John Heinrich	23	M	Farmer	Germany	Texas
Joseph Schleuch	28	M	Farmer	Germany	Texas
Louis Seyferth	20	M	Farmer	Germany	Texas
Jacob Knopp	22	M	Farmer	Germany	Texas
John Amlebach	40	M	Farmer	Germany	Texas
William Schmidt	23	M	Farmer	Germany	Texas
W. Arorbach	20	M	Farmer	Germany	Texas
Otto Rhodius	24	M	Farmer	Germany	Texas
Christian Rhodius	23	M	Farmer	Germany	Texas

Name of Vessel Andaira Valley date March 27, 1846, from Antwerp.
page 6

Name	Age	Sex	Occupation	From	To
Peter Schmidt	27	M	Farmer	Germany	Texas
Anna S. Schmidt	23	F	Farmer		
Peter Biskel	36	M	Farmer	Germany	Texas
Henrich Wetzler	27	M	Merchant	Germany	Texas
John C. Wembrih	40	M	Mechanic	Germany	Texas
Dorotha M. do & female infant	42	F		Germany	Texas
August do	14	M			
Alexander do	12	M			
Wilhelm do	9	M			
Brenhard do	8	M			
Michael Krebs	48	M	Soldier	Germany	Texas
Rosina D. Kebs	48	F		Germany	Texas
Philipps Darmstaedter	20	M	Mechanic	Germany	Texas
Jean F. Dambach	48	M	Baker	Germany	Texas
Christina W. do & male infant	50	F			
Magdalina do	10	F			
Louis do	8	M			
Fredrick Ament	22	M	Merchant	Germany	Texas
Ludwig Muller	28	M	Mechanic	Germany	Texas
Christian Eich	43	M	Mechanic	Germany	Texas
John N. Schmitt	35	M	Mechanic	Germany	Texas
H. B. S. Schmitt & male infant	32	F		Germany	Texas
Christine do	8	F			
Carl do	10	M			
Julin do	4	M			
John Geo. Hoffman	29	M	Mechanic	Germany	Texas

page 7

Name	Age	Sex	Occupation	From	To
John Jacob Schmidt	58	M	Mechanic	Germany	Texas
Fredericka Schmidt	37	F	Mechanic	Germany	Texas
Fredelin Mylins	30	M		Germany	Texas
F. A. Pfefferkorn	24	M	Mechanic	Germany	Texas
Ernest Huy	20	M	Mechanic	Germany	Texas
Dorothea M. Huy	20	F		Germany	Texas
Johan C. Jager	29	M	Mechanic	Germany	Texas
Johann N. Henendorf	28	M	Mechanic	Germany	Texas
Phillipps O. Herrmann	23	M	Mechanic	Germany	Texas
Johann D. Napps	44	M	Mechanic	Germany	Texas
Maria M. Napps	42	F			
Maria do	18	F			
Fredericka do	14	F			
Johan P. Metz	29	M	Mechanic	Germany	Texas

Name	Age	Sex	Occupation	Origin	Destination
Caroline H. Metz	30	F			
& male infant					
Henrietta do	3	F		Germany	
Georges L. Meyer	24	M	Mechanic		
Gerard Buckner	43	M	Mechanic		
Catherine F. do	30	F			
& male infant					
Louise do	12	F			
Auguste do	10	M			
Carl do	8	M			
Philips do	6	M			
Wilhelm do	3	M			
Mathies Denker	31	M			
Catherine S. do	24	F			
& male infant					

page 8

Name	Age	Sex	Occupation	Origin	Destination
Heinrich Schnirg	32	M	Mechanic	Germany	Texas
Schnirg, Maria V.	29	F			
with infant					
Schnirg, Caroline	3	F			
Schnirg, Christian	6	M			
Jacob G. Warbach	39		Mechanic	Germany	Texas
Warbach, Caroline S.	37				
& male child					
Emelie do	9	F			
Franz J. Bantle	52	M	Farmer		
Johannes do	8	M			
George do	6	M			
Alexander do	5	M			
Verina Bantle	9	F			
Octavie Bantle	14	F			
Johannies Single	34	M	Farmer	Germany	Texas
Barbara Single	41	F			
Bertha do	8	F			
Auguste do	9	M			
Wilhelm do	4	M			
Johannes Fireisle	44	M	Farmer	Germany	Texas
Maria B. do	40	F			
& female infant					
Sophie do	11	F			
Mathias do	14	M			
Johannes do	18	M			
Calverina do	12	F			
Wilhelm do	8	M			
Mathias Fireiste	77	M	Farmer	Germany	Texas
Philipp Birk	44	M			
Christina M. Berk	37	F			
Christina do	11	F			
John do	10	M			
Philip do	8	M			

page 9

Name	Age	Sex	Occupation	Origin	Destination
Abraham Banmann	36	M	Farmer	Germany	Texas
George W. Copp	22	M	Farmer	Germany	Texas
Engelbert Veramskoff	25	M	Farmer	Germany	Texas
Autor Schmidt	40	M	Farmer	Germany	Texas
Anna B. Schmidt	36	F			
Lisette do	12	F			Texas
Bertha do	9	F			
Adile do	3	F			
Randolph do	6	M			
Fredk. Neber	41	M	Farmer	Germany	Texas
Anna S. do	45	F			
Anna do	12	F			
Joseph do	9	M			
Wilm. Panthel	50	M	Farmer	Germany	Texas
Johan Blek	33	M	Farmer	Germany	Texas
Victorine F. do	22	F			
& male child					

Name	Age	Sex	Occupation	Origin	Destination
August Engle	27	M	Farmer	Germany	Texas
Christian Ham	58	M	Farmer	Germany	Texas
Christn. Fritz	24	M	Farmer	Germany	Texas
Sopha Brebham	24	F			
Sopha Fiegel	24	F			
Barbara Palm	23	F			
David H. Nanz	23	M	Farmer	Germany	Texas
Caspard Lindig	54	M	Farmer	Germany	Texas
Henrich Buckner	40	M	Farmer	Germany	Texas
Elizabeth S. do	39	F			
& female infant					

page 10

Name	Age	Sex	Occupation	Origin	Destination
Joseph M. Berk	65	M	Farmer	Germany	Texas U.S.
Martin Berk	8	M			
Maria do	6	F			
Catherine do	3	F			
Anthon Buchner	12	M			
Wilhelm do	9	M			
Auguste do	4	M			
Catherine do	6	F			
Catherine Stuhn	24	F			
Chrisr. Kayser	53	M			
Louise H. Kayser	45	F			
Harriet do	14	F			
Christine do	12	F			
Louise do	12	F			
Christopher Hoyer	47	M	Mechanic	Germany	Texas
Angus S. do	48	F			
Anton do	19	M			
Johannes do	17	M			
Christien do	14	F			
Marie do	1	F			
F. B. Dermstyne	26	M	Mechanic	Germany	Texas
Geo. Gerhardt	24	M	Mechanic	Germany	Texas
Wilhelm Bischoff	37	M	Mechanic	Germany	Texas
Mary B. do	37	F			
Anna do	2	F			

page 1-38 is missing

List of passengers arrived from foreign ports in the Port of Galveston the 2nd Quarter, 1846

Name of Vessel Schooner Leo. Gardes from Bremen.
page 39

Name	Age	Sex	Occupation	Origin	Destination
G. Heinricks	44	M	Farmer	Germany	Texas U.S.
Alice Heinrick	45	F	Farmer		
Five Children					
S. T. Saathoff	27	M	Farmer	Germany	Texas
C. Staathoff	28	F	Farmer	Germany	Texas
& Two Children					
G. F. Schmidt	27	M	Farmer	Germany	Texas
A. O. Schmidt	25	F			
Three Children					
T. Schellars	29	M	Farmer	Germany	Texas
Peter Eikhorn	33	M	Farmer	Germany	Texas
Four Children					
Ernest Planker	29	M	Farmer	Germany	Texas

List of passengers arrived from foreign ports in the Port of Galveston the 4th Quarter, ending 31 December 1847
Name of Vessel Chas. N. Cooper date October 23, 1847, Master Ed. A. York.

Name	Age	Occupation	Origin	Destination
Cords, Ernest Wilhelm	31	Baker	Holstein	Texas
Cords, Joh Mania	29			Texas
Buerden, Juline	14		Hamburg	Texas
Klinsk, A---	28	Farmer	Holstein	Texas
Moller, Johann	26	Miller	Mecklenberg	Texas
Moller, Fredericke	26			
Rosky, Johann	54	Farmer	Prussia	Texas
" Magdaline	53			Texas
August	24			Texas

Name	Age	Occupation	Origin	Destination
Rosky, Anna	14			Texas
" Albert	10			Texas
Glass, Adolph	32	Dyer	Prussian	Texas
" Edward	31	Dyer		Texas
Klunt, August	24	Dyer	Bavaria	Texas
Langheim, Bernhard	28	Farmer		Texas
Lander, Ludwig	26	Waggoner	Wurtenberg	Texas
Messer, Elizabeth	21		B---	Texas
Vogg, C. Frederick	21	Butcher	Wurtenberg	Texas
Bock, Peter	43	Carpenter	Prussia	Texas
" Peter	23	Blacksmith	Prussia	Texas
" Maria	21			Texas
Hans, Ludweg	30	Farmer	Prussia	Texas
Schrader, Wilhelm	28	Cabinet Maker	Braunshweig	Texas
Eckhard, G. Willib	23			Texas
Hahn, Selina	29			Texas
Knacksuss, Gustov	36		Sachsen	Texas
" Joh. Babeffe	35			Texas
" Sophia	8			Texas
Kolb, Frederich	43	Farmer		Texas
Kolb, Joh. Regina	36			Texas
" Emilie	16			Texas
" Pauline	15			Texas
Next page				
" Edward	11			
Kolb, Frederich	8			
Voight, Samuel	DIED		Sachsen	Texas
" August	47	Farmer	Meinnger	Texas
" Ferdinand	27	Farmer		Texas
" Edward	19	do		Texas
" Caroline	DIED			Texas
" Heinrich	16			Texas
" Adolph	9			Texas
Voight, Adalheid	23		Sachsen	Texas
" Selina	1½		Meinngen	Texas
Santrich, Christian	27	Farmer	Mein	Texas
" Constanze	22			Texas
" Anna Maria	DIED			Texas
Schumann, Wilhelm	22	Cooper		Texas
" Trangott	30	Carpenter		Texas
Seinnuler, Alvin	18	Saddler		Texas
Dusch, Carl	43	Farmer	Lunenberg	Texas
Hanke, Edward	37	Farmer	Prussia	Texas
Kramer, Friedrich	24			Texas
Helfinch, Paul	23	Farmer	Hesse	Texas
Roth, Ferdinand	30	Farmer		Texas
Fuchs, Carl	23	Farmer	Hessen	Texas
Vogt, Carl	19	Farmer	Hessen	Texas
Hoffman, August	26	Farmer	Darnstadt	Texas
Manner, Anna	32		Frankfort	Texas
v. Westshalen, Edgar	27			Texas
Kr---, Johanne	33			Texas
ditto Louise	30			Texas
ditto Johanne	7			Texas
ditto Fritzchen	5			Texas
ditto Carl	2			Texas
Bussian, Catharine	70			Texas
Kngel, Johanne	36	Farmer		Texas
" Tiffe	34			Texas
" Caroline	7			Texas
" Wilhelienline	DIED			Texas
" Carl	3/4		Prussia	Texas
Sich, Christian	38			Texas
" Caroline	30			Texas
" Johannes	5/4			Texas
Zanji, Peter	50	Farmer		Texas
" Caroline	30			Texas
" Louise	24			Texas

Name	Age	Occupation	Origin	Destination
Zanji, Anna	22			Texas
" Carl	18			Texas
" Auguste	16			Texas
" Albertine	12			Texas
" Johanne	6			Texas
Schaluch, Christophe	42	Farmer		Texas
" Eva	32			Texas
" Wilhelmine	12			Texas
" Auguste	9			Texas
" Fredrich	7			Texas
" Vincent	5			Texas
" Johanne	3/4			Texas
Krause, Christian	29	Farmer		Texas
Melcher, Catharina	16			Texas
Taylor, Charles	23	Farmer	Hamburg	Texas
Hennsman, Friedrich	28	Smith		Texas
Grassisns	36	Waggoner		Texas
Biovano, Better	28	Cabinet Maker	Italie.	Texas
Kramer, Carl	38	Farmer	Baden	Texas
Budemann, Rudolph	17	Hatter	Hamburg	Texas
Kramer, Bernard	22	Merchant	Prussia	Texas
Blick, Joh. Friedrich	37	Farmer		Texas
" Susanne	32			Texas
" Justine	10			Texas
" Henrietta	7		Prussia	Texas
Blick, Wilhelm	24	Farmer		Texas
" Henriette	18			Texas
" Johanne	½			Texas
Belz, Michael	28	Farmer		Texas
Sieber, Christophe	58	do	Sachsen	Texas
" Hanna Christiane	60		do	Texas
" Carl Heinrich	25			Texas
" Moritz	18	Teacher		Texas
Sieber, Joh David	31	Farmer		Texas
" Hanna Christiane	29			Texas
" Hanna Christiane	5			Texas
" Hanna	4			Texas
Paetz, Friedrich	37	Gentleman	Prussia	Texas
Rost, Edward	37	Farmer	do	Texas
Tesen, Bertha	23		Holstein	Mobile
Schalfirt, Louis	37	Merchant	Sachsen	Texas
Neubuhr, Henry	41	Seaman	U.S.	New Orleans
Conrade, Adolph	22	Surgeon	Hamburg	Texas

Name of Vessel Barque Natchez, Master S. B. Lindsey.

Name	Age	Sex	Occupation	Origin	Destination
Meineike, Frederick	43	M	Blacksmith	Prussia	Texas
" Sophia	41	F			
" Carl	17	M			
" Fred. Will.	15	"			
" Joh. Fredr.	12	"			
" Maria Emilia	10	F			
" Whelelhmine	5	"			
" Edward	3	M			
Schaine, Heinrich	49	M	Tanner	Prussia	
" Catharine	45	F			
" Maria	21	do			
" Augusta	19	do			
" Heinrich	14	M			
" Maria Louisa	9	F			
" Adolph Auguste		M			
Strube, Fredrich	26	"	Joiner		
Kirke, Wilhelm	27	"	Taylor		
Mebis, Friedrich	38	"	Laborer		
" Catherine	34	F			
" Carl	7	M			
" Dorothea	4	F			
" Elize	2	F			
Moller, Edward	50	M	Gentleman		

Name	Age	Sex	Occupation	Origin
Moller, Josephine	46	F		
" Elise	20	F		
" Josephina	16	F		
" Luitgarde	14	F		
" Clara	12	F		
" Herrman	18	M		
" Max	8	M		
" Terese	6	F		
Brudzeicke, Elizabeth	91	F		
Staphel, Carl	28	M		
" Johanna	19	F		
Pamfer, Ma.	24	M		
Loeffler, Gothleib	19	M	Architech	Wurtenberg
Ahrens, J. F. W.	29	M	Joiner	Holstein
Buttner, Anna	26	F		
Mein, Claus	26	M	Joiner	Prussia
Schroder, Franz	30	M	Miller	Prussia
Roenaue, Carl	30	M	Wheelwright	Prussia
" Fredericia	30	F		
" Edward	5	M		
" Amelia	3	F		
" Augusta		F		
Schmidt, Carl	28	M	Merchant	Saxony
Paul, C. Frederick	45	M	Chemist	Prussia
Greive, Frederick	36	M	Teacher	Holstein
" Rosa	23	F		
Ramschutz, Carl	54	M	Doctor	Silesia
" Amelia	30	F		
" Carl	20	M		
" Maria	14	F		
" Alexander	8	M		
" Maximus	5	M		
Albrecht, Carl Hinnich	32	M	Architech	Prussia
" Louisa	23	F		
" Ferdinand		M		
Walther, Wilhelm	50	M	Gentleman	Prussia
" Caroline	25	F		
Rinik, Johannes	25	M	Joiner	Hanover
Richtor, Frangott	27	M	Joiner	Saxony
Wolff, Ferdinand	30	M	Joiner	Prussia
Wiedemann, Michael	43	M	Potter	do
" Caroline	36	F		
" Caroline	12	F		
" Edward	7	M		
" Leopold	3	M		
" Auguste		M		
Weiter, Johannes	39	M	Mason	Germany
" Elizabeth	36	F		
" Heinrich	14	M		
" Maria	12	F		
" Henrietta	9	F		
" Friedrich	6	M		
" Valentine	3	M		
" Margarita		F		
Schuchmaker, Conrad	29	M	Miner	do do
" Catharina	26	F		
" Margarita	2	F		
Suhrland, Fredr.	45	M	Barber & Surgeon	Hamburg
" Margarita	40	F		
" Frederick	10	M		

Name of Vessel Barque Franciska

Name	Age	Sex	Occupation	Origin
Frels Hammany	28	M	Farmer	Oldenburg
Bernhard Cloppenburg	24	M	Farmer	Oldenburg
Hanchin Schwarting	21	F		
Frederick "	19	M		
Hemrich Krebs	53	M		Braunsweig
Dorothea "	40	F		

Name	Age	Sex	Occupation	Origin	Destination
Wilhelm Krebs	21	M			
Franz "	18	M			
Marie "	15	F			
Otto "	12	M			
Theodore "	8	M			
Edward "	6	M			
Herman "	4	M			
Julius "	2	M			
Catharine Hermessen	58	F		Cassel	
Wilhelm Carsten	3	M			
Adolph Schlomann	27	M	Doctor	Hanover	
Friedrich Sichart	27	M			
George Fricke	27	M	Farmer	American Citizen	
Louise "	29	F		Hanover	
Frederick "	32	M		Hanover	
Mathild Kenna	24	F		Hanover	
Hermine "	3	F		do	
Carl Frank	23	M	Farmer	Car Hessen	
Elizabeth Shur	29	F	Servant	Braunsweig	Texas
Michael Voight	43	M	Merchant	Sachsen	Texas
Marie Voight	37	F		Meininger	Texas
Herrman "	15	M		Meininger	Texas
Wilhelm "	13	M		Meininger	Texas
Franz "	11	M		Meininger	Texas
Albreht "	9	M		Meininger	Texas
Carl "	7	M		Meininger	Texas
Thekla "	5	F		Meininger	Texas
Otto "	2	M		Meininger	Texas
Gustav "	1	M		Meininger	Texas
Elizabeth Dumke	17	F	Servant	Oldenburg	Texas
Diedrich Schwenke	22	M	Carpenter	Oldengerg	Texas
Johan Peters	21	M	Farmer	Oldenberg	Texas
Heinrich Schumak	15	M	Farmer	Mecklenberg	Texas
Subina "	18	F			Texas
Johann Muhlke	34	M	Farmer	Oldenberg	Texas
Marie "	26	F			Texas
Gessina "	1	F			Texas
Johan Tassken	65	M	Carpenter		Texas
Jurike "	50	F			Texas
Johan "	34	M			Texas
Jurike "	32	F			Texas
Marie "	23	F			Texas
Anna "	20	F			Texas
Johan Aschen	32	M	Farmer		Texas
Ahlert Schumaker	36	M	Farmer		Texas
Helena "	40	F			Texas
Heinrich "	14	M			Texas
Anna "	12	F			Texas
Meta "	9	F			Texas
Diedrich "	7	M			Texas
Johan "	5	M			Texas
Eise "	1	F			Texas
Heinrich Bokohe	42	M	Blacksmith	Berlin	Texas
Henriette "	47	F			Texas
Rudolph "	13	M			Texas
Albertine "	12	F			Texas
August "	9	M			Texas
Albert "	7	M			Texas
Adolph "	3	M			Texas
Carl Ahrends	35	M	Bootmaker	Hanover	
Ernest Schinspke	34	M	Black Smith	Prussia	
Ludwig Hellendahl	35	M	Bootmaker	Hanover	
Dorothea "	36	F			
Doris "	10	F			
Ludwig "	8	M			
Theodor "	4	M			
George "	½	M			
Heinrich Atte	38		Bootmaker		
Dorette "	38	F			

Name	Age	Sex	Occupation	Origin	Destination
Dorette Atte	6	F			
Maria "	4	F			
Wilhelm Schreihage	49	M	Taylor		
Dorothea "	51	F			
Ludwig "	21	M			
Henriette "	18	F			
Theodore "	16	M			
Carl "	11	M			
Christel Bock	39	M	Farmer		
Daniel Fietze	32	M	Servant		
William Holtopp	33	M	Farmer		
Sophie Durkopp	25	F	Servant		
Heinrich Schiller	38	M	Farmer		
Bernhard Ahvenbeck	52	M	Farmer		
Wilhelmine "	57	F			
Minna "	27	F			
Daniel "	25	M			
Bernhard "	14	M			
Fredrich King	42	M	Miller	Dettmold	
Wilhelmine "	37	F			
Fredrich "	17	M			
Wilhelm "	13	M			
August "	11	M			
Pauline "	10	F			
Herman "	6	M			
Frederick Frentrip	26	M	Carpenter		
Louise Berke	23	F	Servant		
Frederich Schaffer	21	F	Servant		
Johan Smiegel	29	M	Farmer	Bayern	Texas
Margaret Eigler	35	F			Texas
August Bothmer	23	M	Blacksmith	Hanover	Texas
Carl Buner	27	M	Farmer	Sachsen	Texas
Emilie "	29	F			Texas
Ferdinand Hezel	25	M	Weaver		Texas
Johan Schuke	24	M			Texas
Christian Vasage	27	M	Farmer	Braunsheig	Texas
Heinrich Schyncman	36	M	Taylor	Braunsheig	Texas
Friedrich Hageman	23	M	Butcher	Detmold	Texas
Wilhelmine do	39	F			Texas
Amalie do	11	F			Texas
Caroline do		F			Texas
Carl do		M			Texas
Carl Brink		M	Bootmaker	Merhtenburg	Texas
Mane do		F			Texas
Minna do		F			Texas
Marie do		F			Texas
Carl Bischoff	30	M		do	Texas
Louise do	34	F			Texas
Caroline do	2	F			Texas
Christian Lander	26	M	Farmer	Hessen	Texas
Carl Besselre	33	M		Prussia	Texas
Auguste do	29	F			Texas
Carl do	8	M			Texas
Ernst do	6	M			Texas
Johan Esterscheitz	40	M	Needle Maker	Mecklenburg	
Carl do	10	M			
Johan Carnatz	48	M	Joiner		
Johan Meierhof	58	M	Weaver		
Marie do	58	F			
Johan do	29	M			
Minna do	22	F			
Sophie do	18	F			
Fredericke do	16	F			
Johan Armending	30	M	Bootmaker	Mecklenburg	
Gustov Prange	30	M	Taylor		
Wolberth Fenger	56	M	Weaver	Mecklenburg	
Marie do	58	F			
Marie do	27	F			

Name		Age	Sex	Occupation	Origin
Next page					
Frederike	do	25	F		
Leopold Bransser		17	M	Clark	Wurtenburg
Johan Henninger		54	M	Farmer	Prussia
Frederike	do	38	F		
Christian	do	30	M		
Auguste	do	18	M		
Herman	do	9	M		
Caroline	do	11	F		
Pauline	do	6	F		
Augusta	do	1/4	F		
Wilhelin Overhage		27	M		
Wilhelm Miller		51	M		
Elizabeth	do	52	F		
Theodore	do	27	M		
Carl	do	18	M		
Netta	do	16	F		
Toleph	do	14	M		
Fraz Holtropp		29	M	Merchant	
August Berkenhoff		24	M	Blacksmith	
Frederick Eickhoff		21	M	Farmer	
Wilhelm Schoffman		22	M		
Frederick Bohm		29	M		
John Schumaker		23	M	Farmer	
Johan Meier		28	M	Bootmaker	Bayern
Frederick Kuhn		28	M	Miller	Fhunirgen

Name of Vessel Brig. Helen & Elise date December 7, Master Fehrs.

Name		Age	Sex	Occupation	Origin
Edward Kapke		17	M	Farmer	Berlin
Joh. Fr. Cansgatze		31	M	Farmer	Fiddelan
Chr. Paasche		45	M		Steisnke
Marie	"	44	F		
Marie	"	17	F		
Frields	"	12	F		
Elise	"	9	F		
Dorothy	"	7	F		
Hesner	"	3			
Fr. Gauze		28		Joiner	Katte
Whilhelmina	"	26			
Carol	"	3/4			
Fr. Melgian		27			Hudelsen
Next page					
Carl Ricke		29		Sheppard	Ahmbeck
Hr. Chs. Bebenroth		21		Farrier	Prussia
Fr. Klott		27		Farrier	Germanan
Aug. Beckendorf		34		Smith	Apenburg
Carol	"	27			
Emilie	"	7			
Jossn	"	4			
August	"	2			
Dorothe Lindmuller		22			Brome
Toach Tegge		24		Farrier	Steieunke
Joh Toach Beneke		38			Brome
Doroth		28			
Doroth		8			
Fred		6			
Wilh		4			
Carl		2			
Doroth Paache		66			
Doroth	do	21			
Fr. Paache		36			Nemenhaldenrleben
Chrne		8			
Carl Olland		44		Mason	Brome
Mar. Dor		27		(DIED)	
Elisb	"	5			
Tac Eggert		50		Farmer	Stumke
Soph	"	50			
Hr.	"	17			

Name	Age	Occupation	Origin
Mar Eggert	15		
Elisb "	12		
Wm. "	5		
Joh. Chr. Meyer	35	Farmer	Tubear
Mar. " "	32		
Hr. " "	9		
Mar. " "	5		
Joh Hr. Kapke	31	Mason	Rastedesburg
Wme. "	24		
Tr. "	4½		
Wm. "	2½		
Helen Soph. "	¼		
Joh Tr. Bolting	48		

Next page
Name	Age	Occupation	Origin
Car Kieler	29	Farmer	
Joh Gerh. Fehrenkamp	38	Smith	Jadesburg
Helene Wml. "	28		
Joh Hr. "	8		
Soph "	5		
Joh Gerhr "	2½		
Joh Gerhr Harask*	27	Farmer	(*Correct spelling given by a relative is Harfst.)
Ant. Heinsohn	18		
Eilert Bran	33		
Joh. Fr. Orken	46		Schiveiburg
Soph. "	42		
Alb. gg. "	16		
Joh. Fr. "	11		
Ges. Marg. "	9		
Resnh Gehr."	6		
Helene "	3		
Joha. "	3 3/4		
Eilert Shickels	65		Taderballunhagus
Anna Oath "	54		
Eilert "	35		
Gerhr "	17		
Gerd "	12		
Cath "	14		
Jan Spickels	29		
Gesche Marg. "	24		
Gehr "	4		
Marg. Cath "	3		
Joh. Chr. "	8 days		

List of passengers arrived from foreign ports in the Port of Galveston the 1st Quarter, 1848

Name of Vessel Brig. Jon. Dethard date January 2, 1848, from Bremen, Master Ludening.
page 1

Name	Age	Sex	Occupation	Origin	Destination
George Landvoight	23	M	Merchant	Fannin Co.	Texas
Caroline do	22	F		Hanover	Texas
Fred. v. Clandt	32	M	Farmer	Hanover	Texas
Emil Schubert		M	Farmer	Prussia	Texas
Carl Binding	24	M	Particulier	Frankfort, GM	Texas
Marie Gratzen	31	F		Hanover	Texas
Auguste do	11	F	do	do	Texas
Wilhelmine do	6	F		do	Texas
Joh. Knisscheer	31	M	Painter	Prussia	Texas
Johanne do	41	F			Texas
Friedericke do	13	F			Texas
Clemens do	7	M			Texas
Johanne do	4	F			Texas

Name	Age	Sex	Occupation	Origin	Destination
Carl Knisscheer	11	M			Texas
Helene do	11	F			Texas
Friederick Cramer	41	M	Teacher	Prussia	do
Auguste Cramer	37	F			
Joh. Henri Tietze	32	M	Segar Maker	Bremen	do
Ernstine Luhning	18	F		Hanover	do
Henri Stine	26	M	Baker	Prussia	Ohio
Chr. Friedr. Wunscher	50	M	Farmer	Prussia	Texas
Rosine do	40	F		Prussia	Texas
Fried. Wilhelm do	24	F			
Carl Wilh. do	16	M			
Rosine Therese do	8	F			
Richard do	2	M			
Wilh. Hahm	14	M	Farmer	Hanover	Texas
Auguste Kasemacker	45	M	Farmer	Hanover	Texas
Conr. Rumgener	27	M	Farmer	Lippe Detmold	Texas
Joseph Herberhold	36	M	Trader	Prussia	Ohio
Wilh. Beerenbrok	20	M	Carpenter	Prussia	Alabama
Henr. do	28	M	Carpenter	Prussia	Alabama
Gotte Hausmann	50	M	Farmer	Lippe Detmold	Texas

next page 2

Name	Age	Sex	Occupation	Origin	Destination
Louise do	50	F			
Gotleib do	22	M	Farmer	Lippe Detmold	Texas
Caroline do	17	F		do	Texas
Henry do	14	M			
Wilhelm do	9	M			
Henry Dreyer	59	M	Farmer	Lippe Detmold	Texas
Friederike do	50	F			
Louise do	24	F			
Frederike do	22	M			
Justine do	14	F			
Caroline do	10	F			
Ludwig do	6	M			
Dorothea Dreyer	34	F		Lippe Detmold	Texas
Christ. Krehmeyer	23	M	Shoemaker	do	do
Carl Gott Wunsch	39	M	Weaver	Saxony	do
Christine do	38	F			
Carl Gotlieb do	17	M			
August do	10	M			
Ernst do	8	M			
Wilhelm do	7	M			
Gotlieb do	5	F			
Christina Goldberg	31	F		Saxony	
August do	4	M			
Friedr. Gnuske	36	M	Farmer	Prussia	do
Carl Gobel	26	M	Farmer	Prussia	do
Henr. Kruger	21	M	Potter	Hanover	do
Leop. Tansch	26	M	Sadler	Prussia	do
Joh. Gotte Schilling	51	M	Farmer	Saxony	do
Jacob Heisler	24	M	Miller	St. Gallen	do
Georg Grob	33	M	Miller	St. Gallen	
Max Hug	37	M	Soapboiler	Baden	do
Gales Martin	28	M	Brewer	Baden	do
Caroline Sophie do	22	F			
J. A. W. Woltersdorf	35	M	Gardner	Prussia	do
Ferd Wolf	29	M	Compasctor	Prussia	do
A. Hoeser	40	M	Teacher	Prussia	do
Friedr. Frank	20	M	Cartwright	Saxony	do
Rosine do	28	F			do
Henr. Tschinschmitz	27	M	Merchant	Prussia	do
Carl B. Dohner	24	M	Merchant	Saxony	do
Ant. Schwerdfleger	42	M	Merchant	Saxony	do
Johbha. V. D. Kauss	29	M	Smith	Oldenburg	Texas
Helene do	29	F			

Chr. Hagen	24	M	Farmer	Prussia	Texas
Anto. do	17	M	Farmer	Prussia	Texas
Phil Westerlage	30	M	Shoemaker	Prussia	Texas
Angela do	31	F			
Aloys Biermann	19	M	Farmer	Prussia	Texas
Joseph Muller	23	M	Joiner	Prussia	Texas
Clemens Dierkes	25	M	Mason	Prussia	Texas
Igna do	26	M	Mason	Prussia	Texas
Eliz. Weichhardt	24	F		Prussia	Texas
Caro. Gotte	21	F			
Caro. Rase	16	F			
Ludwig Steinbusch	40	M	Glazier	Wurtemberg	Texas
Wilh. Lummer	22	M	Farmer	Pruessen	Texas
Henr. Claus	21	M	Farmer	Pruessen	Texas
Franz. Flack	24	M	Mason	Hessia	Texas
Anton Wigand	27	M	Trader	Hessia	Texas
Ludwig Reti	35	M	Farmer	Hungary	Texas
Heinr. Heilmann	25	M	Soapboiler	Saxony	Texas

List of passengers arrived from foreign ports in the Port of Galveston the 2nd Quarter, 1848

Name of Vessel Brig. Antoinette date June 13, from Bremen, Master Wessels.

Francis Frever (Citizen)	36	Merchant	LaGrange	Texas
			Texas	
Louise do (born Elors)	24		Damme	Texas
Otto Schlomer	27	Merchant	Berlin	Texas
Albert Urbahn	28	Architect	Barmen	Texas
Robert Fanssen	26	Merchant	Berlin	Texas
Fredine Schlecht	32	Coppersmith	Bunzlan	Texas
Lena Sluve	25	Seamstess	Dvechta	Texas
Wilhma. Reden	30	Without	Machenbrach	Texas
George Maskmann	32	Merchant	Hamburg	Texas
Fanedo do (born H---?)	27		Hamburg	Texas
Anna do	5		Hamburg	Texas
George do	4		Hamburg	Texas
William Hune	24	Merchant	Hamburg	Texas
Aug. Staake	23	Merchant	Free Town	Texas
John Dornhofer	27	Farmer	Feudingen	Texas
Henry Sassmannhausen	51	Smith	Laaspherhutte	Texas
John Henry Marberger	27	Weaver	Laaspherhutte	Texas
Christine do (born Bote)	45		Laaspherhutte	Texas
John Peter Gobel	26	Tailor	Grosebach	Texas
Friederic Dornhofer	31	Farmer	Feudingen	Texas
Marry do (born Gerhard)	26		Feudingen	Texas
Elisa do	1		Feudingen	Texas
Fast Wunderlich	37	Farmer	Feudingen	Texas
Mary Elisa do (born Wied)	37		Feudingen	Texas
Elisa do	11		Feudingen	Texas
Frederic do	10		Feudingen	Texas
Henry do	3		Feudingen	Texas
John Kruger	38	Farmer	Springberg	Texas
John Gambel	57	Carpenter	Wesdorf	Texas
Eliz. do (born Sinz)	45		Wesdorf	Texas
Jacob do	24		Wesdorf	Texas
John do	15		Wesdorf	Texas
Frederic do	11		Wesdorf	Texas
Catharine do	18		Wesdorf	Texas
William Greis	45	Sadler	Wesdorf	Texas
Frederic Gross	33	Waggon-master	Wesdorf	Texas
Marguerite do (born Gambel)	29		Wesdorf	Texas
Wilhine do	2		Wesdorf	Texas
Frederic Carl do	born on board			
Jacob Martin	24	Farmer	Hammern	Texas
Peter do	59	Farmer	Hammern	Texas
Barbara Scheler	21	Without	Hammern	Texas
Rud. Charles Engelke	25	Machinist	Meagoeburg	Texas
John Henry Stenberg	56	Meason	Bukem	Texas

Name	Age	Occupation	Origin	Destination
Wilh.me Stenberg (born Bone)	50		Bukem	Texas
John George Stenberg	21		Bukem	Texas
Henry Charles do	19		Bukem	Texas
Henry do	16	Without	Bukem	Texas
Wilhme. do	13	Without	Bukem	Texas
William do	10	Without	Bukem	Texas
Lewis Kuntz	55	Smith	Dresbach	Texas
Mary do (born Stoffen)	50		Dresbach	Texas
Elizabeth do	25		Dresbach	Texas
Henry do	21		Dresbach	Texas
William Henry do	18		Dresbach	Texas
Frederic do	12		Dresbach	Texas
Lonchen do	10		Dresbach	Texas
Conrad do	4½		Dresbach	Texas
John George Herold	39	Farmer	Hammenn	Texas
Margurite do (born Buchmain)	54		Hammenn	Texas
Barbara Roth	16	Without	Hammenn	Texas
John Henry Vaskemp	32	Farmer	Engter	Texas
Henry F. Wiemann	24	Farmer	Engter	Texas
Elise Obermann	29	Without	Engter	Texas
Charlotte Keyser	26	Without	Engter	Texas
F. Aug. Waumann	27	Weaver	Chamnitz	Texas
Daniel Kuhn	30	Shoemaker	Kiel Golla	Texas
Auguste Waumann	27		Dresden	Texas
John Samuel Richter	55	Joiner	Dresden	Texas
Christian do (born Wagner)	50		Dresden	Texas
John Frederic do	26	Joiner	Dresden	Texas
Auguste do	25	Joiner	Dresden	Texas
Wilhme do	19	Without	Dresden	Texas
Henritter do	18	Without	Dresden	Texas
Auguste do	15	Without	Dresden	Texas
Hermann do	13	Without	Dresden	Texas
Frederic Kayser	57	Farmer	Haden	Texas
Gesina do (born Kanning)	55		Haden	Texas
Gesina do	16		Haden	Texas
Fend. Wm. Meyer	21	Farmer	Ehlentruk	Texas
Eliz. Rottinghaus	22	Servant	Damme	Texas
Amalie Schroder	23	Servant	Damme	Texas

List of passengers arrived from foreign ports in the Port of Galveston the 4th Quarter, 1848

Name of Vessel Bark Louis date November 20, 1848, from Antwerp, Master Andiens.

Name	Age	Sex	Occupation	Origin	Destination
Cramer Carl	27	M	Farmer	Germany	Texas
Angelica his wife	26	F			
Rosalie his child	6 mo.	F			
Goet Harmann	63	M			
Johanna his wife	54	F			
Pauline his child	17	F			
Goef Edward	28	M			
Elizabeth his wife	28	F			
Emma his child	4	F			
Louise	2	F			
Geot, Hugo	22	M			
Barbara his wife	21	F			
Muller Phillip	34	M			
Emma his wife	27	F			
Emilie his child	8	F			
Gustave his child	4	M			
Dorothea his child	3	F			
Marie his child	1	F			
Schenck Leopold	30	M			
Caroline his wife	30	F			
Schlucker Auguste	19	M			
" Wilhelmina	21	F			
Vonsten Emil	30	M			
Charlotte wife	25	F			
Alfred child	2	M			

Name	Age	Sex	Occupation	From	To
Vonsten Edward	21	M			
Vonlichtenberg E.	28	M			
Vonlichtenberg L.	25	M			
Dittmar Carl	46	M	Farmer	Germany	Texas
" Louis	44	M			
Von Ratzman	21	M			
Dosch E.	26	M			
Keller Carl	20	M			
Dressel Julius	32	M			
Schunck Auguste	20	M			
Mayer Fred Daniel	22	M			
Eccendorf Carl	28	M			
Amelie his wife	20	F			
Pedramella	25	F			
Heindrich	22	M			
Schleyer Christian	32	M			
" H. F.	32	M			
Lisette his wife	28	F			
Pauline his child	11	F			
Franziske	25	F			
Besbara Julius	26	M			
Schunk Hermann	17	M			
Schildknucht Auguste	25	M			
Vonsetter Eugene	27	M			
Fahler Catharine	52	F			
Voltz Fred	22	M			
Strohmeyer Ecceil	23	M			
Hener Gusterve	26	M			
Wilhelmine his wife	27	F			
Bertha his child	2	F			
Hener Louis	22	M	Farmer	Germany	Texas
Hener Carl	22	M			
Keefer Hermann	27	M			
Kachler Albert	22	M			
Schuchard Wolfgang	22	M			
Muller Fd.	25	M			
Conger Julius	21	M			
" Fch.	27	M			
Gross Carl Wilhelm	49	M			
Frederich	20	M			
Julie	19	F			
Carl	18	M			
Gustave	16	M			
Eccelie	14	F			
Adolph	12	M			
Hedveig	9	F			
Wilhelm	5	M			
Helferich Margareth	61	F			
Franz	19	M			
Rhenchard Margareth	61	F			
Jacob	27	M			
Henriette	20	F			
Marie	9	F			
Scholmooner Wilhelm	38	M	Farmer	Germany	Texas
Eva his wife	21	F			
Schorlmer Carl	3	M			
Anna	10/12	F			
Saner Julius	32	M			
Babette his wife	23	F			
Neidermeyer Josef	22	M			
Ida his wife	17	F			
Bormann Dorothea	53	F			
Foller Fredericke	19	F			
Ostermeyer Hch.	60	M			
" Richard	19	M			
" Mathilde	24	F			
Schmidt Hch.	26	M			
Dunler F. F.	29	M			
Dunler Carl	26	M			
Guth Carl	26	M			

Kittner Franz	33	M		France	
Dramond	31	M			
Knuste George	30	M			
Halfner Gertrude	19	M			

Name of Vessel Bark John Holland date November 27, from Antwerp, Master Henderson.

Von Marshall Guillanme	26	M	Privateman	Nassau	Texas
Louise Caroline his wife	22	F			
Charles his son	10/12				
Von Marshall Mathilda	23	F	Privateman	Nassau	Texas
Weiss Adolph	27	M			
Hoffman Gustave	30	M	Farmer	Etat(?)	Etats Unis U.S.
Uirch his domestic	35	M			
Krackanss Charles Louis	22	M		Prusse	
Henirich Etzel his domestic	23	M			
Lamb Jean Herman	37	M	Carpenter		
Lamb Alexander	34	M	Miller		
Wink Louis	21	M	Farmer	Hesse	
Catharine his wife	20	F			
Lamby Adam	34	M			
Margaretha	23	F			
Polk Richard	45	M			
Constantia his wife	44	F			
Anna his daughter	18	F			
Elizabeth his daughter	8	F			
Jacob his son	5	M			
Kubel Charles Auguste	27	M	Architect		
Larasin Louis	22	M	Farmer		
Josefine	20	F			
Muhlenfeld Charles	36	M	Merchant	Prusse	
Braden Josef II	43	M	Craber	Hesse	
Barbara (his wife)	45	F			
Barbara (sister)	22	F			
Margaretha (mother)	64	F		Hesse	Texas
George Josef (son)	20	M			
Edward	18	M			
Adam	17	M			
Magdalena (daughter)	10	F			
Margaretha (daughter)	8	F			
Martin (son)	6	M			
Annie Marie (daughter)	4	F			
Frey III, Peter	39	M	Cooker	Hesse	
Fustina (wife)	37	F			
Magdalena (daughter)	7	F			
Jacob (son)	5	M			
Fustina (daughter)	9/12	F			
Merz, Peter	27	M	Vine Dresser		
Catharine (wife)	43	F			
Marie (daughter)	17	F			
Margaretha (daughter)	15	F			
Jacob (son)	11	M			
Ottilia (daughter)	8	F			
Elizabeth (daughter)	6	F			
Wink, George Paul	47	M			
Anna Marie (wife)	41	F			
Francisca (daughter)	11	F			
Josef (son)	9	M			
Magdalina (daughter)	7	F			
Jean (son)	5	M			
Anna (daughter)	2	F			
Braden, Andreas	39	M	Carpenter	Hesse	Texas
Catharine (wife)	37	F			
Anton (son)	42	M			
Catharine (daughter)	11	F			
Andreas (son)	10	M			
Gertrude (daughter)	8	F			
Eva (daughter)	6	F			

Margaretha (daughter)	4	F		
Anna Barbara (daughter)	2	F		
Barbara (daughter)	3 wk.	F		
Wink, Jean	41	M	Joiner	
Antonise (wife)	35	F		
Annie Marie (daughter)	10	F		
Rosina (daughter)	6	F		
Peter (son)	6/12	M		
Dekob, Johann	41	M	Merchant	Nassau
Elizabeth (wife)	25	F		
Josef (son)	5	M		
Hammerstein, Foh	57	M	Farmer	
Catharine (wife)	50	F		
Annie Marie (daughter)	14	F		
Jacob (son)	12	M		
Assmann Peter	32	M		
Catharina (wife)	23	F		
Johann (son)	3	M		
Christian (son)	11/12	M		
Merz Joh Hch.	32	M		
Annie Marie (wife)	31	F		
Joh Wilhelm (son)	6	M		
Elizabeth (daughter)	4	F		
Marianett	2	F		
Assmann Johann	23	M	Farmer	
Assmann Christian	26	M		
Hill Josef	36	M	Dealer	
Margaretha (wife)	36	F		
Ebez, Anton	38	M	Blacksmith	
Anna (wife)	41	F		
Peter (son)	13	M		
Vinzenz	9	M		
Phillipp	6	M		
Christian	2	M		
Roth Fob Phillipp	41	M	Countryman	Nassau	Texas
Anna Marie (wife)	30	F		
Marie (daughter)	17	F		
Johann (son)	15	M		
Christian	6	M		
Catharine (daughter)	4	F		
Elizabeth (daughter)	2	F		
Peter (son)	3/12	M		
Catharina (mother-in-law)	67	F		
Kitzfelder Leonhard	26	M	Countryman	Wurtenburg
Danzer Barbara (wife)	26	F		
Stahl, Carl	20	M		
" Leonhard	12	M		
Prieuss, Josef	36	M	Manufacturer	Nassau
Binz, Nicolaus	30	M	Farmer	Baden
Rosenfelt, Josef	19	M		Baden
Lohr, Johanns	32	M		Baden
Krause, Leopold	29	M		Baden

Name of Vessel Barke Colonist date November 28, from Hamburg, Master Jungensan.

Bohme, D. M.	32	M		Saxony	
Iam, A.	19	M			
Weigel, Auguste	25	M			
Constant Louis	40	M	Farmer	Prussia	Texas
Charlotte	38	F			
Mariam	10	F			
Elize	8	F			
Armand	4	M			
Perlitz Friedrich	38	M	Engineer		
Caroline	37	F			
Carl	12	M			
Ana	10	F			
Caroline	5	F			
Werner	1	M			

Name	Age	Sex	Occupation	Origin	Destination
Knaunsskan, Louis	19	M	Workman		
Arons, Elize	27	F			
Kinatz, Frederick	27	M	Workman		
Knetchsmann, Emilie	40	F	Farmer		
Emily	15	F			
Mina	14	F			
Alfred	13	M			
Paul, Frederich	46	M	Farmer		
Fredericke	47	M			
Hermann	19	M			
Edward	14	M			
Richard	13	M			
Clara	10	F			
Auguste	8	M			
Bohenback Otto	19	M	Workman	Prussia	Texas
Milatz John	63	M			
Hemrich	27	M			
Dorothea	21	F			
Becker Auguste	30	M	Widow		
Rudolph	9/12	M			
Mann J. A.	24	M	Farmer		
Hotte Emilie	45	M			
H.	18	M			
A.	13	M			
John Wm.	24	M	Workman		
Shulock, Ernst	40	M	Farmer		
Wilhelmine	36	F			
Auguste	6	M			
Ida	4	F			
Rinchart, Carl	28	M	Farmer		
Maria	24	F			
Kentz, Heinrich	23	M	Taylor		
Barker, Heinrich	22	M	Taylor		
Prauzin, Wilhelm	26	M	Farmer		
Stenniss Edward	32	M	Workman		
Poloberg Louise	40	F	Baker		
Renhenst Ernst	26	M	Butcher		
Hormann Ferdinand	24	M	Workman	Hanover	
Von Stnibe Heinrich	45	M	Military	Prussia	
Minna	26	F			
Amandas	10	F			
Luis	8	M			
Stephani	1	F			
Holst, J. A.	27	M	Merchant	Norway	Texas
Brandes, Maria	50	F	Farmer	Prussia	
Anna	10	F			
Wrange, J.	24	M	Workman		
Jurgensen H. N.	26	M	Painter	Holstein	
Elise	21	F			
Janssen Heinrich	30	M	Farmer		
Maria	24	F			
Ludwig	4	M			
Heinrich	1	M			
Koseke C. Heinrich	28	M	Farmer	Holstein	
Banck, Hermann	18	M	Farmer	Mecklenburg	
Springfield Carl	30	M	Farmer	Mecklenburg	
Feh, Johan Baptiste	35	M	Taylor	Wurtenburg	
Muller, Joh Friedericke	28	M		Holstein	
Hurichsen W. J.	27	M	Merchant	Westindia	
Fischer Bernhard	44	M	Farmer	Friedland	
Petranella	42	F			
Regine	16	F			
Anna	14	F			
6 small children					
Bottcher Auguste	30	M	Workman	Saxony	
Kurschner Carl	43	M	Workman	Saxony	
Schlesinger Edward	24	M	Merchant	Hamburg	
Dunkhanner	26	M	Carpenter	Prussia	Texas
Heyer Heinrich	28	M	Professor	Prussia	
Emilie	24	F			

```
Fredenke                         21    M
```

Name of Vessel Bark Neptune date December 15, from Bremen, Master Viahenman.

Name	Age	Sex	Occupation	Origin	
J. E. Rump		M	Merchant	Galveston	
Wm. Bellinger		M	Gentleman	Hanoverian	
Fredericke Danniman(?)		M		Oldenburg	
J. Kauffmann		M	Merchant	Galveston	
Jacob Vogelsang		M	Gentleman	Hanoverian	
Albert Schitl		M	Merchant	Prussia	
Wm. Tessner		M	Merchant	Prussia	
F. W. Nanmann		M	Taylor	Prussia	
Chs. Fr. Fisher			Farmer	Saxonia	
Julius Walter (& family)			Farmer	Saxonia	
Carl Baier (family)			Farmer	Saxonia	
C. W. Rummel (family)			Farmer	Saxonia	
Moritz Dietrich			Miller	Saxonia	
Johanna "					
Carl Wm. Wolle (family)			Farmer	Prussia	
Carl Aug Hackbell			Farmer	Prussia	
Wilhelmine Stressner					
Georg Heh Phillip			Farmer	Prussia	
Carl Aug Lunglot			Farmer	Prussia	Texas
L. J. Veiveger			Mechanic	Sasconia	
John G. Schultz			Farmer	Sasconia	
Herm Plumell			Farmer	Sasconia	
Fr. D. Examer & wife			Mason	Sasconia	
Fr. Th Eamer			Mason	Sasconia	
Christine "				Sasconia	
Johanna Aug Dield					
Aug Birger & family			Farmer	Bavaria	
Wm. Brime			Farmer	Prussia	
C. Bame			Farmer	Prussia	
Wm. Schmiedckamp			Farmer	Prussia	
Johanna A. Stredde			Saddler	Prussia	
Carl Goebel			Carpenter	Prussia	
Jacob Matthias			Taylor	Prussia	
H. T. A. Schricndfeger			Farmer	Oldenburg	
A. Maywald			Smith	Prussia	
F. H. Grambrecht			Mechanic	Prussia	

Name of Vessel Brig. John Gethard date December 15, from Bremen, Master Wigmeyer.

Name	Age	Occupation	Origin	
Aw Herm Bagelmann	27	Merchant	Bremen	
Helene Fultener	24		Berline	
O. F. Adolph Fuchs (& family)	34	Teacher	Kittendorf	
Georg Tuncke	20	Merchant	Einback	Texas
Henriette Tuncke	24		Einback	
Georg Dingethal	22	Physician	Einback	
H. Olendorf (widow)	50		Hainengen	
Friedr Niens	26	Joiner	Klein	
Christ Lohl	26	Cartwright	Leinestedt	
Ernst Genner	26	Cartwright	Rl Bierende	
Gottfriede Heinecke	38	Miller	Baderstieben	
Christ Bartels	25	Shepherd	Leinestedt	
Christ Lohn	28	Farmer	Leinestedt	
Jacob Rose	32	Cooper	Rammlingen	
Joh Honst	30	Shoemaker	Bobenhausen	
Christine Kramer	54		Osterode	
Caroline "	24		Osterode	
Albertine "	18		Osterode	
Carl Hann	28	Tailor	Tfeichweiden	
Christ Hann	24	Farmer	Tfeichweiden	
Carl Hasselmann	24	Farmer	Eiubeck	
Ludwig Wiebusch	26	Smith	Osuabnuck	
Louise Meyer	23		Nordheim	
Landorf Meyer's wife	43		lp Lafferde	
Christ Striepe	40	Farmer	lp Schwushen	Texas

Name	Age	Occupation	Origin
Christ Egeling	50	Farmer	1p Schwushen Texas
Heinr Egens	40	Farmer	1p Schwushen
Christ Meyer	42	Farmer	Vondorf
Christ Dettmer	47	Farmer	Tsenbuttel
Hienr Stieghan	27	Farmer	Albesbuttel
Christ Lesveste	32	Farmer	Bruzen
Himr Bortfeld	27	Farmer	Dittersen
Ernst Wiegmann	20	Brewer	Tsenbuttel
Himr Gastmann	22	Farmer	Tsenbuttel
Friedr Oeft	28	Smith	Wettingrshagen
Joh Lilie	22	Farmer	1p Schwushen
Frdr. Grupe	26	Farmer	Bonny
Fredericke Grupe	41		Bonny
Christophe Oppermann	28	Merchant	Grominger
Michael Deinhart	27	Butcher	Lauben
Peter Kellenmeyer	36	Farmer	Lauben
Barbara Muller	24		Ungensdorf
Magnus Leng	26		Bockels
Fredericke Leng	24		Bockels
Eugen Dregelmann	28		Bockels
John M. Lappel	50	Coppersmith	Grapenrothe Texas
Johanna Saph Heinemeyer	52		Lundipen
John Heinr Wiegmann	30	Farmer	Hoya
Herm Holtermann	70	Farmer	Offingen
Joh B. Halfmann	26	Farmer	Ludinghausen
Elizabeth Inholt	24		Ludinghausen
Conrad Kremp	30	Farmer	GrGaffende
Heinr Hagemann	25	Weaver	Dinkelne
Heinr Wegner	26	Joiner	Gromingen
Wilh. Rieger	28	Weaver	Langinbiclan
Donetta Rosler	26		Schlankitz

Name of Vessel Brig. Canestuis date December 19, from Bremen, Master Buschman.

Name	Age	Occupation	Origin
Joh Fr. Stolle	28	Carpenter	Siefeld
Gesche Marg. Rasche	27		
Cath. Kartlang	24		Langwarden
Joh. Hr. Kiesel	34	Farmer	Langwarden
Cath. "	27		
Henrtte "	4		
Carl Fatche	26	Cooper	Batzom
Wm. Fr. "	16		
Carl	51		
Sophie	49		
Adolphe Menze	19	Mason	Schlangen Texas
Adolph Mollenbehsend	18	Farmer	Kilstadt
Fr. Schlomer	29		Schlangen
Aug. Rungener	25		
Wm. Nuse	18		
Fr. Bonerkomfel	20	Farmer	
Hr. Brokmann	20	Farmer	Kohlsfedt
Ruih Busing	30	Farmer	Langwarden
Herm Michaus	24	Tanner	Offeltin
Franz "	19	Tanner	Offeltin
Carl Bohning	20	Tanner	Desbel
Fr. Wm. Lott	31	Musician	Bismark
Doroth "	22		
Wme. "	2½		
Joh Hr. "	22	Tailor	Bismark
Wm. Thunmann	29	Cooper	Cable
Aug. Riese	27	Baker	Bismark
Fr. Kobs	47	Musician	Kalbe
Frdke "	49		
Fr. Wm."	17		
Carl Fr. "	15		
Frdke "	11		
Wm. Kmyer	32	Roper	
Frdke "	24		
Peter Gurke	63	Schoolmaster	Kanitz
Carol Thab	24		Statthagen

Name	Age	Occupation	Origin	
Jos. Ellenburger				
wife	33		Lipspringe	
Franzisea "	4			
Ant. Sienens	24	Tailor		
Chr. Rungmen	20	Farmer	Schlangen	
Chr. Huppe	36		Menschede	
Lizette Huppe	30			
Hr. Rohting	20	Farmer	Oppendorf	
Louise "	30			
Elizb. Ruper	30			
Fz. Marker	25		Geseke	
Gentr. Fahne	25		Padenbonne	
Lindenburg wife	37		Denkle	
" Feriederike	37			
" Friedr	7			
" Aug.	5			
Friedr Groke	2			Texas
Wilbur "	32	Farmer	Machlenbruch	
Fridke "	22			
Fritz "	10			
Carol "	8			
Adolph Drave	24			
Carl Doerr	41	Farmer	Shocken	
Ludw "	22	Joiner	Rogdsen	
C. H. Gettment	58	Varnisher	Dresden	
Hedinig " (daugh.)	17			
Fr. Keilermann	59	Coachman	Hannian	
Joh. Schaper	39		FeLufferode	
Fr. Werner	24	Tanner	Meschede	
Louise Fritz	32		Wolfenbuttle	
Auguste	10			
Edward	8			
Carl	4			
Carl Fr. Weber	28	Letter Fannder	Weimar	
Mar. Ferd. Semmles	35	Weaver	Limbadr	
Mich. Fackler	40	Farmer	Wilsdorf	
Barbara (wife)	35			
Joh. Gy. Meyer	71	Schoolmaster	Hohnsan	Texas
Wm. "	38			
Carl "	23			
Dora "	8			
Gust. Schneider	34	Farmer	Plaven	
Jul. Winzingen	28	Geameter	Arolsen	

List of passengers arrived from foreign ports in the Port of Galveston the 2nd Quarter, 1849

Name of Vessel Isabella Teague date May 11, 1849, from England.

page 1

Name	Age	Sex	Occupation	Origin	
John Wattson	17	M	Carpenter	England	Texas
George Lams	3	M			
George Hisctable	38	M	Blacksmith		
Wm. Proms	49	M	Butcher		
William Proms	19	M	Farmer		
Jos. Proms	12	M			
Gilbert "	7	M			
John Steer	26	M	Mason		
Wm. Taylor	40	M	Mason		
Eliz. Taylor	35	F			
Eliz. Ann "	13	F			
J. Henry "	11	M			
Robert "	9	M			
Mary Jane "	5	F			
William "	1	M			
John Trant	36	M	Farmer		
Eliz. Trant	38	F			
Mary Jane "	11	F			

Name	Age	Sex	Occupation	Origin
Eliz. Trant	10	F		
John "	8	M		
Priscilla "	6	F		
Sam'l. "	5	M		
Richard "	4	M		
Jane "	2	F		
Jas. Hutchings	24	M	Farmer	
Jno. Garvis (Garris)	22	M	Farmer	
Eliz. Butlanal	30	F		
H. Scoble	35	M	Mariner	
Jane "	36	F		

page 2

Name	Age	Sex	Occupation	Origin
Wm. Blukler	36	M	Farmer	
Louis Edwards	24	M	Carpenter	
Sarah Jane "	23	F		
Henry Matlock	40	M	Farmer	
Wm. Townsend	20	M	Farmer	
Jno. Tucker	26	M		
George Page	32	M	Farmer	
James Anning	32	M	Brassfounder	
Sarah "	30	F	Painter	
Edmond "	30	M		
Elib. "	30	F		
Selina "	13	F		
Thomas Sunfeild	44	M	Farmer	
Mary "	54	F		
Jno. "	22	M	Farmer	
Hannah "	20	F		
Thomas "	21	M		
Dinah "	21	F		
William "	18	M	Farmer	
Saml. "	16	M		
Jno. W. Codner	66	M		
Betty "	39	F		
Ann "	11	F		
Mary Ann Garrett	49	F		
Saml. "	21	M	Mason	
Jno. Beard	22	M	Farmer	
Eliz. "	20	F		
Edwd. Garrett	26	M	Mason	
Susan "	26	F		
Edward "	6	M		
Ellick "	3	M		
Sebastian "	1	M		England
Thomas Ruby	27	M	Farmer	
Louisa "	28	F		
John Woolston	18	M	Farmer	

page 3

Name	Age	Sex	Occupation	Origin
John Finnis	20	M	Farmer	
Reuben "	33	M	Farmer	
Wm. Diggins	18	M	Farmer	
Jno. Jackson	24	M	Taylor	
Wm. Cross	34	M	Farmer	
Eliza "	27	F		
Eliza "	9	F		
Charlotte "	7	F		
Wm. "	1	M		
Saml. Hill	41	M	Carpenter	
Ann "	44	F		
Louisa "	20	F		
Eliza "	18	F		
Wm. Henry "	15	M	Carpenter	
Ann Maria "	13	F		
Selina "	11	F		
Lavinia "	9	F		England
Jesse "	7	M		
Mary "	1	F		
Thos. Jarvis "	40	M	Cardwainer	

Mary Ann Hill	31	F			
Wm. Henry "	37	M			
John Sullock	42	M	Farmer		
Eliz. "	9	F			
Jno "	5	M			
Wm. "	3	M			
Mary Ann "	28	F			
Jno. Lock	28	M	Carpenter		
Eliz. "	25	F			
Jno. "	2	M			
Henry "	1	M			
Saml. Promse	11	M			
Richd. Lock	26	M	Carpenter		
Eliz. "	28	F			
Wm. "	2	M			
Sarah "	1	F			

page 4

George Wayne	30	M	Cooper		
Wm. S. Lidstone	20	M	Farmer		
Wm. Leach	20	M	Surveyor		
Nicholas Lidstone	25	M	Butcher		
Susan "	22	F			
N. D. "	1	M			
Jno. Gould	46	M	Farmer		
W. H. Milton	21	M	Mason		
Geo. Callicott	16	M	Servant		
Wm. Harris	35	M	Cabinetmaker		
Maria Dingle	19	F			
Mary Dingle	20	F			
Wm. Peck	47	M	Shipbuilder		
Mary "	45	F			
Wm. "	19	M			
Mary "	17	F			
Charlotte "	22	F			
George "	15	M			
Sam G. Bnren	37	M	Engineer		
Ann "	33	F			
Gertrude "	13	F		England	Texas
Saml. G. "	11	M			
Amelia "	8	F			
Henry "	6	M			
Lavinia "	4	F			
Albert "	2	M			
Philip P. Anthony	35	M	Doctor		
Helen "	29	F			
Samuel Gilbert	39	M	Farmer		
Mary "	34	F			
Edwin "	6	M			
Grace "	4	M			
Roger "	2	M			
Fred M. Makeey	38	M	Painter		

page 5

Maria "	42	F			
F. M. "	5	M			
Stephin L. "	3	M			

Name of Vessel Galliott Flora date May 2, 1849, from England.

H. F. Corssen	45	M	Farmer	Oldenburg	
C. Ed Humich	48	M	Lawyer	Dresden	
Aug. W. Bauer	27	M	Gardner	do	
Joh. F. Hempel	49	M	Farmer		
Marie Schoenberg	28	F	Lady		
Chs. G. P. Berner	20	M	Farmer	Germany	
Chs. G. Elbel	22	M	Farmer		
J. C. F. Schreyer	21	M	do		
Chs. F. Muller	23	M	do		
C. F. Steinhagen	33	M	do		

Name	Age	Sex	Occupation	
C. A. Beck	38	M	Farmer	
Wilhelmine "	32	F		
Louis E. "	7	M		
Machen "	5	M		
Theodore "	3	M		
Helene "	1½	F		
J. H. R. Kuchnel	29	M	Saddler	
Ernestine "	23	M	Lady	
A. F. Frichel	26	M	Farmer	
Robt. Piersig	27	M	do	
C. G. Bautsch	45	M	Butcher	Germany
Amalie "	40	F	Lady	
E. Reg. "	18	M	Child	
A. F. "	13	M		
H. A. Bautsch	11	M		
H. M. "	9	M		
Ema. "	20	F		
Therese Streubel	22	F	Lady	
C. F. A. Vetter	48	M	Farmer	
J. S. "	43	F	Lady	
A. H. "	20	F	Lady	
J. R. "	19	F	Child	

page 6

Name	Age	Sex	Occupation
J. H. Krause	27	M	Farmer
J. D. Bush	49	M	Shoemaker
F. Rosenbaum	40	M	Farmer
H. W. Heyne	49	M	Shoemaker
J. C. John	19	M	Farmer
J. E. C. Elbel	26	M	Farmer
J. F. Tenner	21	M	Farmer
J. G. P. Mokest	20	M	Farmer
Joh. Mahizkey	31	M	Farmer
J. G. Tursse	18	M	Carpenter
J. F. Hubener	19	M	Shoemaker
Simon Kohn	26	M	Merchant
F. Muller	36	M	Farmer
J. H. Nericke	37	M	Taylor
J. Chr. Both	19	M	Servant
Chs. Wm. Zeh	22	M	do
Fr. D. Markwarden	22	M	do
Che Feigin	18	M	do
Heiner. Bauer	23	M	Farmer
Aug. Dietz	24	M	do
J. H. Hulswede	29	M	Baker
Martin Hellwig	25	M	Farmer
Rud Geyes	22	M	Carpenter
Anton Rothe .	34	M	Farmer
Wm. Bokinfohr	27	M	do
Carl Kauss	25	M	do
Conr. Glett	24	M	do
Maria do	23	F	Servant
Heinr. Brakeback	25	M	Farmer
Lena Blacke	23	F	Servant
Heinr. do	5	M	Child
Gerd. Renken	37	M	Servant
Lohmuller	30	M	Workman
J. B. Nette	23	M	do
Agathe Lang	23	F	Lady

page 7

Name	Age	Sex	Occupation
Robt. Hellmann	23	M	Farmer
Wm. Zentz	29	M	Merchant
Ad. Rosenthal	23	M	do
Anton Ruf	31	M	Hunter
Canaes Keible	20	M	Farmer
Catunca Munch	28	M	Servant
Florez Krenz	21	M	Farmer
Aus. Putz	20	M	do
Theod. Sutter	20	M	do

Name	Age	Sex	Occupation
Ed. Sutter	18	M	Farmer
Theodore "	16	M	do
Carl Kolte	31	M	do
Maria "	31	F	Lady
Aug. Bratzell	35	M	Farmer
Chs. Blecker	36	M	do
Louise Bratzell	33	F	do
Julie Hereskuhne	24	F	do
Fidel Sternhauser	37	M	Servant

Name of Vessel Brig. Herschel date May 21, 1849, from Bremen.

Name	Age	Occupation	Destination
Victor Bracht	27	Merchant	New Braunfels Texas
F. H. Stiel	28	do	Galveston Texas
Fr. Koenit	33	Farmer	Houston Texas
Julius S. Chame	25	do	Colto Creek Texas
Mad. Schome	22	do	Germany
Felix Bracht	40	Doctor	
Rud. Wiepsecht	24	Merchant	
Robert Thusin	29	do	
Ottilic Rhodins	24		
H. Reichenbach	23	do	
Aug. Elens	22	do	
Gustav. Henysel	28	Farmer	
Pauline Schlomer	22		
H. Schmidt	40	Teacher	
& 2 daughters	14 & 17		
G. Petschke	28	Tailor	
C. Audicas & lady	28 & 30	Merchant	
Aug. Ludwig	24	Segarmaker	

page 8

Name	Age	Occupation
A. Fresinnis	23	Merchant
E. Tillmann	25	Confectioner
H. Kellermann & lady	28	Butcher
T. Ruchenger		Merchant
F. Brascso & lady	28	Farming
F. P. Santhoff		Blacksmith
S. Braens	3-	Farmer
R. Behrens	28	do
Lotte Stubbelman		
Freid. Heidmeyer	2-	
Er. Dort	2-	Painter
W. Kellenbeck	29	Segarmaker
E. R. Wulfring	2-	Farmer
F. Schiefen	2-	Carpenter
G. Vogelsang	1-	Cooper
P. Marn & lady	35 & 28	Gardener
Carl Stehl	2-	do
L. Wegener		Farmer
C. Steindel		Clothmaker
F. Schnnemann		Farmer
Tr. do		do
G. Demann & lady		Blacksmith
Fr. Suders		Farmer
F. Cordt		Farmer
F. Kopp		do
G. Deutler & family		do
J. Menemacher		do
C. Mier	2-	do
W. Schumesk	25	do
G. Girnes & lady	32 & 26	do
A. Suttenfunst & lady	30 & 27	
L. Volrath	28	Blacksmith
H. Klatt	30	Merchant
A. Stinch	28	Farmer
Ferdinand Caroline	25	Farmer
" Thiele	23	do
Aug. Kolle	26	do
E. Plucker	42	do

Andreas Tamsske	20	Farmer
Allient do	21	do

List of passengers arrived from foreign ports in the Port of Galveston 4th Quarter, 1849

Name of Vessel Br. Neptune date November 6, 1849, from Bremen, Master Schweichel.

J. H. Fulhauff	Farmer	Prussia	Texas
Caroline do			
Aleviss Knapp			
J. C. Fuchs & children			
Juler, Carl & Emmy			
Hugo Rhodins			
Sams Nohe			
Henriette do			
Beamer, Alma, Alain			
& Alice 4 children			
Josephine Brasht			
Felicia do			
C. W. Pressler			
Clara "			
Henrietta Doecke			
Wm. Helmens	Captain	Bremen	
Maria Hanghammer			
Bertha, Maria, Fanny			
Toni, Josephine "			
Carl & Heinnich her children			
Fr. Rumann	Farmer	Prussia	
Maria & Rosa her children			
Conrad Tips			
Anne Carol Tips			
Carl Knapp			
Gustav Koche		Saxony	
Amalie Koche			

Next page
Emil Koch		
Bertha do		
Carol Klumm		
Carl Aug. Loose		
Amalie Loose		
Carl Theodor do		
Geog A. Scheerer		
Hans C. Hummelmann		Prussia
Franz Kassine & wife		
Oswald do		
Joseph Mucke	Shoemaker	
Ernst W. Tillner	Mechanic	
S. G. Vallmar	Baker	
Wilh. Schmidt & wife	Bookbinder	
Jos. Gutsu & wife	Mechanic	
F. W. Hausding & wife	Baker	
Fr. Gotsche & wife	Tailor	
Franz Prepler	Farmer	
Moritz Doerk		
C. H. Breustedt & wife		
Gottl. do		
Heinr. do		
S. W. Bock & wife		
Wilh. Clemens & wife		
Edward Stenes		
Robert "		
Heinrich & Laura do		
Peter Pathe & wife		
Heinr. Bohe		
J. F. Hoffmann		
Wilh. Heinsmann & wife		

Aug. Dornwell & wife		Holstein
Eliza Roth & child		Prussia
E. Hamm Muller	Merchant	Prussia

Name of Vessel Brig. Canapus date 3 December 1849, from Bremen, Master Bushman.
Next page

Geo. Kohler	Weaver	Alberchausen
Cath. Diedrich		Odershausen
Gottfr. Menzel	Priest	Neustadt
Friedr. Butze	Farmer	Seidenberg
Joh. Ernst Gobler	do	Reidersdor
Jas. Weiss	Weaver	Friedland
Joh. Gigka	Soapboiler	do
Math. Tackel	Weaver	do
Jas. Bursa	Blacksmith	do
Steph. Siffel	do	do
Ferd. Kilian	Geometer	Clothen
Hch. Kamsel	Farmer	Helpen
Carol Obermittam		Dohoenberg
Alb. Kegmann	Farmer	Weisbaden
Louise do		do
Joseph Hancke	Joiner	Entrup
Jos. Wilberg		do
Joh. Hasse	Coachdriver	Harzburg
Ant. Hannebal	Farmer	Entnop
Wm. Ramsel & wife	do	Hillighausen
H. A. Ellendrup	Farmer	Bidefeld
Joh Leek	Tailor	Bremenberg
Joh. Schroeder	Blacksmith	Sammersill
John Huls	do	do
Ed. Schorre	Farmer	Renteln
Ant. Horliness's wife	Shoemaker	Galveston
Gottl. Juspan		Hanover
Joh. Machemehl		Aunsburg
E. A. do		do
Mich.		Witlhen
Georg.		do
Mich. Machemehl & wife & child		do
C. Ed. Bambe	Farmer	Dribetz
Aug. Willenberg	do	Berndorf
Aug. Schonhof	Waitor	Braunschwieg

Next page

Fr. Knolle	Farmer	Krebshafer
Philipine		do
Aug. Eckermann	do	do
Hch. Hartmann	do	Wendthagen
C. Hch. Giles	Tailor	Bukburgen
Carl Giles	Shoemaker	do

Name of Vessel Brig. Reform date December 3, 1849, from Bremen, Master Ammermann.

Friedr. Schulz	Cooper	Wusterhausen
Christ. Henr.	Farmer	Lobach
Carol. Henr.		do
Friedke. Konig		do
Louis Grote		do
Friedr. Johamknecht	(DIED)	do
Carl Ludw. Warkmann	Farmer	Eberhausenhalz
Fr. Wilh. Kensling	do	Mackenbnuth
Chrna. Doers	do	Tscthocken
Edward Dabb		Wiesbaden
Anna Haust		do
Ludw. Kunath	do	Ocslmettingen
Wilh. Herms	do	Pausin
Rob. Naumann	Weaver	Leinbach
Aug. Wettermann		do
Jul. Schneider	Merchant	Hettstedt

Name	Age	Occupation	Origin
Franz Keylich		Physician	Ditmansdorf
Herm. Scttegast		Architecht	Desseldorf
Andr. Grussendorf		Shoemaker	Geffhorn
Carl Mohl		do	do
Gotts Obst		Farmer	Helsch
Gotts Antel		Miller	Kensendorf
Doroth. Blaser			do
Joh. Weber		Saddler	Honsbach
Franz „ca Maushaar		(DIED)	Kastadt
Carl Salsmann		Bookbinder	Rosenberg
Chs. Schubert		Merchant	Alneslcben
Gust. Fitze		Tutor	Derenberg
Gottfr. Corby		Goldsmith	Holberstadt

Next page

Name	Age	Occupation	Origin
Julius Hanc		do	do
Theod. Wahl			Heidelsberg
H. Thurnan		Farmer	Hagenburg
H. & M. Brosde		do	do
Carol Mayer			Winzler
Soph. & El. Wma. Buck			do
Hch. Korthancer		Farmer	do
Hch. Konig		do	Nordclu
W. & H. Hiesbers			Duseldorf
Otto Von Lansel			Elberefeld
Kunig & L. Osk			Halberstadt
August Mensing		Merchant	Desenberg
Aug. Wm. Shmanch	(DIED)	Farmer	Liestedt

Name of Vessel Bk. Franziska date December 6, 1849, from Bremen, Master Hagerdorn.

Name	Age	Occupation	Origin
Ernst Kapp	41	Professor	Menden
Ida do	41		
Antonie do	14		
Alfred do	12		
Eulie do	9		
Hedwig do	6		
Wolfgang do	3		
Anton von Sohr	15	Farmer	Coblenz
Conrad Bruns	16	do	Minden
Theodor Herzberg	31	Doctor	Halberstadt
Carl von Stein	58	Merchant	Oalu
Eliess do	68		
Alvine do	32		
Henriette Offenbade	24		
Carl von Rosenberg	54	Farmer	Menlel
Amande do	41		
Wilhelm do	28		
Auguste do	23		
Johmma do	25		
Johannes do	23		
Engin do	19		
Lina do	17		
Alexander do	14		
Walter do	9		
Sibussa Frohleich	111		
Edward Gentner	40	Carpenter	Signetz
Marie do	36		
Marie Meitzen	5		
Max do	4		
Julius Schlickum	24	Farmer	Munster
Wilhelm Kleine	15	do	do
Emeil Dressel	30	Architect	Wiesbaden
Rudolph do	18	Farmer	do
Franz. Moureau	24	Merchant	Weisburg
Christian Huchling	30	do	Backhorn

Next page

Name	Age	Occupation	Origin
August George	34	Merchant	Bockhorn
Titus Haneke	36	Doctor	Graetz

Name	Age	Occupation	Origin
Fanny Haneke	20		
Adelmo do	1½		
Ferdinand Dietz	19	Farmer	Wiesbaden
Theodore Disselhorft	26	Farmer	Menden
Reinhard Diek	34	Merchant	Aacken
Josephine do	27		
Gustav do	3/4		
Ferdinand Engelking	39	Farmer	Texas
Wilhelm Mietzen	30	Minemaster	Breslau
Antonie do	28		
Amalie Thiel	31		
Auguste Strube	23	Tanner	Lipsig
Heinricht Richter	28	Merchant	Minden
Christ Schildneckty	19	Farmer	do
Carl Griffinbeck	20	Merchant	Clives
Herman Hellmuth	30	Farmer	Potsdam
Minna Poppe	31		
Auguste Butzbach	26		
Julius Wagner	32	Farmer	Texas
Emilie do	29		
Herman Hinkennis	21	Student	Baden
Frederick Niemann	32	Dressmaker	Texas
Eliess do	28	do	do
Max Reinbach	26	Apothecary	Colm
Heinrich Gade	23	Baker	Oldenburg
Ferdinand Flake	26	Merchant	Galveston
Margaret Oligslager	71	Merchant	Coln
Peter Abels	25	Taylor	do
Catharine do	25		
Heinrich do	3/4		
Mathias Weber	22	Paperhanger	do
Wilhelm do	19		
Herrman Rake	44	Farmer	Winswold
Fritz do	11	do	do

Next page

Name	Age	Occupation	Origin
Adolph Bertollot	26	Machinist	Magdeburg
Otto Kapp	17	Farmer	Hanover
Conrad Mackel	23	Wheelwright	Nassau
Johan Dackel	27	Farmer	Prinpin
Bartoloma Burger	25	Joiner	Coln
August Finser	21	do	Clene
Albert Schleiter	29	Farmer	Baderhorn
Gustav Holzapfel	30	Farmer	do
Herman do	29	do	do
Heinrich Hildebrand	25	Geometer	Badenhorn
Wilhelm Winter	50	Farmer	Quedlinberg
Johanne do	20		
Wilhelm do	18	Gardiner	
David Schieck	53	Farmer	do
Alvin Kalbaar	38	Merchant	Elberfeld
Gertrude do	30		
Benno do	7		
Franziska Kuhman	24		
Carl Stahl	27	Umbrella Maker	do
Sina do	24		
Oceana Franziska	19		
Sibella Schafer	35		
Louis Klenyechman	15	Painter	Bremen
Christian Rippe	10	Farmer	Hofa
Dorothea "	13		
Marie "	11		
Antonetta Klapper	43	do	Hanover
Jacob "	20	do	
Heinrich "	13		
Johanne "	9		
Ernst "	7		
Joseph Wolf	28	Farmer	Buyenn
Leonhard do	27		
Margarette Kutzendorf	30		

Name	Age	Occupation	Origin
Kunigund Munch	25		

Next page

Name	Age	Occupation	Origin
Marie Stiegler	18		
Johan Deunhardt	20	Farmer	Buyenn
George Fruth	24		
Friedr. Schliedman	29	do	Prenpen
Eliesse Richter	25		do
Caroline Forster	26		do
Heinrich Mier	25	Blacksmith	do
Gerhard Miller	45	Farmer	Oldenberg
Anne Elieze do	44		
Meta do	21		
Johan do	19		
Herman do	17		
Gerhard do	15		
Elisie do	10		
Helen Basalleger	72		Oldenberg
Jurgan Fisther	24	Turner	do
Johan Somer	47		
Ann Marg. do	45		
Gessha do	16		
Anne do	11		
Diedrich Hahn	38	do	do
Ann Marg. do	26	do	do
Elent Heilens	19	do	do
Mary Bartels	68		
Helene do	21		
Gerhard Muller	24	do	do
Sina do	23	do	do
Johan Tarhoft	42	do	do
Carl Bonifoh	28	Farmer	Schlessin
Jos. Weinhold	29	do	do
Johann do	11		
Christ do	6		
Johan Auerochs	21	Joiner	Bayenn

Name of Vessel Bk. Hamburg-Knollen date December 15, 1849, from Hamburg.

Next page

Name	Age	Occupation	Origin
Heinzelmann, J. A.	40	Blacksmith	
" Wilhelmine	35		
" Wilhelm	7		
" Gustav	6		
Wolf, J. C. L.	77	DIED	
" Catharine	73		
Umland, Heinrich	42	Taylor	Hamburg
" Elize	35		
" Auguste	10		
" Emma	7		
" Johanna	5		
" Wilhelm	4		
" Julius	11/12		
Schneider, August	38	Shoemaker	
" Anna	30	DIED	
" Ulrich	7		
" Sophie	6		
" August	4		
" Marie	2		
Hagemann, Heunsch	55	Farmer	Prussia
" Dorothea	40		
" Max	16		
" Rudolphe	6	DIED	
Schulze, Andreas	43	Farmer	Holstuin
" Louis	37		
" Heinrich	14		
" Amalie	12		
" Christophe	7		
" Adolph	6		
" Sophie	4		

Name	Age		Occupation	Origin
Schulze, Louise	2			
Simanis, Christiane	40			
Zander, A. H. B.	47			
" Margaret	47			
" Adolfine	11			

Next page

Name	Age		Occupation	Origin
Behrehns, Moritz	23			Hamburg
" Pauline	26			"
Sievens, Heinrich	27			"
" Sophie	35			"
Ransky, Friedrick	45			
" Maria	46			
" Adolph	3			
" Henriette	26			
Lottman, C. A.	30			
" Charlotte	24			Hamburg
Steines, A. L. L.	35			
Neuendorff, E. F.	28			
Koch, Juliane	19			
Halberstudt, August	23			
Friedlander, Carl	38			
Kester, Peter	30			
" A. Cath.	24			Rilzebuttel
Zander, Friedrich	47			Einbuttel
" Friedricka	35			
" Wilhelm	3			
" Auguste	2			
" Friedrich	1/4		DIED	
Lehmann, Ludwig	55		Farmer	Hamburg
" Caroline	45			
Ludwig	24			
" Adolph	22			
" Julius	18			
Hermann	14		DIED	
Therese	75			
Kohl-Joh, Christ.	40		Taylor	
Anna Dor.	37			
Joh Christ	5			
Garlitt, Joh Carl	47		Taylor	
Dor. Soph.	55			
Joh Carl	21			

Next page

Name	Age		Occupation	Origin
Soph. Carl	19			
Zahn, Gottleib	48	DIED	Carpenter	Preussen
" Maria	38		DIED	
" Maria	14			
" Wilhelmine	12			
" Emilia	5/6			
" Carl	23			
Pecht, Theodor	15		Taylor	
Kirchner, Wilhelm	30		Carpenter	
Dirke, Frederick	50		Blacksmith	
" Catharine	49			Prussia
" Hermann	19			
" Joachim	17			
" Maria	14			
" Dorothea	11			
" Christophe	7			
Riebe, Peter	56		Farmer	
Wilhelmine	47		DIED	
Wilhelmine	21			
Wilhelm	18			
Erdmann	13			
Friedrich	10			
Ferdinand	7			
Blumberg, Joh. Aug.	48		Carpenter	
Dorothea	41			
Joh Fried.	17			

Name	Age		Occupation	Origin
Blumberg, Joh. Aug	14			
Carl Fridr	10			
Fried. Wilh	8			
Herm. Julius	6			
Auguste	4			Prussia
Maria	1/2			
Kubitz, Christoph	18		Farmer	
Bolschan, Carl	24		Butcher	
Wienstruck, Wilhelm	36	DIED	Baker	Prussia

Next page

Name	Age	Occupation	Origin
Wienstruck, Marie	20		
Baumann, C. F. F.	22	Merchant	Wettstock
Wegener, Friederick	36	Farmer	
Hingst, Friedrick	40	Miller	Stralsund
Knoll, August	24	Wheelwright	Rogasen
Blei, Wilhelm	28	Wheelwright	Perlberg
Graham, Christian	28	Farmer	Ruckelhim
Bohme, Hieronymus	34	Farmer	Lobau
Richter, Charles	40	Baker	Wesedorf
Maun, Ernst	30	Saddler	Muckenehne
Alkies, Ernst	28	Barkeeper	Franstadt
Falkenhagen, Frederick	19	Painter	Goldbeck
Orenholz, Carl	32		
" Maria	74		Danzig
Spengoler, Fr. Carl	29	Plushmaker	Berlin
Hilas, George	43	Farmer	
" Wathelde	40		
" Clara	12		
" Binnhard	6		
" Otto	3/4		Brutzen
" Maria	48		
Seydler, Fr. August	26	Mason	
" Wilhelm	24	do	
" Fr. Gustav	18		
Karner, Heinrich	27	Brewer	
Krause, Caroline	14		Adorf
Frank, Carl Grott	38	Saddler	
Zeidler, Barbara	23		
Reidel, Moritz	39	Baker	
" Johanne	40		
" Moritz	14½		
" Carl	13		
" Caroline	12		
" Franz	8		
" Adolf	10		

Next page

Name	Age		Occupation	Origin
" Ernst	6			
" Joseph	4			Cahla
Schweizer, Carl	25		Engraver	
" Hinrich	21		Taylor	Cahla
Fiedler, Georg	34		Mason	Weiningen
" Wilhelmine	23			
" Amelie	5			
" Friederich	2			Weiningen
Weunmiohs, Adolph	19		Painter	Carchun
Sehlunns, Johann	23		Taylor	Gernin
Bertram, Heinrich	44		Farmer	Fallensleben
Buaas, John	34		Merchant	Crumso
Stansfield, John	24		Farmer	
" Edward	14			Leeds
Bumann, Claus	40		Farmer	Wulmensdorf
Schenck, J. C. C.	17		Baker	Wandsbeck
Zani, August	61		DIED	Adorf
Banch, D. W.	56			Schwerin
" Elsie			DIED	
" Caroline				
Bolke, Sophie	58		DIED	Schwerin
Kellersbergess, Julius	28			Baden

List of passengers arrived from foreign ports in the Port of Galveston
1st Quarter, 1850

Name of Vessel Brig. Henschel date January 24, 1850, from Bremen, Master Raschen.

page 1

Name	Age	Sex	Occupation	From	To
Catharine Richel	53	F		Germany	Texas
Lucic	24	F			
Lazarus	15	M			
Caroline Baumann	3/4	F			
John Siderstop	48	M	Farmer		
Wilhelmine do	29	F			
Gab. Daunhainer	25	M	Farmer		
Richd. Diedlitz	15	M			
R. Tapken	23	M	Farmer		
Catharine	11	F			
Gisina	43	F			
August Heugst	24	F			
Ch. Schibitz	43	M	Farmer		
Jacob	68	M			
Jacob	18	M			
Johanna	19	F			
Catharine	12	F			
Phillip	5	F			
Frederick	43	F			
Magdalena Dischenger	19	F			
Wilhelmine	16	F			
Frederick Ostlick	20	M	Farmer		
Fred Walley	32	M			
Catharine Tell	11	F			
Johann Nohl	31		Farmer		
Adame	56				
Juliane	60				

page 2

Name	Age	Sex	Occupation	From	To
Christina "	20_2	F		Germany	Texas
Maria	6	F			
Catharine	5	F			
Carl Pl	4_2	F			
Phillip	2	F			
Sophie	1	F			
Christoph Bauer	42	M	Farmer		
Johanna	44	F			
Johanna	17	M	Farmer		
Jacob	14	M			
Johannie	11	F			
Christoph	10	M			
Catharine	8	F			
Wilhelm	5	M			
Chrissene	2	F			
Frederick Berghold	45	M	Farmer		
Chrissene "	20	M	"		
Ludwig "	18	M	"		
Jacob Behring	28	M	Baker		
Johannes Rugner	19	M	Bricklayer		
Chrissiaua "	20	F			
Chrissina Gaugler	20	F			
Elizabeth do	19	F			
Chrissina Stiebal	20	M	Farmer		
J. E. Wichmaun	35	M	Farmer		
Joseph Schmitz	26	M	Bricklayer		
Anna Schmidz	28	F			
Marie do	20	F			
Adam Fischer	27	M	Shoemaker	Germany	Texas
Johanna Kipling	20	M	Bricklayer		
Aug Berndt	23	M	Tailor		
F. Ramomsky		M	Carpenter		
Carl Koch		M	Bricklayer		

page 3

Name	Age	Sex	Occupation	From	To
Dorothea Koch	25	F			
Ludwig "	3/4	M			
Wilhelmine Knoth	42	F			
Wilhelmine "	12	F			
August Adolph	42	M	Farmer		
Otto Meitzen	39	M			
Franz "	31	F			
Otto Meitzen	9	M			
Ida "	2	F			
J. E. W. Meitzen	1/4	M			
Otto Stapp	33	M	Doctor		
Mary	26	F			
Ernst	2	M			
George	3/4	M			

Name of Vessel Bark Alexander date March 4, from Hamburg, Master Hemichsen.

Name	Age	Sex	Occupation	From	To
I. H. Bach	43	M	Farmer	Hamburg	Texas
Ernstime "	30	F			
Hermandine	1/4	F			
Franz H. Stamer	49	M	Farmer	Bergedorf	
Sophie Erich	38	F	Trader	Lubeck	
Aug. Janisch	29	M	Farmer	Mechlenburg	
C. Theo. "	33	M	Particulier		
Robt. Billinger	32	M	Merchant	Hamburg	Texas
Sophie "	28	F		"	
Ernst Bergeman	51	M	Preacher	Prussia	
Maria "	41	F			
Julia "	12	F			
Mathilda "	7	F			
Otilir "	5	F			
Agnes "	2	F			
J. Bansadgeck	25	M			
Wm. A. Riwolzki	19	M	Farmer	Prussia	
Js. Strube	54	M	Joiner	Prussia	
Dorothea "	50	F			
do "	24	F			
Maria "	16	F			

page 4

Name	Age	Sex	Occupation	From	To
Wilhilm "	14	M			
Joachm. Schrub	40	M	Farmer		
Dorothea "	31	F			
Seigfried "	10	M			
Juni "	8	F			
Rosalind "	7	F			
Christian "	28	M			
Joh Rieck	33	M	Blacksmith		
Joh Salomon	37	M	Brickmaker		
F. Stiurgraber	28	M	Can-maker		
Edwd. Bender	32	M	Musician	Poland	
A. G. Haferkarn	46	M	Carpenter	Prussia	
J. P. Dyanipius	29	M	Merchant	Hamburg	
Frederike "	25	F			
Joh. Ohl	40	M	Farmer		Texas
E. H. Stamer	18	M	"		
Caspar Gehrman	18	M	"		
Joh Voight	18	M	"		
George Trsebe	53	M	"		
Henry "	15	M	"		
John "	13	M	"		
Frederic "	10	M	"		
C. Sehuackenbach	28	M	Merchant	Hanover	
Paul Kronke	32	M	Merchant	Hanover	
Maria Karstens	31	F		Holstein	
Ernst Struve	59	M	Labourer	"	
Charles "	18	M	"	"	
Auguste Bromer	27	F		Hamburg	
Cath Thomsen	13	F		Holstein	

A. Schultz   40   M   Farmer   Hamburg

List of passengers arrived from foreign ports in the Port of Galveston
                              2nd Quarter, 1850

Name of Vessel Bark Neptune date June 13, from Bremen, Master Vespuman.

page 1
Name	Age	Sex	Occupation	Origin
Edward Wagner	25	M	Jurist	Amesbach Texas
Edward Haerter	30	M		Craiwinkle
Victor Witte	29	M		Hanover
Anna Witte	21	F		
Ferdinand Hagerdorn	12	M		
Marie Witte	2	F		
Helene Witte	3/4	F		
Aualie Huhn	43	F		Bwig
Albert Cornelius	35	M	Merchant	Samiebonn
Emilie Cornelius	24	F		
Julius Cornelius	3/4	M		
C'fred Muller	50	M	Lace-maker	Frohnan
Franz Lange	45	M	Miller	Nakenhim
Chatarina "	35	F		
Ludwig "	11	M		
Lena "	8	F		
Eva "	5	F		
Johann "	4	M		
Carl "	3	M		
Wilhelm Protzel	37	M	Farmer	Fallersleben
Chr Passemann	35	M		
Fried'r Satter	43	M	Cooper	Blankenburg Texas
Johann "	32	M		
Heinrich "	8	M		
Friede'r "	3	M		
Carl "	44	M	Dyer	
Carl Schulz	48	M	Taylor	Derenburg

page 2
Name	Age	Sex	Occupation	Origin
Johann "	46	M		
Carl	19	M		
Louise	16	F		
Fritz	12	M		
Hermann	11	M		
Robert	5	M		
Chr. Simon	48	M	Weaver	
Johann "	50	M		
Fried'r "	23	M		
August "	17	M		
Chatarine Pfeiffer	36	F		
August Streithorst	32	M		
Friederich	6	M		
Victor Kohineke	27	M	Brickmaker	Burg
Johann Hr. Boshe	22	M	Tinman	Sudwey
Wichllin Heise	34	M	Joiner	Burg Texas
Aug. Bahle	29	M	Shoemaker	"
Antan Roth	25	M	Farmer	Amerback
Johfrz Hosig	49	M	Carpenter	Locbun
Johann "	50	M	"	"
C. G. Richter	35	M		Buyarsdorf
Wilhelm Schroeder	27	M	Baker	Detmold
Ferd do	18	M	Taylor	
Aug. Bodeker	23	M	Baker	
E. Priester	21	M	Merchant	
Harvie Englemathe	29	M		Lambforde
Phillip Branhach	21	M		Weisbaden
Carl Nassmald	20	M	Merchant	Burg
Wilhelm Teulmeyer	58	M	Farmer	Salzaffen
Louise "	54	F		
Fritz "	19	M		
Elise "	21	F		
Louise "	12	F		

Name	Age	Sex	Occupation	Origin
Wilhelmine Teulmeyer	10	F		
H. W. Darenbaumer	29	M	Farmer	Winkdshutt

page 3

Name	Age	Sex	Occupation	Origin	
Wilhelm Kammerer	42	M	Butcher	Burg	
Friederich Buding	24	M			
Jacob Dogelsang	46	M	Shoemaker	Uplethe	Texas
Hetta do	27	F			
Dores do	21	F			
Theodor do	18	M			
Ernst do	12	M			
Friedr. do	8	M			
Chatarina Wellerz	21	F			
Gerhard Stoffelmann	46	M	Farmer	Beckhaussen	
Margarithe do	40	F			
Anna do	6	F			
Joh Fidken	34	M	Farmer	Aschhaussen	
Helena do	36	F			
Luker do	9	F			
Helena do	3	F			
Gerd Fiken	21	M			
Heinrich Heimsohn	31	M	Shoemaker	Faherburg	
Chatarine do	35	F			
Diedrich do	3/4	M			
Heinrich Ehlerz	25	M	Shoemaker	Tmiurhaussendericke	
Doretha Steiner	21	F		Berlin	
Johann do	2	M			
Wilhelmine Meyer	32	F		Konigsburg	Texas
Adelbert do	12	M			
Richard do	10	M			
Emil do	8	M			
Franziska do	6	F			
Betty do	4	F			
Johann Kmippel	61	M	Farmer	Lassan	
Louise	50	F			
Ferdinand	26	M			
Ernst	24	F			
Friedr Hillert	27	M	Carpenter	Stellin	

page 4

Name	Age	Sex	Occupation	Origin
Friedr Koch	48	M	Farmer	Lassan
Auguste do	34	M		
Auguste do	12	M		
Ernstine do	8	M		
Alwine do	6	M		
Frederich do	5	M		
Peter do	2	M		
Christian do	3/4	M		
Christi Genz	56	M	Farmer	Usedarm
Charlotte "	54	F		
Frederike "	17	F		
Alwine "	12	M		
Johann "	12	M		
Carl Friedr "	10	M		
Carl Ferdin "	6	M		
Onivatius Weber	28	M	Shoemaker	Hildeng

Name of Vessel Bark Colonist date June 13, from Hamburg, Master Jergensan.

Name	Age	Sex	Occupation
Apfiel August	45	M	Sailmaker
Elizabeth	45	F	
Elizabeth	17	F	
Caroline	14	F	
Bernhardine	12	F	
Christoph	8	M	
Bernhard	6	M	
August	4	M	
Altmann Carl	45	M	Chimneymaker
Dorothea	36	F	

Name	Age	Sex	Occupation	Origin	
Altmann Ida	15	F			
" Bertha	14	F		Frankestine	
Kisiling Carl	31	M	Joiner	Frankenstine	Texas
Josohm, Rudolph	24	M	Farmer		
Sohwarz, Liborinr	24	M	Mason		
Sohort, Wilhelm	32	M			
" August	20	M			
" Emil	2/3	F			

page 5

Name	Age	Sex	Occupation	Origin	
Arnold, Julius	36	M	Taylor		
" Caroline	32	F			
Krug, Heinrich	30	M	Philosopher		
Kauffman Adolph	27	M	Carpenter		
von Gelgenheimb Ferdind.	27	M	Farmer		
Bachnisoh, August	36	M	Carpenter		
Bischoff, Fritz	25	M		Breslau	
Kattner, August	30	M	Professor		
" Robert	28	M	Silversmith		
Jacob Wilhelm	39	M	Barber		
Rutsch Albert	20	M			
Hasrinisky Fredierke	46	F	Widow		
" Robert	17	M			
" Adolf	13	M			
Schmidt, Carl	50	M	Shoemaker	Breslan	Texas
" Frederike	58	F			
Ludfke, Frederich	21	M	Labourer		
Michaelis, Henriette	21	F			
Masoe, Bertha	30	F			
Mecker, Carl	25	M	Shoemaker		
Waltensdorf, Carl	30	M	Locksmith	Perleberg	
Wusthoff Robert	21	M	Farmer		
Schever Joh. Fidr.	30	M	Distiller		
Bunge Christian	35	M	Farmer		
" Wilhelmine	28	F			
" Wilhelm	7	M			
" Wilhelmine	3	F			
Schulz Hienrich	31	M	Hotelkeeper		
" Pauline	34	F		Reichenbach	
Malitzky Louis	27	M	Confectioner	Langenbalan	
Brosig Theodor	28	M	Soapmaker		
" Josef	30	M	Merchant		
Klose Ernst	24	M		Meisse	
Seigert, Berthold	27	M			
von Hademann, August	22	M	Hunter	Poppelan	

page 6

Name	Age	Sex	Occupation	Origin	
Schwazbach Gotlieb	25	M	Cotton-weaver	Weber	Texas
Hegg Frederich	30	M		Gebersdorf	
von Hippel Moritz	31	M	Surveyer		
Schimbke Frederike	26	M	Farmer	Fischbach	
Felder Gustov	31	M	Merchant		
" Anna	27	F		Petscknaw	
Lessa Gustov	26	M	Brewer	Juhnusburg	
Schmidt, Wilhelm	27	M	Wheelwright	Corsenz	
Damus Adolf	30	M	Merchant	P. Hollande	
Kollatschni Josef	22	M		Bukaivene	
Grosse Louis	34	M	Pinmaker		
" Julie	24	F			
" Ernst	4	M		Auma	
" Franz	2	M			
Voges Diedrich	28	M	Farmer	Bisendorf	
Kooh Louis	40	M		Osnabruck	
Bartrum Friederich	32	M	Turner	Riga	
Schneider Carl	28	M	Carpenter	Ristadt	
Goldbach Carl	23	M		Jasser	
Haude, Julius	26	M	Farmer		Texas
" Bertha	25	F		Breslau	
" Louise	10	F			

Henzel, Carl	34	M	Farmer			
" Betty	40	F				
" Hermann	5	M				
" Emillie	8	F				
Weilshauser Emil	22	M		Oppelin		
Krug Sophia	24	F				
Kattuer Henriette	24	F		Breslau		
" Blanca	15	F				
Muller Ottocar	38	M		Sohanberg		
" Elizabeth	28	F				
" Jenny	3	F				
Schumke Gottfried	29	M		Ninsalz		

page 7

Coreth Ernst	46	M	Merchant	Texas	Texas
" Agnes	35	F			
" do	14	F			
" Carl	13	M			
" Rudolph	11	M		Texas	
" Amalie	8	F			
" Johann	5	M			
" Franz	3	M			
" Maria	1	F			

List of passengers arrived from foreign ports in the Port of Galveston 4th Quarter, 1850

Name of Vessel Bark Bessilian date October 13, from Hamburg, Master Hinrichsen.

page 1

John, H. A. F.	41	M	Jeweller	Hamburg	Texas
" Dorothea	39	F			
" August	8	M			
" Henri.	7	F			
" Johanne	5	F			
" Bertha	5	F			
Huns, Charles	44	M	Shoemaker	Hamburg	Texas
Johanne	38	F			
Louis	14	M			
Adolf	12	M			
Theodore	11	M			
Numberg, F. L. H.	42	M	Mechanician		
Christian	36	F			
Auguste	8	F			
Wilhelimine	6	F			
Maria	5	F			
Johanna	3	F			
Emilie	3/4	F			
Vahl, Alexander	32	M	Farmer	Prussia	
Elise	25	F			
Walker, Heinrich	27	M	Farmer		
Caroline	24	F			
Glass, Theodor	33	M	Farmer		
Anna	30	F			
Hugo	28	M	Farmer		
Maria	30	F			
Franz	1/4	M			
Grob, Auguste	53	F			

page 2

Grob, Ottilie	21	F		
" Charlotte	18	F		
Milatz, Johann	62	M	Farmer	
Herincke, Nicolaus	39	M	Tailor	
" Elizabeth	34	F		
" Ferdinand	8	M		
" Sophie	7	F		
" Friederich	6	M		
" Albertine	5	F		
Normann, Carl	55	M	Shoemaker	

Name	Age	Sex	Occupation	Origin
Normann, Adolf	8	M		
Leib, Wilhelmine	47	F		
Henrietta	26	F		
Wilms, Jorehim	40	M	Farmer	
Tesch, Joh. Ludwig	35	M	Gardener	
Anna	32	F		
Minna	8	F		
Louis	6	M		
Carl	3	M		
Dorothea	1/2	F		
Borgfeldt, Friedrich	25	M	Tiler	
Kuche, Auguste	25	M	Joiner	
Reiss, Carl	31	M	Farmer	
Pagel, Gottfried	50	M	Carpenter	
Friederike	40	F		
Wilhelm	11	M		
Carl	14	M		
August	12	M		
Wilhelmine	8	F		
Frederick	7	F		
Frederich	6	M		
Emilie	4	F		
Franz	1/4	M		
Werbach, August	35	M	Farmer	

page 3

Name	Age	Sex	Occupation	Origin
Wilhelmine	37	F		
Sophie	3	F		
Henns, Wilhelm	52	M	Miller	
Christine	57	F		
Caroline	26	F		
Sophie	24	F		
Frederich	17	M		
Adam	30	M	Miller	
Fredericke	22	F		
Koschel, Samuel	35	M	Joiner	
Zebst, Carl Wilhelm	49	M	Joiner	
Henriette	42	F		
Carl Wilhelm	16	M		
Auguste	9	F		
Koste, Friedrich	35	M	Laborer	
Hayer, Richard	23	M	Apothecary	
Baer, Friedrich	26	M	Farmer	
Mach, Carl	28	M	Farmer	
Meyer, Julius	24	M	Bookbinder	
Henriette	26	F		
Schwertfegger, Heinrich	22	M	Smith	
Wendling, Heinrich	44	M	Joiner	
Fredricke	37	F		
Wendling, Fredricka	8	F		
Wilhelmina	7	F		
Ludwig	6	M		
Ernestine	3	F		
Auguste	1/2	F		
Huth, Peter	60	M	Farmer	
Julie	62	F		
Pesslan, Martin	33	M	Farmer	
Ottilie	25	F		
Mectzen, Laura	27	F		
Prange, Friedrich	33	M	Liquor Manufacturer	
Louise	23	F		

page 4

Name	Age	Sex	Occupation	Origin
Scheffer, Louis	22	M	Locksmith	Lauenberg
Munke, Ernst	28	M	Carpenter	
Julie	24	F		
Carl	3	M		
Meyer, Friedrich	28	M	Farmer	Hanover
Zabel, Christine	29	F		Holstein

Duhren, Hans	27	M	Farmer	
Christinane	26	F		
Cooper-Blohen, Christoph	49	M		
Catherine	70	F		
Rucksen, Wilhelmine	19	F		
Bursneslis, Friedrich	30	M	Farmer	
Kopp, Christoph	25	M	Joiner	Wurtemburg
Anna	27	F		Hanover
Wendell, Gottfried	24	M	Shoemaker	Poland (Prussia)

Name of Vessel Brig Reform date November 29, from Bremen, Master F. Ammermann.

Carl Springer	43	M	Shoemaker	Saxony
Marie "	28	F		
Albert "	7	M		
Marie "	3	F		
Louis Reisner	41	M	Mechanic	
Auguste "	11	M		
Rud. D. Oench	40	M	Mechanic	
Adelheid "	40	F		
Oscar "	11	M		
Friedrich "	13	M		
Richard "	7	M		
Theod. Scholz	34	M	Mechanic	
Pauline "	33	F		
Heinrich "	5	M		
Clara Sannert	26	F		
Minna "	2	F		
Minna Riedel	25	F		
Fritz "	3	M		
Emma "	4	F		
Saml Matschke	76	M	Taylor	Baden

page 5

Elise "	32	F		
Louise "	34	F		
Caroline Berger	74	F		
Augusta Banawsky	32	F		
Ateleide "	3	F		
August "	1	M		
August Eckert	41	M	Joiner	Prussia
Therese "	31	F		
Franz Staucke	28	M	Joiner	Prussia
Diedrich Ottmanny	41	M	Carpenter	Hanover
Helene "	39	F		
Meta "	7	F		
Auguste "	3	F		
Mathilde Heller	34	F		Oldenburg
Carl Walter	36	M	Carpenter	Baden
Pauline "	26	F		
Auguste "	4	F		
Pauline "	1	F		
Michael Schadry	23	M	Farmer	Baden
A. Paszensky	45	M	Chemist	Baden
Theodor Bucks Kemper	40	M	Farmer	Prussia
Elizabeth "	29	F		
Lucia "	5	F		
Elizabeth "	3	F		
Christian Kramer	27	M	Carpenter	Oldenburg
Anna Maria Mann	44	F		
Albert Kuck	61	M	Farmer	
Marie "	55	F		
Rudolph Duckart	33	M	Farmer	Prussia
Ernst Braun	29	M		
Ernestine Tinmell	24	F		
Clemens Conrad	23	M	Mechanic	
August Liecke	20	M	Farmer	
Otto Wustirich	41	M	Printer	
----	27	M		
Herman Huttel	29	M	Smith	

Name	Age	Sex	Occupation	Origin
Jos. Dungen	25	F	Farmer	
Lise "	26	F		
Cathrina "	42	M		
Geo Mauer	38	F	Carpenter	
Emilie "	9	F		
Georgie "	58	M		
Theod. Bliseke	58	F	Carpenter	Hanover
Caroline "	22	M		
Fredrich "	18	F		
Caroline "	14	M		
Wilhelm "	61	M		
Ferd. Schaeffer	23	F	Smith	
Therese Berkenburch	22	F		
Lisitte "	28	F		
Lorenz Nusse	27	M	Farmer	
Jos. Gurken	51	M		
Friedr. Eickemeyer	48	M		
Lisette "	26	F		
Elizabeth "	22	F		
Wilhelm "	18	M	Farmer	
Carl "	25	M		
Ludwig Stunn	36	M	Smith	
Carl Harold	37	M	Gunsmith	
Luise "	5	F		
Luise "	4	F		
Heinrich "	3	M		
Wilhelm "	26	M		
Auguste Kleinecke	17	F		
Christiane "	14	F		
Paul Springer	16	M		Prussia

Name of Vessel Bark Solan date November 30, from Bremen, Master Balleer.

Name	Age	Sex	Occupation	Origin
Otto Muller	29	M	Farmer	Erassen(?)
Mathilde "	26	F		

page 7

Name	Age	Sex	Occupation	Origin
Emilie Ripke	27	F		Minden
Ulriche "	14	M		
Heinrich Gerhardy	40		Particulier	Dusseldorf
Wilhelm Schube	40		Farmer	New Ruppin
Bernhard Kramer	24		Merchant	Galveston, TX
Gerh Frels	28		Merchant	Cummins Cr., TX
Antoinette Mahletedt	25	F		Ludwigslust
Friedr. Witting	21	M	Mechanician	Monschen
Anna Berlocher	27	F		Galveston, TX
Charles Frantz	21	M	Merchant	Frankenhausen
Otto Haun	24	M	Preacher	Muhlhausen
Wilhelm "	29		Carpenter	
Gottlieb Rost	29		Bookbinder	Leipzig
Dorothea Kuster	22	F		Muhlhausen
Louis Grossolokas	50	M	Farmer	
Emil "	43	F		
Marianne "	14	M		
Joh. Fred Schmidt	6	M	Teacher	
Gische Margaretha "	46	M		
Friedrich Christoph	43	F		
Anna Mohrmann	14	M		
Joh. Friedr. Eben	25	F	Farmer	
Joseph Fellmann	26	M	Farmer	
Louise "	32	F		
Heinrich Lurssen	34	M	Farmer	Hilsdorf
Sophia "	34	F		
Heinrich "	9	M		
August "	6	M		
Wilhelm "	4	F		
Wilhelmine "	2	F		
Friedrich Brandt	22	M	Farmer	Oldenburg
Friedrich Maimaldt	18	M	Smith	Krapkow
Heinr. Ludwig Hollkamper	23	M	Weaver	Ursimoldt

Name	Age	Sex	Occupation	Origin
Chatarine Hollkamper	24	F		

page 8

Name	Age	Sex	Occupation	Origin
Heinrich "	1½	M		Germany
Heinrich Corder	20	M		
Franz Wilh. Dullberg	53	M		
Friedr. Wilh "	15	M		
Maria Elise "	50	F		
Heinrich Wilh. "	1/2	M		
Wiganese Olnagel	24	F		
Friedr. Wilh Sander	31	M		
Maria Elise "	30	F		
Friedr. Wilh. "	2	M		
Johann Zerbach "	60	M	Tailor	
Elizabeth "	66	F		
Franz Kiseling	24	M	Butcher	
Ferdinand Sussmann	14	M	Farmer	
Ernst Topper	21	M	Farmer	
Joseph Edlinger	41	M	Weaver	
Smarez "	46	F		
Petris "	6	M		
Maria "	5	F		
Gertrude "	2	F		
Friedrich Hansdorf	45	M	Farmer	
Carolina "	43	F		
Louisa "	18	F		
Fredrich "	16	M		
Christoph "	14	M		
Carolina Raksdorf	11	F		
Wilh Hansdorf	9	M		
Henriette "	6	F		
Emilie "	1/2	F		
Andreas Wigener	22	M	Tiler	
August Wagenfuhr	38	M	Bricklayer	
Christina "	38	F		
Johannes "	9	F		
Friederich "	4	M		
Heinrich "	3/4	M		

page 9

Name	Age	Sex	Occupation
Conrad Lohl	25	M	Farmer
Lucia "	21	F	
Christian Mohrig	43	M	
Christiana "	42	F	
Maria "	9	F	
Christian "	8	M	
Fritz "	4	M	
Conrad Kruger	24	M	Shepherd
Friedrich "	18	M	Joiner
Peter Kupperschmidt	46	M	Farmer
Christiane "	42	F	
Christina "	9	F	
Heinrich "	7	M	
Gebhardt Muhler	27	M	Tailor
Heinr. Angenstein	21		Joiner
Heinr Becker	24		Surgeon
Christian Diebel	19		Farmer
Christoph "	27		Farmer
Friedrich Bonsmann	25		Smith
August Kohler	29		Carpenter
Heinr. Fish	25		Bricklayer
Andreas Griebel	40		Farmer
Heinr. Fischer	19		Joiner
Heinr. Grannhorst	27		Farmer
Andreas Wagenfuhr	20		Shoemaker
Andreas Meyer	20		Farmer
Carolina Westphal	16	F	
Christian Lohl	29	M	Farmer
Wilhelmine	19	F	
Wilhelm Bartels	21	M	Tailor

Name	Age	Sex	Occupation
Peter Vogelsang	18	M	Cooper
Conrad E. Petzold	49	M	Teacher
Johann Frels	35	M	Farmer
Herm. Heinr Meyer	47	M	Farmer
Carolina "	34	F	

page 10

Name	Age	Sex	Occupation
Heinr. Fr. Diednicks	59	M	Smith
Friedricke "	57	F	
Friedricke "	20	F	
Heinr. Wilh. "	20	M	
Anna Lamess "	17	F	
Heinr. Menke	25	M	Farmer
Gerhard Muller	30	M	
Helene Thien	23	F	
Wilh. Winkelmann	27	M	
Helene Otholdt	23	F	
Gerhard Meyer	21	M	
Joh. Heinr Ottman	29	M	
Christoph Ashom	25	M	
Bernh Kruse	46	M	Teacher
Carl "	22	M	
August "	20	M	
Christian "	10	F	
Johann Stoffers	30	M	
Catharina Petermann	27	F	
Johann Friedr Hitze	29	M	Farmer
Wilh. Heinsohn	36	M	
Meta "	29	F	
Chatharina Maria "	6	F	
Dtch. Wilh. Friedr. "	4	M	
Bernhard Manermann	17	M	
Anton Prnetzel	26	M	
Joseph Schubert	67	M	Bricklayer
Aug. Christian Wilgeroth	26	M	Wagoneer
Christian "	23	M	Wagoneer
Diedrich L. Schelling	46	M	Teacher
Helena "	32	F	
Ferd. Theod. Friedr. "	15	M	
Maria " "	9	F	
Diedrich " "	7	M	
Eliza " "	4	F	

page 11

Name	Age	Sex	Occupation
Johanna Steinbrinker	44	M	Weaver
Meinert Warnken	25	M	
Elizth. Steinbrinker	44	F	
Catharina "	17	F	
Heinrich "	14	M	
Friederich "	2	M	
Christian Reinhardt	62	M	Weaver
Carl Kielmeyer	30	M	Merchant
Sidonia "	23	F	
Heinrich Halfmann	25	M	Farmer
Bernhardt Kampert	23	M	Farmer
Heinr. Bockelbrush	22	M	Joiner
Maria Leorenz	27	F	Joiner
Heinr. Leiding	28	M	Tailor

Name of Vessel Br. Herman Taeodore date December 2, 1850, from Bremen, Master Muller.

Name	Age	Sex	Occupation	From	To
L. H. G. Munim	40	M	Gardener	Germany	Texas
Marie "	45	F			
Theodor "	12	M			
Ferdinand "	9	M			
Adam J. Schneider	24	M	Farmer		
Vallim Schwab	35	M	Farmer		
Elizabeth "	27	F			
Andreas "	8	M			
Alexius "	4	M			

Name	Age	Sex	Occupation
Anna B. Schmidt	53	F	
Hug. Poppert	24	M	Farmer
Adelheid "	25	F	
Eugen Schirab	22	M	Farmer
Louise Boleg	29	F	
Michel Hesse	29	M	Baker
Barbara "	34	F	
George "	13	M	
Michel "	8	M	
Margaretha "	5	F	
Franz Spreen	35	M	Farmer
Charlotte "	35	F	

page 12

Name	Age	Sex	Occupation
Wilhelmine H. Spreen	10	F	
Henriette "	9	F	
Wilhelm "	4	M	
Franz "	6	M	DIED
Chr. Emshoff	40	M	Farmer
Marie "	47	F	
Christian "	14	M	
Christiane "	10	F	
Dorothea "	8	F	
Caroline "	6	F	
Christoph "	4	M	
Joh. Fr. W. Rohling	53	M	Farmer
Henriette "	23	F	
Wilhelm "	10	M	
Wilhm. Hogamier	18	M	Farmer
Christine Spreen	24	F	
Sophie Marlmann	19	F	Farmer
Hermann Lassh	22	M	Farmer
Wilhm. Meyer	20	M	Farmer
Heinr. Wehmeyer	16	M	
Heinr. Schmidt	17	M	
Chr. Fr. Schulte	26	M	Farmer
Ludw. Gimbler	75	M	Farmer
Catharine "	65	F	
Joh. Ad. Renss	28	M	Farmer
Catherine "	27	F	
Fr. Adam "	6	M	
Joh. Ludw. "	4	M	
Anna Cath. "	2	F	
Anna C. Muller	29	F	
Johann Will	45	M	Farmer
Christine "	30	F	
Louise "	13	F	
Maria "	8	F	
Joh. Gustov Kistel	46	M	Farmer

page 13

Name	Age	Sex	Occupation
Charlotte "	48	F	
Caroline "	18	F	
Augusta "	14	F	
Philipine Fitz "	10	F	
Michel Steffen	29	M	Farmer
Hanne "	6	F	
Henriette "	4	F	
Andreas Voight	59	M	Farmer
Frederike "	36	F	
Ernst H. Schorisling	30	M	Farmer
Marie Elise	34	F	
Carl Ludw. Hamer	10	M	
Marie H. Schorisling	5	F	
Joh. Heinr. "	35	M	Farmer
Joh. Stumke	60	M	Farmer
Fried. Rahe	49	M	Farmer
Dorothea "	35	F	
Catharine "	10	F	
Dorothea "	2	F	

Catherine Rahe	35	F	
Johanne "	10	F	
Christoph "	2	M	
Friedr. Wilhm. "	22	M	
Joh. Wilh. "	4	M	
Catherine Allmeyer	24	F	
Wilhelm "	22	M	Farmer
F. H. Spillman	28	M	Farmer
Anna "	22	F	
Wilhm. Bruggenworth	40	M	Farmer
Heinr. Bensser	24	M	Shoemaker
Carl Fr. Hellmer	25	M	Tailor
Christian Rothe	27	M	Farmer
Caroline "	25	F	
Ernst "	12	M	
J. H. Freely	43	M	Carpenter

page 14

Joh. Chr. Freely	40	M	
Aug. Catharine "	11	F	
Henriette "	9	F	
Johanne "	6	F	
Peter Heinr. "	4	M	
Catharina Eilis	21	F	
Heinr. A. Ostendorf	27	M	Joiner
Adam Voight	28	M	Farmer
Saml. Henschel	20	M	Clothweaver
Rudolph du Menil	27	M	Merchant
Moritz Paulmann	19	M	Merchant
Fr. Aug. Herbt	24	M	Farmer
Mina Steffen	26	F	Tailor

Name of Vessel Br. John Frederick date December 21, 1850, from Hamburg, Master Behrens.

Schultz, Friederich	54	M	
" Sophie	44	F	
" Auguste	24	F	
" Gottlieb	22	M	
" Franz	16	M	
" Gustov	1/6	M	
Remmin, Christian	25	M	Wheelwright
Strawe, Joh. Friedch.	52	M	Farmer
" Eva	44	F	
" Dorothea	8	F	
" Maria	36	F	
Boldt, Christian	12	M	
Poll, Fritz	6	M	
Prill, Fritz	33	M	Farmer
Hamann, Maria	16	F	
Kolbon, Carl	25	M	
" Maria	29	F	
" Carl	10	M	
" Johann	6	M	
" Wilhelmine	1/2	F	
Lenth, Joh. Fried'ch.	56	M	Farmer
" Jurgen	27	M	

page 15

" Magdalene	25	F	
" Maria	1/2	F	
Morer, Fritz	28	M	Farmer
Falkenhagen, George	45	M	Farmer
" Sophie	47	F	
" Johann	14	M	
" Dorothea	5	F	
" Ludwig	23	M	Wheelwright
" Wilhelmine	18	F	
Delff, Friedrich	35	M	Farmer
Dubel, Johann	29	F	Bricklayer
" Dorothea	24	F	

Name	Age	Sex	Occupation		
Dubel, Maria	4	F			
" Dorothea	2	F			
Koch, Carl	20	M	Tinman		
" Christian	18	M	Confectioner		
Fuchs, Friederich	60	M	Farmer		
" Juliane	52	F			
" Otto	21	M	Farmer		
" Wilhelm	20	M	Merchant		
" Carl	14	M			
" Fritz	9	M			
Lange, Carl	40	M	Carpenter		
" Wilhelmine	34	F			
" Julius	6	M			
" Carl	1	M			
Ellerbusch, J. A.	40	M	Farmer		
" Gesche	36	F			
" Dorothea	16	F			
" Nancy	8	F			
Zerbst, Carl Wilh.	49	M	Joiner		
Arssim, Edmund	22	M	Farmer		
" Johann Fr.	32	M	Farmer		
Sommer, Pauline	24	F			
Amdohr, R. G. F.	32	M	Merchant		

List of passengers arrived from foreign ports in the Port of Galveston 1st Quarter, 1852

Name of Vessel Brig. Sophie date January 19, from Bremen, Master Behrens.

page 1

Name	Age	Sex	Occupation	From	To
Aug. Dangers	18	M	Farmer	Germany	Texas
Geo Max	26	M	Farmer		
Fr. K. Wiess	48	M	Merchant		
John Jungst	55	M	Tavern Keeper		
Henniette "	45	F			
Johanna "	20	F			
Amalia "	18	F			
August "	6	M			
John Brag	37	M	Farmer		
Catharine "	38	F			
Johanna "	15	F			
Ferdinand Jungst	24	M			
Fr'k. "	13	M			
Hermann "	10	M			
Henry Althans	38	F	Watchmaker		
Elizabeth "	38	F			
Henry "	7	M			
Julius "	2	M			
Emilie "	5	F			
Mathias Henman	28	M	Farmer		
Maria "	29	F			
Margarethe "	6	F			
Mathias "	2	M			
Mathias Jungman	28	M	Farmer		
Gertrude "	26	F			
Mathias "	2	M			
Catharine "	54	F			
Johann "	17	M			

page 2

Name	Age	Sex	Occupation		
Peter "	15	M			
Nicolans "	12	F			
Martin Becker	33	M			
Jacob "	3	M			
Maria "	23	F			
Wm. Hagelsub	20	M	Butcher		
Henry Wicke	20	M	Locksmith		
Anna Behneken	23	F			
Meta "	20	F			
Diedrich Tonne	27	M	Farmer		

Frk. Bolt	32	M	Farmer
Chs. Meyer	18	M	Tailor
Felix Gotzman	32	M	Carpenter
Christian Stolte	31	M	Wheelwright
Friedericke "	23	F	
Frk. Dulm	19	M	Wheelwright
Louisa "	24	F	
Jacob Schroder	37	M	Bricklayer
Catharine "	22	F	
Christoph Schroder	41	M	Carpenter
Anna "	27	F	
Johanniel "	7	M	
George "	2	M	
Elizabeth Senger	58	F	
William "	17	M	Smith
Christoph. Koch	26	M	Carpenter
Adam Ley	29	M	Farmer
Daniel Zimmermann	16	M	Farmer
Eva Rauch	21	F	
John Hofeing	39	M	Tailor
Catharine "	34	F	
Frdk. "	10	M	
Christian "	7	M	
George Schoel	48	M	Farmer
Jacob "	15	M	
Conrad Hermann	28	M	Cooper
Anna "	25	F	

page 3

Frd'k. Warning	27	M	Farmer
Ferd. Stubenrauch	32	M	Blacksmith
Johanna "	33	F	
Wolfgang Meyer	43	M	Farmer
Catharine "	13	F	
Barbara "	10	F	
Anna Messner	26	F	
Christian Reinhardt	64	M	Saddler
Anton Rock	26	M	Bricklayer
Ignatz "	35	M	Farmer
Helena "	32	F	
Ignatz "	13	M	
Marianna "	8	F	
Catharina "	4	F	
Elizabeth "	2	F	
Ignatz Pielingen	32	M	Farmer
Sophia "	30	F	
Juliana "	2	F	
Johan Mey	35	M	Farmer
Peter Zenner	35	M	Farmer
Johannes Rein	30	M	Farmer
Henry Kutscher	24	M	Wheelwright

Name of Vessel Sch. Brig. Magnet date February 2, from Bremen, Master Hasloop.

Edward Holzapfel	28	M	Farmer
Louisa "	25	F	
Frederich Schenck	32	M	
Fredericke "	24	F	
Lina Jacoby	14	F	
Conrad Strime	45	M	Doctor
Gustov Baum	37	M	Merchant
Friedr. Grothans	47	M	Geometer
Charlotte "	46	F	
Auguste "	14	F	
Mathilde "	13	F	
Emilie "	5	F	
Fritz "	12	M	
Herm "	9	M	
Louis "	2	M	

page 4
Name	Age	Sex	Occupation
Hino Staffel	83	M	Farmer
Lina "	23	F	
August "	14	M	
Eugen "	1/2	M	
Louis Schneider	14	M	
Bertha Huhr	13	F	
Otto van Danof	22	M	
Carl Oember	19	M	Merchant
Conrad Moser	20	M	Carpenter
Carl Hendrich	25	M	Baker
Gottfd. Eschberger	40	M	Weaver
Mich. Hoffman	32	M	Carpenter
Peter Weilbacher	23	M	Shoemaker
Jacob Gangler	17	M	Wagonmaker
William Besrze	31	M	Brewer
Christ. Schroeder	27	M	Farmer
Math. Wolzenn	30	M	Bricklayer
Peter Niehn	31	M	Carpenter
Fred. Wassilberg	24	M	Doctor
Georg Rensch	24	M	Cooper
Jacob Fritz	25	M	Farmer
Friedr. Gehner	14	M	
Franz Fischer	49	M	Laborer
Carl "	13	M	
Maria Obelganner	14	F	
Maria Steffen	12	F	
Friedr. Kattman	29	M	Weaver
Julie "	22	F	
Carl Winckler	43	M	Farmer
Heinr. Kielholz	26	M	Joiner
Carl Meyer	14	M	Farmer
John Hauser	33	M	Farmer
Gottlieb Wisse	50	M	Miller
August Schipke	41	M	Shoemaker
Carl Schroeter	31	M	Farmer
Wilhelmine "	29	F	
Wilhelmine "	4	F	

page 5
Name	Age	Sex	Occupation
Carl "	2	M	
Frederike "	1	F	
Gottfried Huth	28	M	Weaver
Wilhelmine "	25	F	
Louisa "	3/4	F	
John Wolzenn	34	M	Bricklayer
Gertrude "	34	F	
John "	8	M	
Gertrude "	4	F	
Anna "	2	F	
Christian Cassel	30	M	Locksmith
Anna "	36	F	
John "	9	M	
Heinr. Dube	14	M	
John Harcics	37	M	Coachman
Auguste "	29	F	
Hermine "	7	F	
Doris "	4	F	

List of passengers arrived from foreign ports in the Port of Galveston 3rd Quarter, 1852

Name of Vessel Bark Creole from Bremen, date July 8, Master Wessels

Name	Age	Sex	Occupation	From	To
Georg Witting	24	M		Germany	Texas
Simon Priesler	19	M	Baker		
Emil "	17	M	Baker		
Otto Boedeiker	21	M	Butcher		
Heinrich "	23	M	Butcher		
Rosine Friederich	18	F	Butcher		

Franciska Hesse	25	F	Butcher
Margaretha Sieper	26	F	Butcher
Ludwig Muth	25	M	Farmer
Johannes Hiller	18	M	Baker
Johannes Schilling	20	M	Farmer
Carl Mark	20	M	Farmer
Phillippine Ohldog	22	F	Farmer
Sophie	16	F	Farmer
Leonore Bringmans	19	F	Farmer
Friedericke Schaefer	29	F	Farmer
Bernhard Komaltz	14	M	Carpenter
Christian Beyer	28	M	Farmer
Christian Engelhardt	26	M	Architect
Heinrich Fruetschel	24	M	Architect
Gottfried Hauer	34	M	Bricklayer
Maria "	33	F	
Christian "	10	M	
Maria "	6	F	
Caeolise	1/2	F	

page 2

Jacob Pieper	57	M	Carpenter
Eva "	46	F	
George "	24	M	
Johannes "	21	M	
Ludwig Piepar	17	M	Carpenter
Martha Juliania Piepar	12	F	Carpenter
Heinrich "	2	M	Carpenter
Carl Tanish	52	M	Shoemaker
Freidricke "	46	F	"
Adelheid "	18	F	"
Ludwig "	14	M	"
Herman "	7	M	"
Albert "	5	M	"
Jacob Tanish	40	M	Sadler
Catharine Haske	31	F	"
Maria "	4	F	
Luise "	3/4	F	
Johann Krause	31	M	Tailor
Emilie "	22	F	
Wilhelm "	3	M	
Hulda "	3/4	F	
August Voss	24	M	Shoemaker
Konradine "	22	F	
Christian Kauffman	28	M	Farmer
Friedrich Scheperkoeper	39	M	Farmer
Catharine	40	F	
Friederich	8	M	
Lisette	5	F	
Christian Kock	20	M	Cartwright
Friedericke Arnecke	18	F	Cartwright
Michael Schoenher	28	M	Shoemaker
Johanne Tuemmler	25	M	Ropemaker
Friederike "	31	F	
Friederike Pauline "	4	F	
Ernestine Louise "	2	F	

page 3

Theodore Tuenmick	9/12	M	
Ludwig Voss	28	M	Farmer
Auguste "	25	F	
Wilhelmine "	2	F	
Wilhelm "	6/12	M	
Heinrich Buenger	54	M	Cartwright
Friederiche "	54	F	
Wilhelm Boethe	20	M	Cartwright
Johan Droste	25	M	Farmer
Conrad Niemann	42	M	Mason
Maria "	44	F	
Friederick "	16	M	

Name	Age	Sex	Occupation		
Carl Niemann	10	M			
Sophie "	6	F			
Christian Melcher	34	M	Carpenter		
Lisette "	37	F			
Mina "	5	F			
Lina "	6/12	F			
Michael Tippert	37	M	Watchmaker		
Christian Escher	26	M	Tailor		
Heinrich Tauterbach	25	M	Farmer		
Christian Springer	34	M	Farmer		
Johann Triebel	38	M	Glovemaker		
Johanna	40	F			
Amalie	9	F			
Auguste	5	F			
Friedericke	4	F			
Michael Tuebel	34	M	Farmer		
Anna Catharine "	34	F			
Friederich "	10	M			

List of passengers arrived from foreign ports in the Port of Galveston 1st Quarter, 1857

Name of Vessel Bark E. von Beaulieu from Bremen date January, Master Wragge

Name	Age	Sex	Occupation	From	To
Ludwig Hating	24	M	Painter	Germany	Texas
Maria Libke	25	F			
Edward Fechner	18	M	Blacksmith		
Sophie Cohn	18	F			
Adam Klein	18	M	Baker		
Friederika Kuhlae	23	F			
Emil Schleyer	17	M	Barber		
Rosalie Kotulla	36	F			
Joseph "	11	M			
Marie Hoffman	54	F			
Johann Stakh	32	M	Farmer		
Johann "	24	M	do		
Veronika "	24	F			
Thomas "	1	M			
Johann Jarigezeke	38	M	Farmer		
Rosina "	35	F			
Catarina "	6	F			
Georg Oelenik	47	M	Farmer		
Rosina "	37	F			
Anna "	10	F			
Thomas "	5	M			
Johann Mikatachtik	34	M	Farmer		
Marianne Schwanaeljack	19	F			
Franz Cjmansch	42	M	Farmer		
Teresia "	30	F			
Anna "	14	F			
Mariaune "	10	F			
Franz Cjmansch	6	M			
Heinrich Weigand	20	M	Farmer		
Friedrich Zenich	29	M	do		
Christian Zimmerman	41	M	do		
Wilhelmine "	33	F			
Hanna "	8	F			
Friederike "	4	F			
August "	2	M			
Andreas Kahn	56	M	Wheelwright		
Heinrich Kraeger	39	M	Weaver		
Audreas Michel	31	M	Farmer		
Anna M. "	20	F			
Carl von Plonnies	21	M	Merchant		
Gustov Schlihting	19	M	do		
Paul Stuske	29	M	Lawyer		
Edward Henkel		M			
Mathilde "		F			
Johann Jarigegcke		M			

List of passengers arrived from foreign ports in the Port of Galveston
3rd Quarter, 1857

Name of Vessel Brig Anna Louisa from Bremen, date July 31, 1857, Master Meyer.

F. A. F. Prutz	23	M	Blacksmith	Germany	Texas
Edward Konigsberger	43	M	Farmer		
Joh. H. Schroder	25	M	Farmer		
Albert "	19	M	Farmer		
Magarethe E. Malz	43	F			
Johann M. "	18	M			
Peter "	16	M			
Wm. "	11	M			
Joh. Ph. Waguer	40	M	Blacksmith		
Sam. "	35	M	Vinedresser		
Anna Marie "	26	F			
Elizabeth Holderbaum	28	F			
Carl "	2	M			
Anna Cath. Gelsen	51	F			
Cath. "	12	F			
Peter Kremer	26	M	Farmer		
Franz Kmbel	26	M	Ropemaker		
Peter Kalyber	30	M	Laborer		
Eleonore Zapp	22	F			
Carl "	3	M			
Fritz Wickeiand	18	M	Gardener		
Ludw. Mahler	21	M	Merchant		

List of passengers arrived from foreign ports in the Port of Galveston
1st Quarter, 1858

Name of Vessel Bark Jeverland from Bremen, date March 29, Master Shellman.

Friedrich Frey	19	M	Segarmaker	Germany	Louisiana
Heinrich Boker	22	M	Segarmaker	Germany	Louisiana
George Discher	30	M	Shoemaker	Germany	Louisiana
Ernst Blum	34	M	Weaver	Germany	Louisiana

List of passengers arrived from foreign ports in the Port of Galveston
2nd Quarter, 1858

Name of Vessel Wiser from Bremen, date June, Master Vesperman.

Julius Mourreau	22	M	Merchant	Wiesbaden	U. S.
Ed. A. Petzsch	23	M	Merchant	Aachen	U. S.
Clora Peltzer	18	F		Dusseldorf	U. S.
Matilda Spuer	20	F		Cossel	U. S.
Mrs. Ida Waur	34	F		Stelitz	U. S.
Adele Wauer	8	F		"	U. S.
Elise "	6	F		"	U. S.
Heinrich "	3	M		"	U. S.
Johannes "	1/2	M		"	U. S.

Name of Vessel Wilhelm

Wilhelm Schley	52	M	Farmer	Gurkow	U. S.
Marie "	44	F	Farmer	"	U. S.
Wilhelm "	22	M		"	U. S.
Louise "	19	F		"	U. S.
Franz "	17	M		"	U. S.
Wilhelmine "	15	F		"	U. S.
Tuliris "	12	M		"	U. S.
Mathilda "	10	F		"	U. S.
Herman "	8	M		"	U. S.
Emilie "	6	F		"	U. S.
Albert "	4	M		"	U. S.
Auguste "	3/4	M		"	U. S.
Wilhelm Gohlke	9	M		Gurkow	U. S.
Alwine "	7	M		"	U. S.

Name	Age	Sex	Occupation	Origin	Dest.
Johanna Schoshalla	15	F		Gurkow	U. S.
Friedr. Priesemult	29	M	Butcher	"	U. S.
Caroline "	24	F		"	U. S.
Bertha "	1/3	F		"	U. S.
Mrs. Steinhoff	28	F		Lehe	U. S.
John "	1/2	M		"	U. S.
Johannes "	14	M		"	U. S.
Joh. R. Roldt	22	M	Taylor	Neitzwitz	U. S.
Andreas Henze	36	M	Farmer	Koseletz	U. S.
Christane "	32	F	Farmer	"	U. S.
Wilhelm "	3/4	M		"	U. S.
Christane Schroder	54	M	Farmer	Reuten	U. S.
Wilhelmine "	47	F	Farmer	"	U. S.
Friedrich "	20	M		"	U. S.
Christian "	17	M		"	U. S.
Gottlieb "	14	M		"	U. S.
Wilhelmine "	9	F		"	U. S.
Franz "	3	M		"	U. S.
August Karney	24	M	Workman	Lubead	U. S.
Mathilda Golhke	19	F		Birkbruck	U. S.
Wilh. Schnaehenwalte	25	M	Workman	Eichwenden	U. S.
Martin Geihring	55	M	Farmer	Kurkow	U. S.

Next page
Name	Age	Sex	Occupation	Origin	Dest.
Anne "	45	F		"	U. S.
Ferdinand "	15	M		"	U. S.
Ludwig "	12	M		"	U. S.
Bertha "	8	F		"	U. S.
Herman "	6	M		"	U. S.
Mulius Ousta	21	M	Baker	Ettschmar	U. S.
Ernestine "	24	F			U. S.
Wilhelm Kruge	23	M	Musician	Birkbruck	U. S.
Christan Kolko	32	M	Farmer	Buckwirdos	U. S.
Julius Kiehl	30	M	Workman	Vorbruck	U. S.
August Schelewo	33	M	Workman	Moddesptuble	U. S.
Herm Gobbert	19	M	Mason	Franzthat	U. S.
Henrietta Priestmutt	22	F		Sebenitz	U. S.
Fred. Pegelow	40	M	Workman	Moddesptuhl	U. S.
A. Eldassen	29	M	Shoemaker	Kiel	U. S.
Heinr. Schmiltz	24	M	Shoemaker	Fikow	U. S.
Aug. Olle	25	M	Farmer	Loswig	U. S.
Gottlieb Sass	50	M	Farmer	Kosultze	U. S.
Friedrike "	48	F		"	U. S.
Gottlieb "	21	M	Farmer	"	U. S.
Friedrike "	18	F		"	U. S.
Henrette "	13	F		"	U. S.
Friedrich Holme	24	M	Farmer	"	U. S.
Christian "	22	F		"	U. S.
Friedricke "	2½	F		"	U. S.
August Vogle	25	M		Sedinick	U. S.
Joh. A. Winkler	24	M	Farmer	Fichllach	U. S.
Margarett "	22	F		"	U. S.
Karl Bretschneider	18	M	Farmer	Velpke	U. S.
Christoph Volk	19	M	Farmer	Erlighaim	U. S.
Wilhelm Groff	24	M	Workman	Wolkow	U. S.
Henrietta Schlecht	39	F		Hermdorf	U. S.
Clara "	13	F		"	U. S.
Anna "	10	F		"	U. S.
L. Reincske	23	M	Workman	Ussighausen	U. S.
H. Hartman	22	M	Workman	Folingen	U. S.
Ernst Roeder		M			

Name of Vessel Fortuna from Bremen, date June, Master Dewers.

Name	Age	Sex	Occupation	Origin	Dest.
Gustov Clausewitz	55	M		Germany	U. S.
Elise "	50	F		"	U. S.
Elise "	22	F		"	U. S.
Fritz "	20	M		"	U. S.
Elisabeth Henney	20	F		"	U. S.
Geo. Regenbruht	23	M		"	U. S.

Name	Age	Sex	Occupation	From	To
Hermine Josfue(?)	33	F		Germany	U. S.
Lina "	4	F		"	U. S.
Emile Schweimer	32	F		"	U. S.
August Merrem	22	M	Merchant	"	U. S.
Rudolsh Hegwalth	25	M	Coppersmith	"	U. S.
C. Kysella	28	M	Taylor	"	U. S.
W. Kampe	24	M		"	U. S.
H. Schultze	28	M	Merchant	"	U. S.
A. Hahnel	20	M	Butcher	"	U. S.
E. Hoffman	47	M	Farmer	"	U. S.
Ernestine "	40	F		"	U. S.
Auguste "	17	F		"	U. S.
Ernestine "	8	F		"	U. S.
Minna "	4	F		"	U. S.
Fr. Muller	37	M	Teacher	Germany	U. S.
L. Mobes	19	M	Taylor	"	U. S.
W. Fischer	43	M	Weaver	"	U. S.
Hermine "	38	F		"	U. S.
Wilhelmine "	7	F		"	U. S.
Albert "	5	M		"	U. S.
Franz "	3	M		"	U. S.
Max "	1/2	M		"	U. S.
W. Deadensing	33	M		"	U. S.
Wilhelmine "	27	F		"	U. S.
Wilhelmine "	7	F		"	U. S.
Elise "	6	F		"	U. S.
Henriett "	4	F		"	U. S.
Marie "	1/2	F		"	U. S.
Franz Schmidt	22	M	Miller	Germany	U. S.
A. Sommerlate	30	M		"	U. S.
Caroline "	23	F		"	U. S.
Friedrich "	5	M		"	U. S.
August "	2	M		"	U. S.
Friedrike "	20	F		"	U. S.
August Sommerlate	57	M		Germany	U. S.
Leopoldine "	50	F		"	U. S.
Friedrike "	20	F		"	U. S.
C. Hense	35	M	Gardiner	"	U. S.
Wilhelmine Hense	39	F		"	U. S.
Wilhelmine "	7	F		"	U. S.
Louise "	5	F		"	U. S.
Marie "	2	F		"	U. S.
F. Neumann	25	M	Weaver	"	U. S.
T. F. Bischoff	20	M	Smith	"	U. S.
T. Phillip	17	M		"	U. S.
F. Wilhelm	14	M		Germany	U. S.
A. Brenke	34	M	Farmer	"	U. S.
Mariann "	25	F		"	U. S.
Julius "	11/12	M		"	U. S.
H. Blanke	37	M		"	U. S.
H. Forsterman	25	M		"	U. S.
A. Lagershausen	21	M		"	U. S.
T. Borkhard	38	M		"	U. S.
Dorothea "	32	F		"	U. S.
O. Finger	32	M		Germany	U. S.
F. Richardz	33	M		"	U. S.
D. Kraup	32	M		"	U. S.
Wilhelmine Kraup	24	F		"	U. S.
Julius "	1½	M		"	U. S.
Doris Wehmeier	30	M		"	U. S.
Elisabeth "	2	F		"	U. S.
F. Meier	21	M		"	U. S.

List of passengers arrived from foreign ports in Port of Galveston
3rd Quarter, 1866

Month ending September 31, 1866

Name	Age	Country of Birth	Last Residence	Country of Alliegance	Occupation
Mr. A. N. Seekamp	33	Bremen	Galveston	Bremen	Merchant
Mr. A. Braunsch- weiger	23	Braumckmigo	Braunschmig		Merchant
Ernst Brake	29	Moskau	Dsnabuck	Kingdom of Hanover	Physician
Mr. R. Sauterback	24	Dresden	Dresden	Kingdom of Saxony	Merchant
Miss Sina Peltzer	21	Duessldorf	Dresseldrof	Prussia	
Mr. F. Muller	40	Mersdch	Houston	U. S.	Merchant
Mrs. W. Muller	22	Mersdch	Mersoch	Kingdom of Bavaria	
Mr. J. Muller	21	Mersdch	Mersoch	Kingdom of Bavaria	Farmer
Mr. F. Gasch	27	Schleswig	Schleswig		Cabinetmaker
Mr. M. Kempisky	32	Thorn	Thorn	Kingdom of Prussia	Merchant
Mr. M. Badd	46	Scheressing	Thorn	Prussia	Butcher
Mr. Z. Allexander	14	Cumben	Thorn	Prussia	Butcher
Miss C. Allexander	16	Thorn	Thorn	Prussia	
Mr. Joseph Gerson	22	Grifcober	Gnfoober	Prussia	Hatter
Miss J. Selig	21	Wratzloff	Thorn	Prussia	
Mrs. A. Syzabug	42	Westin	Austrian	Empire of Austria	
Mr. C. Martin	21	Westphaten	Coln	Prussia	Merchant
Mr. A. Stephan	24	Senan	Senan	Saxony	Butcher
Mr. C. Eikler	40	Cunrsdorf	Sagrauge	U. S.	Farmer
Mr. Ernst Rump	16	Galveston	Neinberg	U. S.	Confictioner
Mr. Otto Welrich	21	Ueltzen	Gugauge	U. S.	Farmer
Mr. J. Strunick	25	Uny Prod	Uny Brid(?)	Austria	Merchant
Mr. C. F. Illey	32	Wumar	New Braunfils	U. S.	Farmer
Mrs. A. Kritzschmar	40	Dresden	Dresden	Saxony	
William "	10	Dresden	Dresden	Saxony	
Mr. George Jsontzen	49	Bremen	Bremen	Bremen	Cooper
C. W. "	16	Bremen	Bremen	Bremen	
George "	13	Bremen	Bremen	Bremen	
John "	7½	Bremen	Bremen	Bremen	
Mary "	5¾	Bremen	Bremen	Bremen	
Mr. G. Petomeger	25	Loppe Dittmold	San Antonia	Loppe Debmold	Merchant
Mr. H. "	54	"	Marienberg	"	
Mrs. P. "	14	"	"	"	
Paul "	10	"	"	"	
Mr. S. Schmidt	53	Giessen	Gissen	Hessia	Lawyer
Mrs. S. "	40	Sachsenburg	Gissen	Hessia	
Miss W. "	15	Gissen	Gissen	Hessia	
Herman Schmidt	13	Gissen	Gissen	Hessia	
August "	7	Gissen	Gissen	Hessia	
Louise "	4	Gissen	Gissen	Hessia	
Mr. Julius Hotz	32	Wurtenberg	San Antonia	U. S.	Farmer
Mrs. Maria "	33	"	"	"	

Next page

Name	Age	Country of Birth	Last Residence	Country of Alliegance	Occupation
Maria Hotz	6	San Antonia	San Antonia	U. S.	
Julino "	4	"	"	"	
Miss E. Rilling	25	Wurtenburg	Wurtenburg	Wurtenburg	
Miss Regena "	19	"	"	"	
Miss M. Weyhing	17	"	"	"	
Miss Fredireke Hotz	14	"	"	"	
Mr. A. Mozer	23	"	"	"	
Mr. M. Strohmeyer	20	"	"	"	
Mr. C. Epp	33	"	"	"	

Name	Age				Occupation
Mr. Jacob	30	Wurtenburg	Wurtenburg	Wurtenburg	Farmer
Mr. P. Weyhirg	21	"	"	"	Tailor
Mr. Andreas Hoch	18	"	"	"	Bricklayer
Mr. Otto Vogelsauy	43	Sauenburg	Schmedan	Saurnburg	Hunter
Mr. C. Meose	33	Bresland	Hankensbuttel	Prussia	Tanner
Mr. C. Krapt	17	Neidemalden	Arolsen	Waldick	Butcher
Mr. W. "	17	"	"	"	Baker
Mr. H. Wilken	22	Etzel	Etzel	Hannover	Schoolmaster
Mrs. F. "	22	"	"	"	
Miss S. Dreier	33	Hauskensbuttel	Haukensbuttel	"	
Mr. T. Schleicher	33	Miningen	"	"	Schoolmaster
Mrs. S. "	33	Hauskensbuttel	"	"	
Heinrich "	8	"	"	"	
Johann "	3	"	"	"	
Marie "	7	"	"	"	
Mr. F. Brandt	52	Hanover	Hannover	"	Cooper
Mr. H. "	29	"	"	"	Farmer
Mr. Fr. "	23	"	"	"	"
Miss W. "	19	"	"	"	
Mr. Cheistian	17	"	"	"	Farmer
Wilhelm Brandt	12	Hanover	Hannover	Hanover	
Mrs. P. Blusch	31	Glatz	Brislau	Prussia	
Alfred "	2½	Brislau	"	"	
Martha "	½	"	"	"	
Mr. Joseph Mollert	45	Mahren	Mahren	Austria	Farmer
Mrs. M. "	43	"	"	"	
John "	15	"	"	"	
Franz "	12	"	"	"	
Sudmilla "	9	"	"	"	
Maria "	5	"	"	"	
Mr. F. Babel	28	"	"	"	Farmer
Mr. A. Kainer	23	"	"	"	Bricklayer
Mrs. Beata	25	"	"	"	
Miss T. Kundel	32	"	"	"	
Miss Aloisa Rider	18	"	"	"	
Miss Thecla Hosel	21	"	"	"	
Mr. Andreas "	36	"	"	"	Schoolmaster
Mr. Franzel "	30	"	"	"	Farmer
Mr. W. Heinrich	45	"	"	"	Shoemaker
Mrs. M. "	40	"	"	"	
Mr. Joseph "	16	"	"	"	Shoemaker
Mr. Ferdenand "	14	"	"	"	Shoemaker
Thecka "	7	"	"	"	
Leopold "	10	"	"	"	
Miss M. "	21	"	"	"	
Mr. G. Zaheadnik	36	"	"	"	Farmer
Mrs. M. "	35	"	"	"	
Miss M. "	24	"	"	"	
Joseph "	2½	"	"	"	
Mr. C. Hollas	24	"	"	"	Baker
Mr. F. Herzig	40	"	"	"	Blacksmith
Mrs. W. "	43	"	"	"	
Miss T. "	17	"	"	"	
Aloisa "	8	"	"	"	
Marianna "	3	"	"	"	
Joseph " 5 weeks		"	"	"	
Mr. Jozeh Hiller	25	Prussen	Prussen	Prussia	Farmer
Mr. S. Thiel	26	"	"	"	Farmer
Mrs. S. Reichert	49	Magdeburg	Magdeburg	"	
Miss Minna "	20	"	"	"	
Miss Emma "	18	"	"	"	
Miss Ida "	16	"	"	"	
Franz "	13	"	"	"	
Mr. C. Guschen	41	Blexen	Blexen	"	Farmer
Mr. S. Gajuoske	26	Preussen	Preussen	"	Farmer
Mr. C. Seudke	26	"	"	"	Farmer
Mr. G. Krause	37	Wiella	Wiella	"	Farmer

Name	Age	From		Country	Occupation
Mrs. P. Krause	30	Wiella	Wiella	Prussia	
Emile "	6	"	"	"	
William "	4	"	"	"	
Mr. Jno. Kurz	47	GrGolle	GrGolle	"	Farmer
Mrs. S. "	34	"	"	"	
G. W. "	12	"	"	"	
Ottile "	3	"	"	"	
Emile "	1	"	"	"	
Miss Rosine Woeff	27	GrGolle	GrGolle	Prussia	
Mrs. D. Reinhardt	50	Thornan	Wiella	"	
Miss C. "	24	Wiella	"	"	
Miss H. "	22	"	"	"	
Wilhelm "	15	"	"	"	
Mr. I. Suedlke	34	Bruessen	Bruessen	"	
Mrs. C. "	38	"	"	"	
Mr. M. Harmel	24	Miedzybisie	Miedzylisie	"	Farmer
Mr. T. Best	31	Anbult Dessan	Anholt Dessan	Dessan "	Farmer
Mrs. F. "		"	"	"	
Next page					
Gottfried Best	10	"	"	"	
Frederich "	4	"	"	"	
Wilhelmine "	2	"	"	"	
Mr. J. H. Homburg	68	Westrupt	Westrupt	Prussia	Farmer
Mrs. W. H. "	60	"	"	"	
Mr. T. W. "	23	"	"	"	Butcher
Miss H. "	20	"	"	"	
Miss Louisa "	18	"	"	"	
H. T. W. "	15	"	"	"	
Carl Thiemau	15	Westrupt	Westrupt	Prussia	
Miss C. Goecke	19	"	"	"	
Mr. A. Hohlt	15	Westphalau	Westphalau	"	
Mr. H. A. Wiese	17	"	"	"	Farmer
Miss W. Rosenbaum	16	"	"	"	
Miss W. Koch	21	"	"	"	
Mr. F. W. Wellman	24	"	"	"	Farmer
Ludivig Weirmann	14	"	"	"	
Mr. W. Spreene	17	"	"	"	Farmer
Louisa "	14	"	"	"	
Mrs. R. Berger	27	Thohaw	Thohan	Austria	
Mr. J. Mechalk	33	Belton	Belton	"	Farmer
Mrs. T. "	32	"	"	"	
Miss M. Solzer	33	"	"	"	
Mrs. R. Hollas	58	Neideck	Neideck	"	
Miss H. Krentz	35	Wessel	Schlisien	"	
Mr. J. Gregor	39	"	"	"	Farmer
Mr. J. Kippen	23	Wahren	Wahren	"	
Miss H. Holdes	20	Wahren	Wahren	Austria	
Mr. J. Andus	23	"	"	"	
Miss T. Kippen	17	"	"	"	
Mr. G. Schultz	38	Heppens	Schlissin	Prussia	Farmer
Mr. H. Albrecht	37	Halburt-stadt	Halburt-stadt	"	Blacksmith
Mr. H. Spreen	18	Weldirn	Weldern	"	Blacksmith

List of passengers arrived from foreign ports in the Port of Galveston 4th Quarter, 1866

Name of Vessel Bark Iris date October 17, 1866.

Name	Age	From		Occupation
W. Beissner	18	Welsed	Welsed	Merchant
Marie Heydorn	21	Bremen	Stuhe	
Paul Marks	22	Golleb	Golleb	Merchant
Julie Bodie	28	Wehren	Wehren	
Friedrich Eggert	28	Ribbmarsh-ausen	Rittmarsh-ausen	Tailor
Emilie Erdmann	32	Erwibbe	Erwitte	
Hedwig "	3	"	"	
Andreas Haselof	72	Koselitz	Wahlsdorf	Farmer

Name	Age	From	From2		Occupation
Johanna Haselof	65	Koselitz			
Andreas "	41	"			Farmer
Friederike "	38	"			
Carl "	14	"			
Emilie "	9	"			
Hermann "	7	"			
Sophie Herrgoth	17	Goppingen	Goppingen		
A. C. E. Havemann	66	Hamburg	Hamburg		
Amandus "	27	"	"		Laborer
Louise Terschorr	17	Tangendorf	Wittenberg		
Christian Sasche	54	Wehden	Wehden		Laborer
Andreas Luckorn	22	Meinsdorf	Meinsdorf		Laborer
August Rechenbin	17	Burg	Burg	Prussia	Tailor
Emilie Rodsczinsky	20	Goppinger	Goppengen		
Louise "	17				
W. C. Schmidt	28	Varel	Varel		Baker
Carl Schultze	25	Coswig	Berlin		Joiner
Johanna "	18	Bremen	Bremen		
Theodor Schowert	57	Wolfen-bubbel	Wolfen-buppel		Saddler
Hermann "	17	"	"		Joiner
Heinrich Schwecke	37	Russen	Neuenwege		Farmer
Anna "	36	"	"		
Anna "	60	"	"		
Johanna "	9	"	"		
Hermann "	7	"	"		
Johann "	6	"	"		
Wilhelm "	3	"	"		
Heinrich Thiel	21	Markshul	Markshul		Tailor
Ernst "	18	"	"		Shoemaker
Gottfried Andreas	40	Dieben	Thiessen		Farmer
Eleanor Andreas	38	"	"		
Friedrich "	16	"	"		
Christian "	14	"	"		

Next page

Name	Age	From	From2	Occupation
Carl Andreas	9	"	"	
Maria "	4	"	"	
Hermann "	1	"	"	
Johann Barbels	34	Puleberg	Puleberg	Laborer
Sophie "	37	"	"	
Wilhelmine "	17			
Ernst Aug. Bohlen	23	Ecbum	Aurich	Bksmith
Johann Drosche	45	Frostgen	Frostgen	Tailor
Christiana "	44	"	"	
Ernst "	22	"	"	Laborer
August "	19	"	"	
Johann "	10	"	"	
Hermann "	8	"	"	
Heinrich Dulm	36	Hagen	Pisselbuhren	Mason
Maria "	59	"	"	
Bernhard Dulm	16			Mason
Andreas Galle	23	Wiellitz	Wiellitz	Farmer
Gottlieb Haase	26	Groschwitz	Groschwitz	Farmer
Franz Hinze	30	Goritz	Goritz	Farmer
Fred "	33	Weiden	Weiden	Farmer
Hein. T. Kuck	28	Aurich	Aurich	Joiner
Joachrin Lohr	43	Korwinkel	Wittenberg	Mason
Marie "	39	"	"	
Maria "	14	"	"	
Minna "	8	"	"	
August Muller	26	Venrewied	Herfort	Segar
W. J. Pauls	23	Osterheven	Osterheven	Cooper
Christian Salge	27	Kostorf	Kostorf	Laborer
Heinrich "	24	"	"	Laborer
Louis Schatz	29	Leitz	Gera	Weaver
Heinrich Schultzo	23	Buckeberg	Buckeburg	Laborer
Dorothea Warneke	19	Kostorf	Kostorf	
Henritte Weige	57	Blomberg	Herfort	
Louise "	25	"	"	

Name	Age				Occupation
Elise Weige	22	Blomberg	Herfort		
Ferdinand "	16	"	"		
Heinrich Wessels	27	Neudorf	Neuenwege		Farmer
Marie "	27	Weuenkirchen	"		
Anne H. "	10/12	Neuenwege	"		

Name of Vessel Bk. Weser date November 26, 1866.

Name	Age				Occupation
Wilhelm Kimrath	40	Brunswick	Brunswick	Brunswick	Farmer
Elise "	44	"	"	"	
Heinrich Lages	21	"	"	"	

Next page

Name	Age				Occupation
Carl Gahmann	23	"	"	"	Locksmith
Engelbert Notte	36	"	"	"	Confectioner
Arnold Fortmann	28	Oldenberg	Vickta	Oldenberg	Farmer
Wilhelm Wolf	61	ChurHessen	Weidebrunn	ChurHessen	Locksmith
Elizabeth "	50	"	"	"	
Wilhelm "	26	"	"	"	Tailor
Gottlieb "	23	"	"	"	Baker
Marie "	21	"	"	"	
Auguste "	17	"	"	"	
Heinrich Bernfer	36	Prussia	Oberndorf	Prussia	Farmer
Elise "	23	"	"	"	
Heinrich Marks	23	"	"	"	
Louise Bernfer	1	"	"	"	
August Hafekunch	21	"	"	"	Farmer
T. H. Wunderlich	37	"	"	"	Farmer
Christine "	28	"	"	"	
Elise "	5	"	"	"	
Louise "	3	"	"	"	
Catharine "	1	"	"	"	
Heinrich "	32	"	Ferdingen	"	Farmer
Christine Schmidt	45	Saxony	Neugersdorf	Saxony	
Gottlieb "	22	"	"	"	Farmer
Carl "	20	"	"	"	Weaver
Juliano "	16	"	"	"	
Gustav "	10	"	"	"	
Friedrich Stubner	47	"	"	"	Weaver
Louise "	48	"	"	"	
Juliane "	19	"	"	"	
Adolph "	10	"	"	"	
Carl Klippel	36	"	"	"	Weaver
Johanne "	39	"	"	"	
Hermann Ackert	21	"	"	"	Weaver
Carl Weinsche	47	"	"	"	
Johanne "	44	"	"	"	
Gottlieb "	27	"	"	"	
Caroline "	21	"	"	"	
Adolph "	11	"	"	"	
Juliane "	16	"	"	"	
Ernst "	9	"	"	"	
Caroline "	5	"	"	"	
Gustav "	2	"	"	"	
Carl Fulfe	25	"	Cauneirsdorf	"	Weaver

Next page

Name	Age				Occupation
Rahele Fulfe	24	"	"	"	
Julius "	1/3	"	"	"	
Hermann Richsler	30	"	Gt. Postwitz	"	Merchant
Jacob Graul	33	Hesse Darmstadt	Worms	Hesse Damstadt	Preacher
Elisabeth Goth	63	"	"	"	
George Nuchwitz	43	"	"	"	Farmer
Margarete "	39	"	"	"	
Margarete "	17	"	"	"	
Marie "	14	"	"	"	
George "	10	"	"	"	
Phillipene "	9	"	"	"	
Barbara "	6	"	"	"	

Name	Age				
Jacob Nuchwitz	4	Hesse Darmstadt	Worms	Hesse Darmstadt	
Joseph "	1	"	"	"	
Caspar Feidler	24	Bavaria	Kaiser-hamer	Bavaria	Farmer
Henriette Quebe	23	Prussia	Wehden	Prussia	
Berind Schroeder	25	Hanover	Augusten-dorf	Hanover	Farmer
Wilhelmine Meiserose	17	Prussia	Wehden	Prussia	
Wilhelmine Westerfield	17	"	"	"	
Henriette Windel	16	"	"	"	
Heinrich Henke	20	"	Dolm	"	Farmer
Christian Hansman	27	Brunswick	"	Brunswick	
Henriette Schrotman	17	Prussia	Wehden	Prussia	
Charlotte Dameier	24	"	"	"	
Marie Bocker	58	"	"	"	
Henriette "	14	"	"	"	
Elizabeth Buck	18	"	"	"	
Caroline "	29	"	"	"	
Wilhelm Meyer	16	"	"	"	Farmer
Friederich Ramond	31	Hanover	Freyburg	Hanover	Shoemaker
Catharine "	30	"	"	"	
Amatie "	3	"	"	"	
Emil "	2	"	"	"	
Franz Webernich	38	Posen	Gara	Posen	Farmer
Wilhelmine "	34	"	"	"	
Friederich "	12	"	"	"	
Johann "	9	"	"	"	
Michael "	6	"	"	"	
Albin "	1	"	"	"	
Melchou Daetz	46	Saxony	Gross Reda	Saxony	
Anna "	41	"	"	"	
Emilie "	14	"	"	"	

Next page

Name	Age				
Emma Daetz	11	"	"	"	
Eva "	9	"	"	"	
Selma "	4	"	"	"	
Michael "	38	"	"	"	Farmer
Auguste "	40	"	"	"	
Friedrich Jagen	52	ChurHessen	Schnalkaden	ChurHessen	Tailor
Elisabeth "	49	"	"	"	
Wilhelm "	8	"	"	"	
Carl "	5	"	"	"	
Atilie Kruger	18	"	Koppitwa	"	
Amitie Troll	19	Saxony	Georg Stadt	Saxony	
Emilie "	23	"	"	"	Smith
Hermann "	19	"	"	"	
Heinrich Mery	24	Switzerland	Winberthur	Switzerland	Preacher
Johann Wollschlagel	31	Baden	Reittingen	Baden	"
Andreas Vogt	28	"	Lugenharsen	"	
Joseph Kirsch	24	Bohemia	Uensbadt	Bohemia	Weaver
Anna Ditzel	24	ChurHessen	Tiegenhain	ChurHessen	
Helene "		"	"	"	
Marie Remmert	60	Prussia	Oppendorf	Prussia	
Friederich "	32	"	"	"	Farmer
Sophie "	25	"	"	"	
Wilhelm "	1	"	"	"	
Heinrich "	2	"	"	"	
Henriette "	20	"	"	"	Farmer
Heinrich Thane	16	Hanover	Barnsdorf	Hanover	Farmer
Eleanore Brandt	24	"		"	
Friedrich Thies	23	Wirbenberg	Rabenschied	Wirbenberg	Farmer
Heinrich Klog	33	"	Obendorf	"	Farmer
Christian Matzer	24	Prussia	Wehden	Prussia	Farmer
Michael Klein	31	"	Obendorf	"	Farmer
Marie Stumpter	24	"	Deipholz	"	
J. Fred Knebel	51	"	Beikefeld	"	Farmer
Anna "	43	"	"	"	

Name	Age				Occupation
Henriette Knebel	41	Prussia	Beikefeld	Prussia	
Louise "	17	"	"	"	
Catharino "	11	"	"	"	
Johann "	9	"	"	"	
Wilhelmine "	6	"	"	"	
Christine "	3	"	"	"	
Johann Meyer	21	"	Arolsen	"	Farmer
Heinrich Hassler	39	"	Oberndorf		Farmer

Next page

Name	Age				Occupation
Helene Hassler	41	Prussia	Oberndorf	Prussia	
Heinrich "	15	"	"	"	
Friedrich "	12	"	"	"	
Sophia "	9	"	"	"	
Louise "	5	"	"	"	
Alex. Schlabach	56	"	"	"	Farmer
Catharine "	48	"	"	"	
Eliza "	25	"	"	"	
Louise "	23	"	"	"	
Alexander "	21	"	"	"	Farmer
Catharine "	17	"	"	"	
Friedrich "	14	"	"	"	
Wilhelm "	10	"	"	"	
Sophia "	7	"	"	"	
Heinrich "	5	"	"	"	
Elizabeth Benfer	26	"	"	"	
Therese Schlabach	3	"	"	"	
Eliza Wemderlich	26	Prussia	Tekhals	Prussia	
Johann Winkelmann	21	"	Wehdem	"	Farmer
Heinrich Meyer	20	"	"	"	Farmer
Heinrich Ranshausen	42	Hessen Cassel	Cassel	Hepen Casel	Miner
Marta "	42	"	"	"	
Heinrich "	17	"	"	"	Farmer
Friedrih "	15	"	"	"	
Elizabeth "	9	"	"	"	
Wilhelm "	7	"	"	"	
Wilhelm Claus	28	"	"	"	Miner
Catharine "	63	"	"	"	
Johann Heinbach	29	"	Hertfeld	"	Farmer
Joseph Schmidt	53	Posen	Kacheme	Posen	Merchant
Emilie "	34	"	"	"	
Emma "	20	"	"	"	
Bruno "	17	"	"	"	Baker
Rosamond "	13	"	"	"	
Carl Zimmerman	21	Brunswick	Brunswick	Brunswick	Merchant
Wilhelm Franke	36	"	"	"	Locksmith
Christiane "	33	"	"	"	
Herman Reyer	23	"	"	"	Turner
Johanne "	27	"	"	"	
August Sauer	27	"	"	"	Merchant
Friedeike Wassmus	31	"	"	"	
Wilhelmine "	9	"	"	"	

Next page

Name	Age				Occupation
Emma Siebert	56	Saxony	Siepsic	Saxony	
Anna "	20	"	"	"	
Elizabeth Sukop	20	Frankfort a/m	Frankfort a/m	Frankfort a/m	
Minna Gelbke	14	Brunswick	Brunswick	Brunswick	
Antonie "	16	"	"	"	
Wilhelm Klingensporn	24	"	"	"	Merchant
Christian Klinge	37	Bremen	"	Bremen	
Eugene Kamerten	17	Franconia	St. Amain	Franconia	Butcher
Marta Haaren	18	Wirtenberg	Thubingen	Wirtenberg	
Cristop Fartmann	25	Oldenburg	Oldenburg	Oldenburg	Brewer
Catharine Varnhorn	20	"	"	"	
Carl Gohle	24	Saxony	Wattersdorf	Saxony	Farmer
Wilhelm Flaminger	24	"	Neugersdorf	"	Baker

Johamus Kittenberg	20	Lubec	Lubec	Lubec	Merchant
Friedrich Glackner	41	Bohemia	Friedland	Bohemia	Weaver
Johanna "	36	"	"	"	
Johanna "	15	"	"	"	
Pauline "	15	"	"	"	
Julia "	11	"	"	"	
Wilhelm "	7	"	"	"	
Heinrich "	5	"	"	"	
Franz Schaler	15	"	"	"	Farmer
Ferdinand Gastring	18	"	"	"	Butcher
Franz Ulbig	20	"	"	"	Watchmkr
Jacob Amann	27	Wirtenberg	Kirchberg	Wirtenberg	Farmer
Frederike "	27	"	"	"	
Frederike "	1/2	"	"	"	
Wilhelmine "	24	"	"	"	
Agnes Botthave	23	Prussia	Wattruh	Prussia	
Johanna Glatzel	20	Prussia	Dusseldorf	Prussia	
Elise Haag	20	Baden	Binnau	Baden	

Name of Vessel Bark Anton Gunther date December 4, 1866.

Heinrich Scholl	51	Nassau	Nassau		Paver
Elizabeth "	59	"			
Theodore Boedecker	26	Lippe Delmote	Lippe Delmote		Farmer
Adolph Kener	25½	Stuttgart	Stuttgart		Merchant
Franz Leitsch	49	Frankreisch	Frankreisch		Merchant
Franzistra Nagel	49	Baden	Baden		
Johanna Heger	52	"	"		
Franz M. Boltz	28	Rheinplatz	Rheinplatz		Teacher
Catharina "	26	"	"		
Margarita Sailer	46	Baden	Baden		
Carl Conrad	17	"	"		

Next page
Catharina Conrad	15	"	"		
Franziska Sailer	6	"	"		
Carl Uagel	58	"	"		Farmer
Unsula "	46	"	"		
Franz "	24	"	"		Locksmith
George "	18	"	"		Ironfounder
Ludwig "	15	"	"		
Adolphine "	13	"	"		
Carl "	8	"	"		
Catharina Becker	24	"	"		
Marie Mael	19	"	"		
Anton Hanegartd	21	"	"		Farmer
Amalia Boltz	26	Rheinfalz	Rheinfalz		
Carl J. Viveousc	53	Rhein-prussen	Rhein-prussen		Locksmith
Carl Forgens	17	Oldenberg	Oldenburg		Baker
Christ. "	18	"	"		
Carl Herzog	34	Sachsen	Sachsen		Foresber
Anna Weichmann	30	Oldenburg	Oldenburg		
Johanna "	11	"	"		
Hermine "	9	"	"		
Sophie "	7	"	"		
Maria "	5	"	"		
August "	2¾	"	"		
Catharina Sisen	56	Sinzap Rhein	Sinzap Rhein		
Catharina "	14	"	"		
Martha Rheinlander	21	Prussen	Hielingenstadt		
Anna Gettenbach	23	"	"		
Wilhelm Pfloeger	40	Sauder-hausen	Sauder-hausen		Mason
Frederike "	50	Bislefehr	Biskfehr		
Louise "	19	Souder-hausen	"		
Carl "	20	Bislefehr	"		Mechanic
Hermann "	28	"	"		Smith

Julie Pfloeger		24	Bislefehr	Biskfehr	
Carl Schwambeck		59	Mecklenberg	"	Farmer
Dorothea	"	56	"	"	
Christian	"	25	"	"	Farmer
Johann	"	21	"	"	
Fritz	"	9	"	"	
Louise	"	23	"	"	
Carl Zadow		28	Prussen	Magdeburg	Compositor
Mathilde	"	33	Sachsen	"	
Franz Suchanck		19	Wein	Wein	Goldsmith

Next page

P. A. Schnelle		22	Weisbaden	Leipsic	Bookseller
Hiedrich Frels		29	Oldenburg	Oldenburg	Farmer
Gerhard Dese		20	"	"	Smith
Heinrich Kok		28	"	"	Farmer
Ferdinand Hanroth		20	Roermond	Roermond	Clerk
Heinrich Brinckman		19	Lippe Detmold	Detmold	Shoemaker
Ernst Korner		28	"	"	Farmer
Wilhelm Kruse		25	Westphalen	Oldenburg	
Andreas Steffek		44	Bohmen	Bohmen	Farmer
Johanna	"	33	"	"	
Johanna	"	8	"	"	
Veronica	"	1	"	"	
August Sherdick		33	"	"	
Anna	"	29	"	"	
Anna	"	5	"	"	
Anna	"	3	"	"	
Clara	"	1/4	"	"	
Franz Watcher		31	Mahren	Mahren	Farmer
Apolonia	"	33	"	"	
Johanna	"	1	"	"	
Veronica Zqitshek		21	"	"	
Franz Hoffman		48	"	"	Farmer
Clara	"	43	"	"	
Franz	"	20	"	"	Farmer
Johann	"	18	"	"	
Franziska Hoffman		6	"	"	
Johann Schapka		44	"	"	Farmer
Therisia	"	50	"	"	
Anna	"	22	"	"	
Emilie	"	16	"	"	
Johann Watcha		34	"	"	Farmer
Rosine	"	28	"	"	
Marie	"	5	"	"	
Joseph Baca		35	"	"	Farmer
Johanna	"	28	"	"	
Rosara	"	8	"	"	
Joseph	"	6	"	"	
Johann	"	3/4	"	"	
Ignatz	"	16	"	"	
Johann Kosparek		26	"	"	Farmer
Veronica	"	30	"	"	
Joseph Kaska		7	"	"	

Next page

Frantz Michalek		26	"	"	Farmer
Rosina	"	27	"	"	
Franz Michalek		1	"	"	
Dominik Wotzek		43	"	"	Farmer
Johann Machazek		32	"	"	
Barbara	"	34	"	"	
Johann	"	1	"	"	
Joseph Krenek		44	"	"	Farmer
Rosina	"	43	"	"	
Ignatz	"	20	"	"	
Rosina	"	18	"	"	
Johann	"	14	"	"	
Pauline	"	12	"	"	

Franz Krenek	9	Mahren	Mahren	
Anton "	6	"	"	
Marianna "	3	"	"	
Ignatz Kuluck	28	"	"	Farmer
Joseph Walla	53	"	"	
Anna Kaltschak	35	"	"	
Celestina "	9	"	"	
Frantz Ermis	25	"	"	Farmer
Marianna "	22	"	"	
Agnes "	1	"	"	
Rosina "	19	"	"	
Joseph Weselka	19	"	"	
Franz Spatchak	10	"	"	
Adrian Jung	60	Rheinbaren	Reinbaren	Merchant
Maria "	50	Holstein	"	
Maria "	17	Marion	"	
Sophie "	14	"	"	
Adrian "	10	"	"	
Hermann "	8	"	"	
Benjamin "	6	"	"	
Elise "	4	"	"	
Johann Kuppers	48	Reinprussen	Rheinprussen	Farmer
Peter "	19	"	"	
Catharina "	17	"	"	
Agnes "	15	"	"	
Johann "	14	"	"	
Wilhelm "	12	"	"	
Maria "	9	"	"	
Christian Knocke	48	Prussen	Prussen	Mason
Next page				
Dorothea Knocke	49	"	"	
Carl "	25	"	"	Farmer
Gottfried "	13	"	"	
Johamefried Rubatt	19	Oldenburg	Oldenburg	Workman
Elise Weber	22	"	"	
Martin Banzer	66	Prussen	Prussen	Forester
Rosalia "	64	"	"	
Rosalia "	24	"	"	
Beningna "	3	"	"	
Gaduicha "	1	"	"	
Eva Gimpel	60	Curhessen	Curhessen	
Mina Sievert	44	Gottingen	Bremen	Housekeeper
August Offer	31	Rheinprussen	Rheydt	Shoekeeper
Margaretta "	27	"	"	
Maria "	4 3/4	"	"	
Catharina "	2 3/4	"	"	
Louisa "	1	"	"	
Mathias "	12	"	"	
Adolph Ruenbuhl	28	Bielefeld	Westphalen	Workman
Louis Klatt	33	Tommern	Prussen	
Henriette "	33	Leipsic	"	
Hermann "	7	Tommern	"	
Albert "	4	"	"	
Emma "	3/4	"	"	
Ernestine Muller	24	Curhessen	Curhessen	
Margaretha "	58	"	"	
Wilhelm Nothnagel	24	"	"	Smith
Maloina Lindau	22	Quendlinberg	Halbestadt	
Johanna Denkin	14	Westphalen	Westphalen	
Franz Wokati	37	Bohmen	Bohmen	Farmer
Catharina "	27	"	"	
Anna Hendrick	58	"	"	
Therese Fischer	20	"	"	
Johann Kowenatz	37	Schlesien	Schlesien	Farmer
Apolonia "	34	"	"	
Barbara "	9	"	"	
Antonia "	8	"	"	
Johanna "	7	"	"	

Name	Age			Occupation
Franz Kowenatz	5	Schlesien	Schlesien	
Apolonia America	25	"	"	
Johanna Powalek	30	"	"	
Hedwika "	24	"	"	

Next page

Name	Age			Occupation
Johann Powalek	1	"	"	
Joseph Mochichek	30	"	"	Farmer
Barbara "	26	"	"	
Johann "	5	"	"	
Joseph "	3	"	"	
Anton "	1/2	"	"	
Johanna Powalek	25	Mahren	Mahren	
Franz Kuratzki	26	Schlesien	Schlesien	Farmer
Johanna "	30	"	"	
Veronica Kaler	16	"	"	
Franz Schuar	12	"	"	
Theresia "	8	"	"	
Johanna "	3	"	"	
Barbara Schuar	3	"	"	
Franziska Kuratzki	3/4	"	"	
Johann Wallek	29	"	"	Farmer
Edward Sesselmann	26	Baiern	Baiern	Shoemaker
Joseph Holzmann	9	"	"	
Carl Mayer	19	Bielefehr	Bielefehr	Workman
Carl Blum	25	Lippe Detmold	"	Carpenter

Name of Vessel Bark Beaulieu date December 5, 1866.

Name	Age			Occupation
George Schumke	33	Ols	Bielefehr	Farmer
Albert Muhe	22	Greipwald		
Ludwig Meyer	36	Westermald		Farmer
A. Wagner	24	Dieckeshaefer		Farmer
Johonnis Wagner	17	"		
Wilhelm "	15			
Julius Schuller	19	Stuttgardt		
Wilhelm Ackule	20	"		Baker
Heinrich Gottsen	26	Schleswig		Cigarmaker
Julius Behmasch	19	Logan		
Caroline Wolpert	23	Heilbron		
Frederike Muller	27	Burgmans-Weiler		
Wilhelmina Behmasch	40	Logan		
Marie "	16	"		

List of passengers arrived from foreign ports in the Port of Galveston the 1st Quarter, 1867

Name of Vessel Havelock (Hancock?) date February 5, 1867.

Name	Age				Occupation
Wm. McKenzie	29	Scotland	Scotland	Great Britain	Laborer
Margaret "	27	"	"	"	
James "	2	"	"	"	
Christian "	1	"	"	"	
William Mitchell	26	"	"	"	Farmer
Jessie "	26	"	"	"	
John "	2	"	"	"	
Jane "	1	"	"	"	
Samuel Craig	24	"	"	"	Farmer
Margaret "	25	"	"	"	
Isobella "	2	"	"	"	
John "	1	"	"	"	
Charles Furgeson	30	"	"	"	Mechanic
Jane "	28	"	"	"	
Elizabeth "	7	"	"	"	
Chas. "	7	"	"	"	
Thos. "	5	"	"	"	
Mary "	1	"	"	"	

William Furgeson	4	Scotland	Scotland	Great Britain	
Wm. Robertson	38	"	"	"	Laborer
Ann "	28	"	"	"	
Alex Lawsen	21	"	"	"	
Isabella "	22	"	"	"	
Thomas Patterson	23	"	"	"	Laborer
Isobella "	24	"	"	"	
James "	2	"	"	"	
Mary "	1	"	"	"	
David Patterson	25	"	"	"	Gardener
Isobella "	22	"	"	"	
Henry Wilken	27	"	"	"	Farmer
Jessie "	25	"	"	"	
James "	3	"	"	"	
George England	30	"	"	"	
Alice "	27	"	"	"	
William Kight	23	"	"	"	Farmer
Ann "	24	"	"	"	
Robert Lisles	24	"	"	"	
Mary "	23	"	"	"	
John "	2	"	"	"	
Jane "	1	"	"	"	
Allan McLean	27	"	"	"	Farmer
Isobella "	26	"	"	"	
Mary "	4	"	"	"	

Page 2
Christian "	2	"	"	"	
John "	1	"	"	"	
William Ross	28	"	"	"	Gardener
Mary "	28	"	"	"	
Donald "	10	"	"	"	Laborer (?)
Bessie "	8	"	"	"	
Mary "	4	"	"	"	
William "	2	"	"	"	
George Ross	28	"	"	"	
Mary "	27	"	"	"	
John Roberts	25	"	"	"	Farmer
Catherine "	24	"	"	"	
Mary "	2	"	"	"	
George "	1	"	"	"	
John James	35	"	"	"	Groom
Mary "	31	"	"	"	
Donald McKenzie	27	"	"	"	Farmer
Janninan "	25	"	"	"	
John "	6	"	"	"	
Donald McLeod	40	"	"	"	Farmer
Georgiana "	35	"	"	"	
Johanna "	17	"	"	"	
Anniel "	18	"	"	"	
Alex "	7	"	"	"	
George "	8	"	"	"	
William Mather	25	"	"	"	Gardener
Martha "	28	"	"	"	
James Halenis	42	"	"	"	Sue Sesah (?) Servant(?)
Sarah "	32	"	"	"	
George Henson	27	"	"	"	Groom
Fanny "	25	"	"	"	
Henry Copley	21	"	"	"	Drayman
Eliza "	20	"	"	"	
John Pearson	27	Ireland	Ireland	"	Laborer
Hugh Campbell	23	Scotland	Scotland	"	Laborer
Wm. R. Gant	35	England	England	"	Laborer
Chas. Fife	22	"	"	"	Laborer
George Waglestat	37	Ireland	Ireland	"	Laborer
James Watson	36	England	England	"	Gardener
James Lassels	18	"	"	"	Gardener
John McFarland	24	Ireland	Ireland	"	Gardener

Name	Age				Occupation
David Ritchell	31	England	England	Great Britain	Laborer
William Buchanan	17	"	"	"	Laborer

Page 3

Name	Age				Occupation
John McKenzie	23	Ireland	Ireland	"	Laborer
Mary Wilkins	34	England	England	"	Servant
Augusta Boyle	27	"	"	"	Servant
Thomas Murphy	25	Ireland	Ireland	"	Servant
Marion Belcher	24	England	England	"	Servant
Louisa Roberts	16	"	"	"	Servant
Kate Gibben	24	"	"	"	Servant
Mary Jane Gilmer	18	"	"	"	Servant
Jessie McKenzie	17	Scotland	Scotland	"	Servant
Flora "	21	"	"	"	Servant
Jane Ross	23	"	"	"	Servant
Jane Murray	17	"	"	"	Servant
James Mitchell	15	England	England	"	Laborer
Thomas Patois	35	"	"	"	Laborer
John Gillan	32	"	"	"	Laborer
Jos. Alexander	28	"	"	"	Laborer
James Tourtan	32	"	"	"	Farmer
David Healton	27				
William Black	26				
W. Evans	22	"	"	"	Gardener
Wm. Colder	25				
Hugh McGuire	27	Ireland	Ireland	"	Gardener
John Mifuhart (?)	21	"	"	"	Groom
Andrew Miller	18	"	"	"	Farmer
David Calkes	23	England	England	"	Farmer
John Kenedy	20	Ireland	Ireland	"	Laborer
John Scrimpton	21	England	England	"	Laborer
Mathew Redfern	23	"	"	"	Laborer
James Irving	41	"	"	"	Laborer
W. D. McConnell	18	Scotland	Scotland	"	Joiner
Fred McKeig	30	"	"	"	Joiner
J. C. Rose	35	"	"	"	Farmer
Jane "	31				
John Munison	30	Scotland	Scotland	"	Farmer
Mary "	26	"	"	"	Farmer
John "	5	"	"	"	Farmer
Jane "	3	"	"	"	Farmer
William "	1	"	"	"	Farmer
John Chicter	25	"	"	"	Farmer
Ann	23	"	"	"	Farmer
Henry Eddie	20	"	"	"	Farmer
Benj. Davis	26	"	"	"	Farmer
Jacob Laman	21	"	"	"	Farmer

Page 4

Name	Age				Occupation
James Murphy	27	"	"	"	Farmer
Henry Jones	24	"	"	"	Farmer
Richard Murphy	22	"	"	"	Farmer
Oliver Ward	21	"	"	"	Farmer
John Tailor	30	"	"	"	Farmer
Elizabeth "	28	"	"	"	Farmer
John "	4	"	"	"	Farmer
Thomas "	2	"	"	"	Farmer
William Mavelin	28	"	"	"	Farmer
Susan "	27	"	"	"	Farmer
William "	1	"	"	"	Farmer
Wm. Oglivie	29	"	"	"	Farmer
Catherine	26	"	"	"	Farmer
W. F. M. Ross	19	"	"	"	Farmer
John McDonald	29	"	"	"	Farmer
Patk. Dorhety	24	Ireland	Ireland	"	Farmer
Thomas Higling	26	Scotland	Scotland	"	Farmer
Wm. Caraye	23	"	"	"	Farmer
Barney Mallabraid	27	"	"	"	Farmer
James McDonald	28	"	"	"	Farmer

Name	Age				Occupation
George Barrett	27	Scotland	Scotland	Great Britain	Farmer
Florence Lands	24	"	"	"	Farmer
Kate King	22	"	"	"	Farmer
Martha Thompson	23	"	"	"	Farmer
Mary Hagan	26	Ireland	Ireland	"	Farmer
Ann Cohille	26	"	"	"	Farmer
Henry Lawrence	26	England	England	"	Farmer
Elizabeth "	26	"	"	"	Farmer
John "	2	"	"	"	Farmer
Henry "	1	"	"	"	Farmer
John Wilkins	22	"	"	"	Farmer
Jane E. Wilkins	20	"	"	"	Farmer
Wm. Robinson	26	"	"	"	
Martha "	25	"	"	"	
Ann Beaumont	32	"	"	"	Cook
Ann Clark	25	"	"	"	Housemaid
Victoria Libell	25	"	"	"	Cook
Sarah "	18	"	"	"	Cook
Catherine McGuire	42	"	"	"	Housekeeper
Mary Murphy	17	"	"	"	Housekeeper
Eliza Mason	18	"	"	"	Housekeeper
Jacob Thomas	21	"	"	"	Housemaid
Isaac Bingham	43	"	"	"	Laborer

Page 5

Name	Age				Occupation
Louisa Bingham	33	"	"	"	
Gertrude "	10	"	"	"	
Isaac "	7	"	"	"	
Henry Cook	25	"	"	"	
Sarah "	25	"	"	"	Laborer
Benj. Mannings	33	"	"	"	Laborer
Maria "	28	"	"	"	Laborer
John Donally	28	Scotland	Scotland	"	Laborer
Jas. Manchester	24	England	England	"	Groom
Henry Williams	21	"	"	"	Groom
George Williams	21	"	"	"	Jockey
George MacKelly	22	"	"	"	Jockey
George Horton	26	"	"	"	Gardener
John Shaw	15	"	"	"	Farmer
John Lord	20	"	"	"	Farmer
George Totten	26	"	"	"	Farmer
Marry "	21	"	"	"	Servant
Frank "	22	"	"	"	Servant
Samuel Cause	22	"	"	"	Groom
Georgiana "	25	"	"	"	
William "	22	"	"	"	
Esther "	24	"	"	"	
Henry Schultz	32	"	"	"	Gardener
Elizabeth "	20	"	"	"	
Robert Sanders	28	"	"	"	Groom
Henry Rice	19	"	"	"	Groom
Edward Bessie	20	"	"	"	Groom
Charles Chairnan	19	"	"	"	Farmer
John Smith	28	"	"	"	Farmer
John Gunlet	21	"	"	"	Farmer
Price Butler	27	Scotland	Scotland	"	Gardener
John Cummings	24	England	England	"	Laborer
Henry George	34	"	"	"	Laborer
Price Butler	27	Scotland	Scotland	"	Groom
Charles Dowling	18	"	"	"	Groom
John Cassidy	23	"	"	"	Groom
Wm. Higginson	40	"	"	"	Laborer
James Kinkley	23	England	England	"	Laborer
George Haughton	22	"	"	"	Groom
D. Mathews	19	"	"	"	Groom
Henry Bennett	23	"	"	"	Groom
William Craker	32	"	"	"	Groom
Mary A. "	32	"	"	"	Groom
William "	7	"	"	"	Groom

Page 6

Name	Age				Occupation
Mary Craker	1	England	England	Great Britain	
John Mason	25	"	"	"	Laborer
James Scott	32	"	"	"	Farmer
William Coats	28	"	"	"	Farmer
James Bisset	17	"	"	"	Laborer
John Duncan	40	"	"	"	Gardener
Alex Roy	36	"	"	"	Groom
John Scott	33	"	"	"	Groom
James Tash	34	"	"	"	Groom
David Dorward	20	"	"	"	Laborer
Wm. M. Kay	25	Scotland	Scotland	"	Laborer
John Stewart	18	"	"	"	Laborer
Andrew Stewart	23	"	"	"	Laborer
John Wilson	35	England	England	"	Laborer
Alex McGregor	27	"	"	"	Laborer
John Bessil	34	"	"	"	Laborer
John Gray	15	"	"	"	Laborer
John Stephens	19	"	"	"	Laborer
Donald McKenzie	21	Scotland	Scotland	"	Farmer
Alex McDonald	23	"	"	"	Farmer
Peter Ross	28	England	England	"	Farmer
John Munso	32	"	"	"	Farmer
William "	38	"	"	"	
John Nicholson	27	"	"	"	Groom
William Farling	16	"	"	"	Groom
Peter McConnell	45	Ireland	Ireland	"	Laborer
Peter, Jr. "	17	"	"	"	
James McVeinley	32	"	"	"	
Peter "	35	"	"	"	
Charles Anderson	33	England	England	"	Laborer
Thomas Forbes	28	"	"	"	
Charles Haggerty	32	"	"	"	
John Whiteman	40	"	"	"	Gardener
John Ross	42	"	"	"	Gardener
Donald "	39	"	"	"	Gardener
Wm. Davidson	28	"	"	"	Laborer
Liman Corbet	18	"	"	"	
Murdox McLeod	22	Scotland	Scotland	"	
Donald Main	17	"	"	"	
Wm. McAngas	23	"	"	"	
William Ross	34	England	England	"	
Alex Goodhill	37	"	"	"	
Thomas Ness	36	"	"	"	

Page 7

Name	Age				Occupation
James Ramsey	28	"	"	"	
Henry Vallery	27	Scotland	Scotland	"	
Ann "	23	"	"	"	
Henry "	3	"	"	"	
Mary "	1	"	"	"	
John Caunan	23	"	"	"	
Edward Caunan	24	"	"	"	
John Black	26	"	"	"	
William Lindsey	28	"	"	"	
William Pearel	19	England	England	"	
John Quinly	24	Ireland	Ireland	"	
David Shell	25	"	"	"	
Ann Sheridan	18	"	"	"	
Bridget Maher	22	"	"	"	
Mary A. Donally	26	"	"	"	
Eliza Brady	19	Scotland	Scotland	"	
Alex Dixon	27	England	England	"	
Kester Mandley	25	"	"	"	
Wm. Walmsley	25	"	"	"	Laborer (?)
William Taylor	24	"	"	"	
Nicholas Taylor	22	"	"	"	
David Rawey	21	Ireland	Ireland	"	
Thos. Grundy	27	England	England	"	

Name	Age				Occupation
Richard Johnson	24	England	England	Great Britain	
Peter Magee	28	Ireland	Ireland	"	
Robt. Hamilton	30	"	"	"	
Ann do	26	"	"	"	
Hugh Maguire	30	"	"	"	
Johunna do	29	"	"	"	
John do	1	"	"	"	
Thos. Mitchell	21	Scotland	Scotland	"	
Susan do	27	"	"	"	
William do	7	"	"	"	
Robert do	5	"	"	"	
Alex do	3	"	"	"	
Mary do	1	"	"	"	
Mxie Rose	23	"	"	"	
Busyhet A. Birne	27	Ireland	Ireland	"	
Eliza Church	20	England	England	"	
Sarah Norton	23	"	"	"	
Joseph Sheridan	19	"	"	"	
Josephine Lausan	35	"	"	"	
David do	7	"	"	"	

Page 8
Peter Flanigan	24	Scotland	Scotland	"	
John Maxwell	25	"	"	"	

Name of vessel Bark Bismarck date March 1867, Master not given.

W. Gossenhein	35	Hanover	Hamburg	Hanover	Merchant
Mrs. "	23				
William Heiter	20	Saxony	Hamburg	Saxony	Goldsmith

Name of vessel Bark Suwie date January 18, 1867.

Otto Nordman	29	Hallstadt	Cussel(?)	Prussia	Mechanic
Chas. Kluss	22	Rostock	Rostock	America	Merchant
Maria Elsttes	16	Lauvain	Helmstent	Belguim	
M. Luidenchal	32	Muesshthoth	Berlain	Prussia	
Selma do	19	Berlain	"	"	
Adle do	9	"	"	"	
Herman do	7	"	"	"	
Maria do	6	"	"	"	
John Oppenhien	60	Hamburg	"	"	
Minnie Stalburg	30	Halle	Halle	"	Dressmaker
Johanna Opser	26	Corbushan	Corbushan(?)	"	Servant
Christian Paul	23	Hausbusian(?)	Hanover	"	Servant
Fritze Bode	18	Elben-gorda(?)	Hillsen-shein(?)	"	Hatmaker
Fritzi Bartens	16	Nurenberg	"	"	Mason
Fredde Aheborn	19	Heister-sood(?)	Heiskraal(?)	"	Farmer
George Weppmer	17	Latten-hausen	Latten-hausen	"	Farmer
P. Sass	20	Berlain	Berlin	"	Merchant
Carl Werner	20	Duchrstdt(?)	Holzander	"	Merchant
A. Wirschberg	18	Nulzyn(?)	Neumark	"	Merchant
Carl Woff	41	Neukal-dean(?)	Gusen	America	
Erustine Woff	36	"	"	"	
Gustain do	10	"Texas	"	"	
Julius do	8	"	"	"	
Bertha do	6	"	"	"	
Carl do	4				
S. Sawder	15	Croue(?)	Braimberg	Prussia	
H. Levin	18	Nokel(?)	Nokel(?)	"	Cap Maker
C. Schulenbury	26	"	"	"	
Johnnie Nerlear	39	Stennike(?)	Schlesweig	"	Mason
Anna "	33	Forkenberg	"	"	Guestkeeper
William "	8	Nahr(?)	"	"	
Christian "	6	Schlesweig	"	"	

Name	Age				Occupation
Conrad Nerlear	5	Schlesweig	Schlesweig	Prussia	
B. Sauder	16	"	"	"	
Erain Petre	23	Crouse	Crouse	"	Shoemaker
Elizabeth "	21	Grissen(?)	Wiesbaden	"	
Timasha Bason	24	"	"		
Minnie Petre	2	Wiesbaden	"	"	

Page 9

Name	Age				Occupation
C. Grundler	49	Schlesweig	Schlesweig	"	Tablemaker
Christian "	33	Altona	"	"	
Bertha "	12	Schlesweig	"	"	
Auguste "	10	"	"	"	
Hellena "	8	"	"	"	
Herman "	6	"	"	"	
Wilhelm "	3	"	"	"	
Anna Behiens	36	Friesland	Friesland	"	
Jacob "	16	"	"	"	
Frank "	13	Texas	"	"	
Behienie "	10	"	"	"	
Albert "	8	Friesland	"	"	
Christian Graten	24	Wurtenberg	Wurtenberg	Wurtenberg	Carpenter
Johann Behlen	22	"	"	"	Carpenter
Fred Heimer	30	Kl fucten(?)	K'Fichte(?)	Bayern(?)	Taylor
Rosinna "	24	"	Kuuson	"	
Jacob Hampfling	13	Stenohe	"	Bavaria	
Kuniguelle "	30	Sublestorff	"	"	Seamstress
G. Page	49	Baslou	"	Prussia	Workman
Anna "	42	Crouse (Crosie?)	"	"	
Wilhelmina Page	19	"	"	"	
Auguste "	17	"	"	"	
Sophia "	14	"	"	"	
Augusta "	10	"	"	"	
William "	6	"	"	"	
Emelin "	4	"	"	"	
Peter Stabach	32	Kiel	Kiel	"	Merchant
Frede "	39	Koppeln(?)	"	"	
Albertian Ricklefsen	28	"	"	"	
Henry Hess	72	Grumharat	Bernushan	"	Farmer
Elizabeth "	69	Suiman	Haven	"	
Reinhause "	22	Bernushaven	"	"	
Henry Hess, Jr.	15	"	"	"	
August Johns	26	Roezkowa	Roezkowa	"	
Malita Risto	13	"	"	"	
Otto "	11	"	"	"	
Fredrick Ebel	29	K'Whisnart	Solzweit	"	Taylor
Johann Otto	25	Gossenaulth	Eisfeldth	"	Engineer
H. Hildebrande	28	Bremen	Breman	America	Merchant
Jacob Linn	17	Hilsen	Eberstadt	Wurtenberg	Miller
Johann Trink	16	Launten	"	"	
F. Rolinsky	34	Champence	Podentz	Prussia	Miller
Elizabeth "	28	"	"	"	

Page 10

Name	Age				Occupation
Anna Benstrick	23	Gartz	Gussen	"	
William Mengee	25	Oberndorf	Oberndorf	"	Farmer
Edw. Ioloway	29	Laciska	Lacisco	"	Laborer
Catherine "	24	"	"	"	
Anton "	3	"	"	"	
Andrew Wataurzryk	29	Werjila	Wejila	Prussia	Mason
Maria "	22	Stouize	"	"	
M. Natzan	29	Nabouitzne(?)	Petrapatz	"	Farmer
Rosale "	35	Gautzvout	"	"	
Julianna "	13	Petrgratz	"	"	
Marianne "	12	"	"	"	
Johanna "	11	"	"	"	
Alexander "	8	Lascisca	"	"	
Jacob Frestzok	43	Graszisk	"	"	Farmer
Theoka "	41	Suberhein	"	"	
Chas. "	16	"	"	"	

Palicap Frestzok	14	Suberhein	Petrapatz	Prussia	
Franze "	11	"	"	"	
Johanna "	9	Petrapatz	"	"	
Franzisca "	6	Ostryk	Ostryk	"	
Jacob Wesche	56	"	"	"	Workman
Fred "	29	"	"	"	Mason
G. Hanch	23	Mullohien	Mullohien	Wurtemberg	
Henry "	20	"	"	"	Wheelwright
C. Bassler	19	Schipjack	Schipjack	"	Farmer
Civie Cuballer	45	Hastortz	Bohemia	Bohemia	Miller
Johann Halop	20	"	"	"	Flesher
Linna Behua	21	Gussin	Wesbedin	America	
Johanne Petre	19	"	"	Prussia	Bricklayer
Arthur "	10	"	"	"	
Fritz Troluise	30	Samsping	Bremer-haven	America	Seaman
L. "	28	Gobston	"	"	Seaman
Fredrick "	6	"	"	"	
Johan "	4	Bremerhaven	"	"	

List of passengers arrived from foreign ports in the Port of Galveston the 2nd Quarter, 1867

Name of vessel Bark Iris date May 13, 1867 from Bremen, Master Schutte.

Name	Age	Sex	Occupation	Origin	Destination
Page 1					
Thos. W. Becker	37	M	Workman	Germany	Texas
Anna G. "	30	F		"	"
Anna M. "	6	F		"	"
Anna C. "	2	F		"	"
Anna M. Heisclbergerin	7	F		"	"
Hans Buberstien	23	M	Farmer	"	"
Ludwig Brands	44	M	Engineer	"	"
Yoachim Duver	20	M	Merchant	"	"
Michael Groters	26	M	Farmer	"	"
W. L. Kiphen	30	M	Wheelwright	"	"
Margaretha "	29	F		"	"
Jonas "	2	M		"	"
Valintin "	/12	M		"	"
Dosietta Kniete	23	F		"	"
Heinrich Krager	29	M	Shoemaker	"	"
Herman Kirhaldie	16	M	Merchant	"	"
Wenzel Kirsch	46	M	Coachman	"	"
Sebastian Manhardt	36	M	Carpenter	"	"
Anna "	28	F		"	"
Theresa "	5	F		"	"
Magdalena "	9/12	F		"	"
Alex Niemzer	22	M	Farmer	"	"
Hugo Pfordte	31	M	Engineer	"	"
Peter Pandruff	32	M	Workman	"	"
Marie "	29	F		"	"
Anna R. "	11/12	F		"	"
Ludwig Bab	26	M	Farmer	"	"
Thos. H. Schulze	21	M	Farmer	"	"
Valentin Steeglitz	31	M	Farmer	"	"
S. M. Franziska	4	F		"	"
M. Stieglitz	34	F		"	"
August Schroedis	31	M	Farmer	"	"
Tesese "	34	F		"	"
Caroline "	7	F		"	"
George "	2	M		"	"
A. R. Schoemenaef	53	F		"	"
Frederich Schetclig	29	M	Carpenter	"	"
Edward Schnider	16	M	Carpenter	"	"
Page 2					
Anton Winkles	44	M	Farmer	"	"
Anna "	29	F		"	"
Theresia "	9	F		"	"
Franz "	3	M		"	"
Franz "	11/12	M		"	"
Christien Aldug	18	F		"	"
Ernestine "	15	F		"	"
Franz Anders	37	M	Tailor	"	"
Magdalean "	38	F		"	"
Johanna "	3/12	F		"	"
Julius Batcher	33	M	Bricklayer	"	"
Albert Blumberg	38	M	Blacksmith (Died March 20, 1867)		
Marie "	34	F		Germany	Texas
Anna "	11	F		"	"
Emil "	9	M		"	"
Louise "	7	F		"	"
Carl F. Busker	37	M	Gardener	"	"
Charlotte "	34	F		"	"
Marie "	7	F		"	"
Frederich Bunde	42	M	Workman	"	"
Wilhelmina "	38	F		"	"
Caroline "	14	F		"	"
Herman "	11	M		"	"

Name	Age	Sex	Occupation	From	To
Fredrich Bunde	9	M		Germany	Texas
Aug. Carl Albert Bunde	7	M		"	"
A. W. H. "	5	M		"	"
Bertha "	11/12	F		"	"
Heinrich Buske	26	M		"	"
T. "	20	F		"	"
Fredrich Bawrschley	49	M	Carpenter	"	"
Marie "	34	F		"	"
George "	12	M		"	"
Henich "	9	M		"	"
Emma "	11/12	F		"	"
Christian Buske	55	M	Workman	"	"
Caroline "	57	F		"	"
Gottlieb "	23	M		"	"
Emilie "	20	F		"	"
Auguste "	22	F		"	"
Wilhelm "	14	M		"	"
Ann "	11	F		"	"
August "	16	M		"	"
Emil "	2	F		"	"

Page 3

Name	Age	Sex	Occupation	From	To
Carl A. Benz	38	M	Bookbinder	"	"
Carl Beck	27	M	Workman	"	"
Franz Christ	30	M	Workman	"	"
Rosina "	46	F		"	"
Martin Doabischer	19	M		"	"
Frederich Duinch	18	M	Shoemaker	"	"
Barbary Eisenbach	46	F		"	"
Anna "	37	F		"	"
Franz Ermisch	46	M	Workman	"	"
Mariana "	44	F		"	"
Franz "	20	M		"	"
Joseph "	18	M		"	"
Barbara "	16	F		"	"
Anna "	12	F		"	"
Agnes "	9	M		"	"
Joseph "	28	M		"	"
Joseph Friencel	59	M		"	"
G. Fredricks	19	M		"	"
John Gruber	24	M		"	"
Gottlieb Gabler	42	M	Farmer	"	"
Cathrine "	39	F		"	"
Christoph "	18	M		"	"
Gottlieb "	9	M		"	"
Jacob "	7	M		"	"
Friedericke "	6	F		"	"
Frederich "	3	M		"	"
Marie "	11/12	F		"	"
Cathrine Huber	26	F		"	"
Cathrine Hartmaun	15	F		"	"
George Haupler	22	M	Joiner	"	"
Jacob Hotz	20	M	Workman	"	"
Elizabeth "	18	F		"	"
George Yurgens	20	M	Carpenter	"	"
John Jurica	22	M	Workman	"	"
Ceuil Yanik	28	M		"	"
Johanna "	24	F		"	"
Theresa "	3	F		"	"
Johan "	2	M		"	"
Johan Kassel	38	M		"	"
Rosina "	32	F		"	"
Maria "	11	F		"	"
Franz "	7	M		"	"
Johnn "	4	M		"	"

Page 4

Name	Age	Sex	Occupation	From	To
Mathias Kosel	32	M	Workman	"	"
Philomena "	1	F		"	"
J. T. Kochli	20	M	Carpenter	"	"

74

Name	Age	Sex	Occupation	Origin	Destination
Jacob Kerner	58	M		Germany	Texas
Gottlieb "	52	F		"	"
Carl "	12	M		"	"
Vincend Kohanek	25	M	Workman	"	"
Johnn Kasper	23	M	Smith	"	"
Juliani "	60	F		"	"
Ferdmand "	19	M	Workman	"	"
Joseph Gala	45	M	Tailor	"	"
Maria "	47	F		"	"
Franz "	17	M		"	"
Anna "	21	F		"	"
Heinrich F. Gudtke	35	M	Workman	"	"
Henrietta "	34	F		"	"
Ferdinand Niaris	26	M		"	"
Cathrine Mayer	25	F		"	"
Johnie "	31	F		"	"
Ludwig Muller	20	M	Farmer	"	"
August "	17	M		"	"
Fredrich "	60	M		"	"
Joseph Manorosky	42	M	Joiner	"	"
Veronika "	42	F		"	"
Maria "	12	F		"	"
Caorlina "	10	F		"	"
Joseph "	5	F		"	"
Allosia "	3	M		"	"
Cathrine Ordell	33	F		"	"
Poldina "	8	F		"	"
Rosa "	2	F		"	"
Joseph Richter	36	M	Workman	"	"
Hironimus Oberforller	32	M		"	"
Julia Pufahl	17	F		"	"
Veronica Popp	24	F		"	"
Johnn Pargre	18	M		"	"
Magdolena Rasthoper	24	F		"	"
George Reindl	29	M		"	"
Maria	20	F		"	"
C. T. Rodefeld	50	M	Carpenter	"	"
Karal W. "	38	F		"	"
K. W. "	22	F		"	"
Kath Maria "	17	F		"	"

Page 5

Name	Age	Sex	Occupation	Origin	Destination
Maria W. Rodefeld	15	F		"	"
T. W. "	1	F		"	"
K. W. Huchtmann	15	F	Carpenter	"	"
Christoph Riechti	25	M	Joiner	"	"
Marie "	27	F		"	"
Johnn "	3	M		"	"
Christoph "	2	M		"	"
George Stack	34	M	Workman	"	"
Johnn Schneider	34	M	Smith	"	"
Franz Schindler	39	M	Workman	"	"
Johs. Snilek	27	M	Workman	"	"
Joseph Till	38	M		"	"
Thos. Wyskala	33	M		"	"
Wilhelm Schube	48	M	Wheelwright	"	"
Wilhelmine "	46	F		"	"
Friedricke "	19	F		"	"
Louise "	18	F		"	"
Welhelmine "	16	F		"	"
Gottfried "	10	M		"	"
Wilhelm "	6	M		"	"
Johnn Schmidtt	35	M	Farmer	"	"
Theriesia "	35	M		"	"
Anna Maria "	13	F		"	"
Johnn "	10	M		"	"
Thelka "	8	F		"	"
Rosa "	1	F		"	"
Ferdmand Trefslan	33	M	Wheelwright	"	"
Wilhelmine "	28	F		"	"

Name	Age	Sex	Occupation	From	To
Anna Trefslan	5	F		Germany	Texas
Friedrich "	3	F		"	"
Uenirka "	2	F		"	"
C. A. Tal. Thiem	39	M	Workman	"	"
Elizabeth M. "	43	F		"	"
Laura "	15	F		"	"
Selma "	15	F		"	"
Emila "	6	F		"	"
Albert Gerbert	24	M		"	"
Fredrich Thurmann	20	M	Cigarmaker	"	"
Johnn Wastenbarth	24	M	Workman	"	"
Albirtine "	24	F		"	"
August G. "	6/12	M		"	"
T. H. C. Wenat	28	M	Carpenter	"	"
Friedrike "	28	F		"	"
Carl G. "	3	M		"	"
Auguste "	9/12	F		"	"
Carl T. H. "	29	M	Carpenter	"	"
Franz Yazke	21	M	Workman	"	"

List of passengers arrived from foreign ports in the Port of Galveston the 4th Quarter, 1867

Name of vessel Bark Fortuna date November 1, 1867 from Bremmen, Master Freytag.

Name	Age	Sex	Occupation	From	To
Fritz Tange	28	M	Doctor	Germany	Texas
Sophie Kollineg	37	F		"	"
Martha Guthmann	22	F		"	"
Helene Sogemann	23	F		"	"
Berth Hirsch	38	F		"	"
Alfred "	8	M		"	"
T. Fournirmaun	24	M	Farmer	"	"
Arthur Rosenburg	15	M	Merchant	"	"
Henry Kellnier	15	M		"	"
Wm. Burchhardt	17	M		"	"
Christ Lindner	23	M	Laborer	"	"
Johanna Geister	48	F		"	"
Rosina Schnieder	11	F		"	"
Charlotte "	8	F		"	"
Richard "	5	M		"	"
Wilhl Oldenburg	23	M	Farmer	"	"
Caroline "	19	F		"	"
Agnes "	6/12	F		"	"
Charlotte Boese	17	F		"	"
Theodore Oldenberg	17	M	Barber	"	"
Amelia Deumney	48	F		"	"
Adele "	20	F		"	"
Mathilda Burchstien	50	M	Merchant	"	"
Herm Fescher	21	F		"	"
Geoffrey Teager	49	M	Bricklayer	"	"
Friedericke "	38	F		"	"
Carl "	18	M	Farmer	"	"
Marie "	10	F		"	"
Johann Dieter	40	M	Tailor	"	"
Sophie "	33	F		"	"
Fred "	18	M	Tailor	"	"
Sophie "	16	F		"	"
Marie "	13	F		"	"
Wilhelm "	2	M		"	"
Friedrike "	8	F		"	"
Wilhelmina Schmann	24	F		"	"
Gottfr Buhle	26	M	Farmer	"	"
Carl Nobiensky	18	M	Merchant	"	"
Henry Floege	44	M	Joiner	"	"
Sophie "	58	F		"	"
Louise "	78	F		"	"
Louise "	46	F		"	"
Fritz Geager	23	M	Merchant	"	"

Name	Age	Sex	Occupation	From	To
Jos. Bonnet	22	M	Carpenter	Germany	Texas
Anton Sinke	24	M	Carpenter	"	"
Theodore Seidel	16	M	Farmer	"	"
Helene "	20	F		"	"
August Einnald	21	M	Jeweler	"	"
M. Plangeus	45	M	Farmer	"	"
Susanna "	38	F		"	"
Gustove "	14	F		"	"
Augusta "	9	F		"	"
Herman "	7	M		"	"
Pauline "	5	F		"	"
Fred "	3/4	M		"	"
T. E. Kruse	26	M	Farmer	"	"
J. B. Ruder	28	M	Farmer	"	"
E. H. Keilers	26	M	Farmer	"	"
T. D. Schonvogel	33	M	Farmer	"	"
Margaret "	34	F		"	"
John "	8	M		"	"
Gerhard "	5	M		"	"
Bernhard "	1	M		"	"
Ernest Voss	26	M	Farmer	"	"
Christine "	17	F		"	"
Carl "	15	M		"	"
J. W. Muller	51	M	Farmer	"	"
Cathine "	42	F		"	"
Johanna "	24	F		"	"
Gerhard "	21	M	Shoemaker	"	"
A. "	18	M	Farmer	"	"
Lena "	16	F		"	"
Anna "	14	F		"	"
Wilhelmina "	9	F		"	"
Marie "	6	F		"	"
Louise "	2	F		"	"
A. A. Bachmann	32	M	Farmer	"	"
Ann "	27	F		"	"
H. G. Gertes	32	M	Farmer	"	"
Anna "	30	F		"	"
Anna "	8	F		"	"
Meta "	4	F		"	"
Helene "	3/4	F		"	"
H. Bohenkamp	20	M	Farmer	"	"

Next page

Name	Age	Sex	Occupation	From	To
Eiburt Muller	33	M	Farmer	"	"
Rebecca "	26			"	"
G. Frieper	42	M	Farmer	"	"
Sophie "	26	F		"	"
Anna "	4	F		"	"
Wilhelm "	2	M		"	"
John Borokin	25	M	Farmer	"	"
H. Osterlah	24	M	Farmer	"	"
Wm. Bungen	15	M	Farmer	"	"
Fritz Brinkmann	31	M	Farmer	"	"
Gust. Brademann	18	M	Farmer	"	"
Chas. Ludicke	18	M	Farmer	"	"
Carl Weinens	26	M	Farmer	"	"
Martin Gotte	24	M	Farmer	"	"
John Weigan	24	M	Farmer	"	"
Henry Ladwig	28	M	Farmer	"	"
Julius "	27	M	Farmer	"	"
Gottfr. Bressel	24	M	Farmer	"	"
Henriette Ladwig	19	F	Blacksmith	"	"
Ernst Vonpagel	36	M	Farmer	"	"
Henriette "	37	F		"	"
Gustave "	10	F		"	"
Bertha "	7	F		"	"
Julius "	5	M		"	"
Emil "	3	M		"	"
Carl Pochnon	30	M	Farmer	"	"
H. Gleneninket	44	M	Farmer	"	"

Name	Age	Sex	Occupation	Birthplace	Residence
Charlotte Gleneninket	50	F		Germany	Texas
August "	17	M	Farmer	"	"
Herman "	13	M		"	"
Minna Walters	25	F		"	"
Friederike Barttling	17	F		"	"
Bruno Finn	18	M	Farmer	"	"
Henrietta Plangens	26	F		"	"
Olaf Wickestrom	43	M	Carpenter	"	"
Jacob Runderstrom	43	M	Carpenter	"	"
Erie Bergstrom	21	M	Carpenter	"	"
Gust. Widmann	23	M	Carpenter	"	"
Andrew Landgrien	45	M	Carpenter	"	"
John Jerichou	55	M	Farmer	"	"
Marie "	48	F		"	"
Wilhelm "	19	M	Farmer	"	"

Next page

Name	Age	Sex	Occupation	Birthplace	Residence
John Woilick	39	M	Carpenter	"	"
Cathrine "	36	F		"	"
Johanna "	8	F		"	"
Veronica "	7	F		"	"
Carl "	4	M		"	"
Gottfrey Schirler	53	M	Farmer	"	"
Margaret Pauly	16	M	Merchant	"	"
Joel Brannig	17	F		"	"
Johanna Grubert	26	F		"	"
Auguste "	3/4	F		"	"
Wilhelm Curten	31	M	Laborer	"	"
Henry "	29	M	Laborer	"	"
John Kellersohn	27	M	Laborer	"	"
Aug. Boortz	37	M	Laborer	"	"
Henrietta "	20	F		"	"
Wilhelmine "	7	F		"	"
Auguste "	17	F		"	"
Catherine Luckert	22	F		"	"
Elise Fohembach	19	F		"	"
Helen Brandt	22	F		"	"
Wilhelm Eikenhorsh	40	M	Tailor	"	"
Sophie "	46	F		"	"
Marina "	18	F		"	"
Charlotte "	11	F		"	"
Fred Feldmann	26	M	Farmer	"	"
Fred Giesecke	51	M	Farmer	"	"
Henry Rene	47	M	Farmer	"	"
Marie "	48	F		"	"
Sophie "	22	F		"	"
Henry "	20	M		"	"
Wilhelmine "	12	F		"	"
Fredericke "	10	F		"	"
Louise "	5	F		"	"
Sophie Evert	39	F		"	"
Henry "	16	M	Shoemaker	"	"
Johanna "	7	F		"	"
Theodore Eggars	31	M	Shoemaker	"	"
Marie Paulis	17	F		"	"
John Schotz	44	M	Farmer	"	"
Mina "	43	F		"	"
Fred "	17	M		"	"
Mina "	12	F		"	"

Next page

Name	Age	Sex	Occupation	Birthplace	Residence
Ida Scholtz	8	F		"	"
Frederike "	5	F		"	"
Dorothea "	3	F		"	"
Auguste "	1	M		"	"
Christian Wilde	44	M	Farmer	"	"
Carl "	62	M	Farmer	"	"
Fred "	20	M	Farmer	"	"
Marie "	17	F		"	"
Wilhelmine "	13	F		"	"

Name	Age	Sex	Occupation	From	To
Dorothea Wilde	10	F		Germany	Texas
Fred "	5	M		"	"
Henry "	8	M		"	"
Catherine Schultz	25	F		"	"
Jacob Geik	35	M	Farmer	"	"
Marie "	37	F		"	"
Marie "	9	F		"	"
Jacob "	8	M		"	"
Minna "	4	F		"	"
Jacob Offenbach	26	M	Farmer	"	"
Joseph Jackel	18	M	Tailor	"	"
Joseph Forester	46	M	Bricklayer	"	"
Marie "	46	F		"	"
Terese "	25	F		"	"
Joseph "	14	M		"	"
Franz "	5	F		"	"
Michael Fetzmann	37	M	Joiner	"	"
Elizabeth "	40	F		"	"
Anna "	10	F		"	"
Hugo "	7	M		"	"
Ida "	4	F		"	"
Emma "	2	F		"	"
Ernst Spingelhauer	28	M	Weaver	"	"
Wilhelmina Loose	20	F		"	"
Fred Semermann	15	M	Farmer	"	"
Justine Ehenshoff	23	F		"	"
Maxim Halwaly	36	M	Farmer	"	"
Cathrine "	34	F		"	"
Veronica "	4	F		"	"
Joseph "	3/4	M		"	"
John Servensky	24	M	Blacksmith	"	"
W. Wettmann	18	F		"	"
C. Wettman	13	F		"	"
Fred Seunermann	15	M	Farmer	"	"
Justine Ehenshoff	23	F		"	"
Henry Haverbah	40	M	Farmer	"	"
Regina "	37	F		"	"
Wilhelmine "	12	F		"	"
Christine "	10	F		"	"
Carl Welter	28	M	Farmer	"	"
Christine Bremen	47	F		"	"
Auguste "	18	F		"	"
Caroline "	10	F		"	"
Sophie Woelff	21	F		"	"
Wilhelmina Wergan	19	F		"	"
Fred Thaler	50	M	Smith	"	"
John Jessen	49	M	Farmer	"	"

Name of vessel Bark Isis date November 6, from Bremen, Master Schutte.

Name	Age	Sex	Occupation	From
Mina Shendrath	19	F		Germany
Anna Ballimaner	40	F		Switzerland
Marie "	22	F		"
Auguste "	17	F		Germany
Heinrich "	14	M		
Louise "	11	F		
Rosalie "	9	F		
Carl Boikmaun	46	M	Farmer	
Edgar "	16	M		
Eugen "	14	M		
Reinhard "	12	M		
Christian Becker	17	M	Laborer	
Arnold Bothnier	27	M	Farmer	
Henry Beiker	44	M	Laborer	
Caroline "	30	F		
Christian "	3/12	M		
Anna Degens	19	F		
Henry Elleumeier	48	M	Laborer	
Wilhelm Fritz	57	M	Wheelwright	
Friederike Gerber	61	F		

```
Emilie Gerber              19    F
August Kallniger           16    M    Confectioner
Gotthold     "             24    M        "
Charlotte Kellenburg       27    F
Josaphine Luikmann         30    F
Henry Longe                26    M    Smith
Johanne   "                23    F
Henry     "                 4    M
Wilhelm   "                 2    M
Elizabeth Meger            63    F

Next page
Bernard Meger              28    M    Farmer         Germany
Marie    "                 30    F
Caroline  "                 4    F
Joseph C. "                 2    M
Bernhard  "                 1    M
Christian "                23    M    Laborer
Wilhelmine "               22    F
Henry Muller               34    M    Smith
Anna      "                26    F
H. A.     "                 5    M
T. A.     "              10/12   M
Marie Null                 16    F
Elizabeth Rick             65    F
Julius Ratoik              31    M    Carpenter
Henrietta Rosenbaum        18    F
Henry G. Schmitz           18    M    Farmer
Elizabeth   "              20    F
Magdolean Schmaker         22    F                   Switzerland
Janett Schmary             17    F                   Germany
Fred Stoltger              23    M    Laborer
Marie    "                 22    F
Louise   "               11/12   F
Rudolph  "                 20    M    Laborer
Marie Fabelmann            19    F
Barbara Taggly             58    F
John Arnold                34    M    Shoemaker
Frederke  "                30    F
Auguste   "                 3    F
Charles Balke              33    M    Seaman
Henry Baumann              50    M    Miner
Elizabeth  "               51    F
George     "               24    M    Miner
Gertrude   "               17    F
Wilhelm    "                6    M
Wilhelm Beatel             26    M    Laborer
Henry Behning              37    M    Laborer
Wilhelm Beeker             15    M    Laborer
Fred Bouikes               16    M    Laborer
Louise Bredemeger          23    F
Sophie    "                20    F
Anna      "                19    F
Dorothe Dauteih            22    F

Next page
Fred Deaumlanat            28    M    Farmer         Germany    Texas
August Deppe               28    M    Laborer
Amelia   "                 26    F
Menehan  "                  3    F
Wilhelm  "                9/12   M
Henry Duble                44    M    Laborer
Wilhelm Esser              27    M    Carrier
Henry Fust                 26    M    Wheelwright
Sophie Gastkamp            22    F
Fred Gerlhof               30    M    Laborer
Elizabeth  "               25    F
Miuna      "                1    F
C. F. Hamff                57    M    Laborer
Caroline "                 47    F
```

Name	Age	Sex	Occupation
Auguste Hamff	21	F	
Herman "	11	M	
Maria "	6	F	
C. F. "	29	M	
Stephen Harclus	57	M	Laborer
Henry Hemner	30	M	Laborer
Dorothea "	35	F	
Samuel Hettiger	22	M	Carpenter
Jacob Hartman	24	M	Shoemaker
Maria Hetteker	22	F	
Julius Wartfield	27	M	Laborer
Henry Hoffman	27	M	Laborer
Elize "	27	F	
Henry "	3	M	
Louise "	2/12	F	
Christian Helinke	66	M	Weaver
Dorothe "	65	F	
Adolph Kempen	23	M	Joiner
Maria Koister	18	F	
John Kung	35	M	Laborer
Maria "	24	F	
Maria "	2	F	
Carl Koch	47	M	Shopkeeper
Dorothe Backhauiar	33	F	
Bernhard "	5	M	
Christian Kroger	67	M	Laborer
Jabina "	73	F	
Gerhard Lavner	30	M	Shoemaker
Julia "	26	F	
Pauline Launer	4	F	
Robert "	1	M	
Marta "	3/12	F	
John Lautmeider	36	M	Laborer
Berchard Minden	52	M	Laborer
Marie "	43	F	
Johanna "	13	F	
Henry "	10	M	
Matilde "	5	F	
Wilhelm Muller	21	M	Laborer
August Matgdorf	61	M	Joiner
Arnold Forst	18	M	Merchant clerk
Wilhelm Berchke	31	M	Laborer
Mina "	24	F	
Anna "	2	F	
C. R. "	3/12	M	
Fred Pott	30	M	Laborer
C. L. Roscheke	40	M	Laborer
York Basmank	56	M	Laborer
C. F. Romir	33	M	Laborer
John Roth	22	M	Laborer
Louise Riddhouse	22	F	
Carl Schnoppe	52	M	Farmer
Helene "	46	F	
Carl "	16	M	
Anne "	21	F	
Helene "	19	F	
Gottlieb "	13	M	
Julia "	10	F	
Anna "	5	F	
Louise Schnargkoff	17	F	
Wilhelm Seuff	53	M	Laborer
Dorothe "	44	F	
Herman "	12	M	
Carl "	10	M	
August "	7	M	
Georgine "	3/12	F	
J. B. Sonntag	64	M	Laborer
Reinhard Sontag	25	M	Smith
Joseph Spinard	30	M	Laborer
Martin "	27	M	Laborer

Henry Spulman	24	M	Wheelwright

Next page

G. Schmidt	22	M	Tailor		
Wilhelmine Schwber	18	F			
Rosalie Spacik	32	F			
Fred Schutze	44	M	Tailor		
Cathrine "	39	F			
Sophie "	18	F			
Emelie "	13	F			
Anna "	8	F			
Marie "	3	F			
Gustave "	3/12	M			
August Sienertz	22	M	Tailor		
Caroline "	21	F			
Fred Sauer	40	M	Laborer		
Sophie "	42	F			
Sophie C. "	5	F			
Fred "	13	M			
Wilhelm "	9	M			
Christoph Tiele	25	M	Laborer		
Christian "	64	M			
Wilhelm Timme	40	M			
Elizabeth "	39	F			
Carl "	21	M			
Albert "	6	M			
Otto "	4	M			
Adolph "	2	M			
G. H. "	10/12	M			
Wilhelm Tiemann	26	M	Weaver		
Fred Whlemann	25	M	Farmer		
Carl Vetta	24	M	Carpenter		
Elize Voelker	22	F			
August "	4	M			
F. Henry Weber	27	M	Smith		
Fred "	30	M	Laborer		
Elize "	24	F			
Louise "	1	F			
Christian Wurderlich	25	M	Laborer		
Elizabeth Wettie	20	F			
Carl W. Heinang	24	M	Baker		
Henrietta Wurkelmann	60	F			
Charlotte Windel	20	F			
Herman Wehmeger	22	M	Laborer		
Fred Walter	32	M	Laborer		

Next page

Emlie Walter	25	F		Germany	Texas
Sophie "	14	F			
Albert "	1	M			
Caroline Willem	21	F			
Christoph "	27	M	Laborer		
Caroline "	30	F			
C. A. "	4	M			
A. W. "	2	M			
Gottfreed Zorn	37	M	Cooper		
Auguste Sauer	Born September 30, 1867				

Name of Vessel Bark Diana date November 6, from Bremen, Master Siegner.

Rudolph Edeler	27	M	Joiner
John H. Klander	33	M	Shoemaker
Haunchen "	42	F	
Sophie Muller	22	F	
Fred Muller	19	M	
Emma Klander	4	F	
Wilhelm Kuhlmann	24	M	Laborer
Joseph Siedel	50	M	Farmer
Magdalean "	46	F	
Anna "	23	F	

Name	Age	Sex	Occupation
Marie Siedel	17	F	
Ernestine "	15	F	
Franz "	12	M	
August "	7	M	
Carl "	3	M	
Joseph Dierschke	31	M	Farmer
Pauline "	25	F	
Anna "	3	F	
Matilde "	1	F	
Julius Rimer	33	M	Farmer
Theressia Seipert	15	F	
Auguste "	20	F	
Francisko Muller	17	F	
Sophie Oehmann	25	F	
G. C. Behreus	28	F	
Anna C. Schroeder	26	F	
Carl Muller	33	M	Joiner
Henry Schumacher	21	M	Bookbinder
F. W. Naumann	39	M	Miner
Louise "	35	F	
Max "	12	M	
Louise "	4	F	

Next page

Name	Age	Sex	Occupation
Pauline Naumann	1	F	
Fred Wurglow	31	M	Carpenter
Wilhelm Brusf	19	M	Merchant
Julius Koroth	24	M	Miller
Bertha "	24	F	
Dorothea Streager	26	F	
Friederike "	1	F	
August Wittsch	39	M	Farmer
Sophie "	38	F	
Emma "	14	F	
Carl "	10	M	
Hermann "	9	M	
Wilhelmine "	4	M (?)	
Robert "	2	M	
Gottfrey "	3/12	M	
Carl Sturns	51	M	Farmer
Auguste "	51	F	
Friederike "	23	F	
Fred "	21	M	
Wilhelmine "	17	F	
Hermann "	8	M	
August Grassmann	47	M	Miller
Julia "	40	F	
Paul "	4	M	
John Brooke	44	M	Laborer
Christine "	61	F	
Johann C. "	17	F	
John G. "	16	M	
J. H. "	8	F	
Otto Harting	21	M	Tailor
Henry Stake	31	M	Bricklayer
Margaret "	35	F	
F. Louise "	5	F	
Martin "	2	M	
Fred Schunk	24	M	Farmer
Caroline Brockschuedt	23	F	
Wilhelmine Wehning	18	F	
Widow Book	60	F	
Chartlotte Book	20	F	
Charlotte Bosse	17	F	
J. H. Hartwig	47	M	Carpenter
Dorothea "	44	F	

Next page

Name	Age	Sex	Occupation
Wilhelmina Hartwig	18	F	
Sinchen "	9	F	

Name	Age	Sex	Occupation	Origin
Anna Hartwig	6	F		
Minna Guhl	17	F		
Franz Serfert	40	M	Farmer	
Agathe Marisch	30	F		
Franz "	9	M		
John Kuntzen	23	M	Farmer	
D. Muller	27	M	Farmer	
Eirert Muller	10	M		
G. Fritz	24	M	Miller	
John Graecker	28	M	Carpenter	
Mary Plan	20	F		
G. Ginnssfr	18	M	Weaver	
Thos. Daeblen	18	M	Papermaker	
G. Teller	30	M	Carpenter	
John Reickle	32	M	Farmer	
Minna Ragowske	22	F		
Minne Ebel	23	F		
Carl "	2	M		

Name of vessel Ship Neptune date November 16, from Bremen, Master Hirdes.

Name	Age	Sex	Occupation	Origin
Fred Walbaum	25	M	Farmer	Prussia
Caroline "	29	F		
Mina "	3	F		
Lena "	9/12	F		
Dieder "	28	M	Bricklayer	
Caroline Chishard	18	F	Servant Maid	
Thomas Nest	19	M	Tailor	Switzerland
Hans Berner	31	M	Teacher	
Anna Germaun	32	F	Governess	
R. Fritsch	58	M	Weaver	Austria
Josepha "	60	F		
Anna "	16	F		
Joseph Sommers	20	M	Shoemaker	
Helina Altman	18	F	Servant Maid	
Anna Bergman	16	F	Servant Maid	
Anton Roaz	43	M	Joiner	
Clara "	42	F		
Fritz Lusch	54	M	Carpenter	Prussia
Friedrike "	56	F		
Marie "	23	F		
G. Wolff	36	M	Farmer	
John Gritzow	40	M	Farmer	

Next page

Name	Age	Sex	Occupation	Origin
Johanne Sebastian	41	F		Prussia
Henry "	20	M	Joiner	
Caroline "	15	F		
Laura "	11	F		
Emilie "	6	F		
Helene "	16	F		
Selma "	4	F		
Julia "	10/12	F		
Fred Rogge	21	M	Farmer	Germany
J. W. Ruteger	35	M	Carpenter	Prussia
Maria C. "	40	F	Servant Maid	
Marie F. "	25	F	Servant Maid	
Jacob Bopp	35	M	Farmer	Switzerland
Bertha "	27	F		
Eliza "	9	F		
Henry Horsch	18	M	Shoemaker	Germany
J. H. Schneich	29	M	Blacksmith	
Carl Muller	20	M	Blacksmith	
Christian Fromer	40	M	Blacksmith	
Max Schindler	17	M	Blacksmith	
Rosie "	18	F	Servant Maid	
J. B. Heiland	26	M	Farmer	
Anna "	59	F		
Anna Maria "	20	F		
August Cichert	38	F		Prussia

Name	Age	Sex	Occupation	Country
August L. Cichert	7	F		
Pauline Richter	21	F	Servant Maid	
Julius Knasp	37	M	Joiner	Germany
Caroline "	37	F		
Julius "	10	M		
Emelie "	7	F		
Martin Stawzer	48	M	Farmer	Austria
Stephen Schafer	49	M	Blacksmith	
Apolla "	39	F		
Franz "	18	M	Blacksmith	
Matilda "	17	F	Servant Maid	
Josephe "	16	F	Servant Maid	
Anna "	16	F		
Caroline "	14	F		
Florence "	13	F		
Amelia "	11	F		
Fred Ertel	37	M	Joiner	Prussia

Next page

Name	Age	Sex	Occupation	Country
Frederik Ertel	40	F		Prussia
Hermine "	4	F		
Anna Hebkmaun	19	F	Servant Maid	Germany
Carl Tillsch	22	M	Baker	
Christian Bode	31	M	Farmer	Prussia
Caroline "	30	F		
Wilhelm "	5	M		
C. W. Neumann	25	M	Farmer	
Auguste Daerr	17	F	Servant Maid	
Michael Delz	38	M	Farmer	Germany
Marie "	36	F		
Auguste "	16	F		
Pauline "	15	F		
Emelie "	5	F		
Bernhard "	3	M		
Gottfrey "	32	M	Farmer	
Auguste "	28	F		
Emma Flohr	24	F	Servant Maid	
Gustavo Friesuel	15	M	Farmer	Prussia
Ernest "	17	M	Farmer	
Ernest Nutsehke	24	M	Farmer	
Wilhelm Jardon	59	M	Farmer	
Christ. "	28	M	Farmer	
Maria Prosatik	49	F		Austria
Fanny "	20	F		
Maria "	10	F		
Anna "	8	F		
John "	1	M		
Franz "	25	M	Joiner	
Marie "	23	F		
Joseph Dogacz	36	M	Miller	Germany
Veronika "	46	F		
Joseph "	18	M	Miller	
John "	13	M		
Carl "	10	M		
Joseph Rubaez	25	M	Carpenter	
George Jochez	35	M	Tailor	
Caroline "	35	F		
Anna "	3	F		
Rosine Frilica	25	F	Servant Maid	
Rosine Reha	20	F	Servant Maid	
Maria "	14	F	Servant Maid	
China Minor	17	F		Germany
Joseph Brawenc	27	M	Farmer	
Veronika "	27	F		
Joseph "	5	M		
Thomas "	2	M		
Anna "	25	F	Servant Maid	
Anna Mikenka	21	F	Servant Maid	
John "	43	M	Farmer	
Thomas "	40	M	Farmer	

Name	Age	Sex	Occupation	Origin	
Franz Mikenka	25	M	Miller		
Peter "	13	M			
George Parmekal	40	M	Farmer		
Bertha "	41	F			
John "	16	M			
Franz "	15	M			
Anna "	14	F			
George "	2	M			
Joseph "	48	M	Farmer		
Anna "	41	F			
Anna "	22	F			
John "	15	M			
Rosa "	11	F			
Joseph "	7	M			
Paul Mikship	34	M	Farmer		
Bertha "	54	F			
Jacob Cohn	14	M	Farmer	Prussia	
M. Jackel	18	M	Farmer		
Henry Kopper	60	M	Farmer	Germany	
Anna "	54	F			
Bernet "	17	M			
Thomas "	15	M			
H. H. Gotte	17	M	Farmer		
John Fridrechanitz	33	M	Parson	Prussia	
John Nuhiska	46	M	Farmer	Germany	
Marie "	30	F			
Franz "	9	M			
Thomas "	4	M			
Anna "	21	F			
Joseph "	4	M			
Rosine "	6/12	F			
Rudolph Hoffman	27	M	Bookbinder	Prussia	

Name of vessel Bark Texas date December 14, from Bremen, Master Mientzen.

Name	Age	Sex	Occupation	Origin	
Franz Horadian	34	M	Gardner	Prussia	
Anna Horadur	38	F		Prussia	Texas
Michael Votz	32	M	Gardner		
Margaret "	30	F			
Michael "	2	M			
Joseph "	2/12	M			
Joseph Bartz	19	M	Weaver	Austria	
Joseph Sontagg	35	M	Weaver		
Rosalie "	36	F			
Rosalie "	1	F			
Joseph Junck	23	M	Weaver		
Theresia "	23	F			
Joseph "	1	M			
V. Duscheck	60	M	Joiner		
Anna "	27	F			
Ludwig "	21	M	Joiner		
Carl Mottl	43	M	Weaver		
V. "	13	M			
Theressia "	42	F			
Carl "	14	M			
Joseph "	9	M			
Franz "	6	M			
Anna Rypl	56	F			
John Marisch	37	M	Weaver		
Anna "	34	F			
V. "	4	M			
John "	13	M			
Anna "	6	F			
Rosalie "	3	F			
Theresia "	4/12	F			
V. Maneke	48	M	Weaver		
Theresia"	48	F			
Anna "	17	F			
Rosalie "	13	F			
Theressia "	26	F			

Name	Age	Sex	Occupation	Origin	
Emilie Maneke	2	F			
Carl Sauntag	34	M	Weaver		
Veuzeuzia "	30	F			
Franzisco "	2/12	F			
Franzisco Schiller	21	F			
V. Battzer	39	M	Tailor		
Johanne "	34	F			
Anna "	11	F			

Next page
Name	Age	Sex	Occupation	Origin	
V. Battzer	3	M		Austria	
B. "	3/12	M			
Joseph Morcat	23	M	Smith		
V. Duscheck	27	M	Weaver		
Joseph Serasuk	48	M	Weaver		
Rosalie "	42	F			
Joseph "	19	M			
Rosalie "	21	F			
Anna "	12	F			
Franz "	9	M			
Theresia "	6	F			
F. "	2	M			
Frauzisk "	1	F			
V. Suchekar	18	M	Weaver		
Franz Rype	54	M	Weaver		
Cecilia "	29	F			
Theresia "	26	F			
Franziska "	25	F			
Franz "	22	M	Weaver		
Joseph "	19	M			
Cecilia "	17	F			
Elizabeth "	13	F			
Johanna "	9	F			
Carl "	2	M			
Venzenz "	37	M	Weaver		
Anna "	32	F			
Joseph "	4	M			
Catherina "	8	F			
John Siphaucky	29	M	Weaver		
Joseph Marek	24	M	Joiner		
C. F. Vagt	33	M	Weaver	Germany	
Johanna "	30	F			
G. A. "	4	M			
Fred "	2	M			
E. T. "	4/12	M			
T. H. Stahl	41	M	Farmer	Prussia	
Maria "	40	F			
Minna "	16	F			
Sela "	15	F			
Matilda "	8/12	F			
Valentine Noll	51	M	Farmer		
Louise Sitterle	17	F			

Next page
Name	Age	Sex	Occupation	Origin	
Wilhelmine Ruckers	47	M		Prussia	Texas
Christian Borgfeldt	44	M	Laborer		
Marie "	43	F			
Christian "	17	M			
Dorothe "	16	F			
Minnie "	13	F			
Wilhelm "	10	M			
Christine "	5	F			
August "	2	M			
Marie "	5/12	F			
Henry Schroder	47	M	Laborer		
Dorothe "	34	F			
Wilhelm "	9	M			
Minna "	5	F			
Henry "	2	M			
Doris "	6/12	F			

Name	Age	Sex	Occupation	Origin
Ernst Buhring	45	M	Laborer	
Sophie "	44	F		
Ernst "	16	M		
Fred Warnick	46	M	Laborer	
Dorothe "	45	F		
Henry "	15	M		
Carl "	12	M		
Caroline "	9	F		
Ernst Salge	19	M	Laborer	
George Gusike	64	M	Laborer	
Constantina "	55	F		
Elizabeth "	26	F		
Wilhelm "	21	M		
Anton Stover	33	M	Laborer	Germany
Sophie "	25	F		
John "	5	M		
Sophie "	3	F		
Heline "	6/12	F		
Marie "	6/12	F		
Meta "	70	F		
Sophie Hauschila	58	F		
Henry Meyer	54	M	Farmer	
Marie "	63	F		
Johanne "	24	F		
Gerhard "	23	M		
Fred "	18	M		

Next page

Name	Age	Sex	Occupation	Origin
J. E. Ellenhausen	40	M	Farmer	Germany
Sophie "	27	F		
Johanne "	8	F		
Henry "	3	M		
Deider "	1	M		
Deider Frees	22	M	Farmer	
Metta Frenichs	25	F		
Anna "	19	F		
Lena "	28	F		
Johanna Rehling	16	F		
J. H. Eben	43	M	Farmer	
G. Micheal	33	M	Weaver	
Louise "	30	F		
Auguste "	6	M		
Gustave "	1	M		
J. Robertuschky	17	F		
Christ Otten	34	M	Laborer	
D. Speckmann	16	M	Laborer	
Henry Krumrig	22	M	Shoemaker	Prussia
Bertha "	28	F		
Henry "	5	M		
Justus Rappenburg	48	M	Coachman	
Marie "	36	F		
Andrew "	20	M		
Adolphine "	16	F		
Wilhelm "	14	M		
Auguste Frese	21	F		Germany
Fred Rosenhein	26	M	Carpenter	
Mago. "	29	F		
Marie "	5	F		
Catherine Greve	25	F		
Carl Muller	25	M	Gardner	
Wilhelm Vassiverckel	42	M	Farmer	
Marie "	46	F		
Gustave "	14	M		
Anna "	11	F		
Wilhelm "	7	M		
Jacob Thiel	39	M	Laborer	Prussia
Fred Sandike	18	M	Laborer	
Emilie "	16	F		
John "	17	M	Laborer	
G. Schmidt	26	M	Laborer	Germany

```
Next page
G. Brachwitz              40    M    Laborer      Germany
Fredericke  "             37    F
Caroline    "             17    F
Fred        "             15    M
Carl        "             12    M
Gottfrey    "             11    M
Franz       "              7    M
Marie       "              6    F
August      "              2    M
Otto        "            2/12   M
Johanna Schmidt           16    F
Carl Hehn                 60    M    Tailor       Prussia
Margaret  "               59    F
Jacob     "               23    M    Tailor
G. Fritz                  44    M    Shoemaker
Wilhelm Hornike           30    M    Smith
Catherine Bruning         60    F
G. Friedricks             64    M    Smith
Christian Sander          43    M    Laborer
Christine   "             40    M
Dorothe     "             17    F
Christine   "             10    F
Caroline    "              8    F
Henry       "              6    M
Fred        "              2    M
Franz Tousch              23    M    Butcher
Marie Fritz               32    F
```

Name of vessel Bark Anton Guncher date December 16, from Bremen, Master Setterson.

```
Wilhelm Giferman          25    M    Farmer       Germany
August Fischer            39    M    Blacksmith
Matilda   "               31    F
Rudolph   "                8    M
Kernhordine "              5    F
G. Hartman                18    M    Carpenter
Fred Fischer              30    M    Workman
Anna      "               31    F
Fred      "                1    M
Henry Schutte             33    M    Carpenter
G. Posttag                23    M    Carpenter
Wilhelmine Fischer         2    F
Ernst Posttag             19    M    Carpenter
E. Hattgrove              47    M    Farmer
Anna      "               36    F

Next page
Fred Hattgrove             9    M                 Germany
Anna      "                7    F
Henry     "                4    M
Lorenz    "                1    M
Fred Schul                43    M    Farmer
Louise    "               42    F
Emilie    "               19    F
Marie     "               18    F
Elise     "               16    F
Wilhelm   "               10    M
Louise    "                7    F
Otto      "                1    M
John Wolff                44    M    Farmer
Maria     "               44    F
Minna     "               10    F
Albert    "                7    M
Caroline  "                5    F
Adolph    "                2    M
Louise    "                2    F
Fred      "               24    M
Isle Krauman              71    F
```

Name of Vessel Bark Wesen date December 23, from Bremen, Master Behrens.

Name	Age	Sex	Occupation	Origin
Margaret Misschen	42	F		
Dierd "	19	M	Farmer	
Marie "	17	F		
Sophie "	13	F		
Bernhard "	12	M		
Fred "	8	M		
Fred Strumpl	45	M	Blacksmith	Prussia
Henry Braudes	51	M	Bricklayer	
Caroline "	53	F		
August Marty	30	M	Farmer	
Fred Bade	42	M	Farmer	
Louise "	43	F		
Christoph "	14	M		
Marie "	10	F		
Dorothe "	5	F		
John Brunig	24	M	Farmer	
Carl Seelk	24	M	Farmer	
Franz Darnlcke	44	M	Carpenter	
Pauline "	50	F		
Caroline "	23	F		
Pauline "	21	F		

Next page

Name	Age	Sex	Occupation	Origin
Anton Doreck	15	M		Prussia
Franz Riska	21	M	Bricklayer	
Marie "	50	F		
Rosalie Schnorek	28	F		
Rosine "	4	F		
Marie "	1	F		
Marie Schravan	40	F		
Valentine "	13	F		
Johanna "	7	F		
Veronika "	5	F		
Johanna Scharone		F		Germany
Minnie "	23	F		
Wilhelm "	2	M		
A. E. Yungerman	19	F		
Marie "	8	F		
Jacob Dippel	24	M	Farmer	Prussia
Marie "	21	F		
C. A. Schutte	18	M	Cooper	Austria
Julius Robert	24	M	Blacksmith	
Ludwig Julke	29	M	Farmer	
Marie "	40	F		
Gustave Stebner	14	M	Farmer	
Rosalie "	11	F		
Emil "	5	M		
Julius Julke	1	M		
Andres Berns	31	F	Farmer	
Renata "	50	F		
Carl "	24	M		
Henry "	14	M		
Otto "	7	M		
Jos Bainjuniskie	17	M	Farmer	
Andrew Treuss	22	M	Sadler	
Louise "	18	F		
Emilie "	16	F		
John Hakery	26	M	Farmer	
Anna Julke	23	F		
Gustave "	22	M	Farmer	
Emilie "	21	F		
Gustave Trall	15	M	Baker	
August Wegner	19	M	Farmer	
Auguste "	17	F		
G. Guderjohn	27	M	Farmer	

Next page

Name	Age	Sex	Occupation	Origin
Friederike Pfeifer	31	F		Austria

Name	Age	Sex	Occupation	Origin
J. D. Louge	25	M	Blacksmith	
Julia "	22	F		
Emil Kading	15	M	Farmer	
Rudolph Keorth	22	M	Farmer	
Julius "	15	M	Farmer	
John Wenzel	26	M	Farmer	
L. Walkawiak	28	M	Farmer	
Louise "	31	F		
John "	2	M		
Gustave "	8	M		
John Schnangel	16	M	Farmer	
Martin Ganenda	63	M	Farmer	
John "	26	M	Farmer	
Paul Tafia	28	M	Farmer	
Joseph Machabeck	30	M	Farmer	
Martin Paumacbeck	30	M	Farmer	
Rosine "	7	F		
Veronika "		F		
Anna "	27	F		
Paul Paynanuk	34	M	Farmer	
Anna "	34	F		
Joseph "	5	M		
Thomas "	17	M		
George Grohman	41	M	Farmer	
Anna "	42	F		
Anton "	14	M		
Louise "	11	F		
Theresia "	9	F		
Anna "	7	F		
Berta "	4	F		
Rosine "	1	F		
Franz Beleck	24	M	Farmer	
Margreth Rader	23	F		
Joseph Gahry	48	M	Carpenter	
Franz Naharica	37	M	Farmer	
Anna "	32	F		
Theressia "	7	F		
John "	3	M		
Franz "	1	M		
Anton Wokaly	34	M	Farmer	
Marie "	30	F		

List of passengers arrived from foreign ports in the Port of Galveston the 1st Quarter, 1868

Name of vessel Bark Gessner date January 20, from Bremen, Master Jaburg.

Name	Age	Sex	Occupation	Origin
John D. Renken	41	M	Clerk	Oldenberg
W. L. Spielers	42	M	Potter	Prussia
Fredericke "	40	F		
Louise "	13	F		
Franz "	3	M		
Carl Goheke	56	M	Farmer	
Henrietta Thies	39	F		
W. D. Goheke	44	M		
Aug. Heier	27	M	Ironworker	
Dorretta "	25	F		
Albert "	2	M		
Carl "	2/12	M		
Paul Schupack	30	M	Farmer	Austria
Veronika "	28	F		
Joseph "	41	M	Farmer	
Veronika "	35	F		
Rosina "	14	F		
Franziska "	12	F		
Martin "	5	M		
Ludwig Kuhn	34	M	Farmer	Prussia
Mariana Hallasch	50	F	Farmer	Austria
Rosalie "	15	F		
Aug. Rachny	25	M	Farmer	Prussia

Name	Age	Sex	Occupation		
John Wrobel	41	M	Farmer		
Thelka "	34	F			
Johanna "	7	F			
Francis "	2	F			
Victoria "	2/12	F			
Albert Lyma	40	M	Farmer		
Maria "	35	F			
Maria "	15	F			
Adam "	8	M			
Ludwig "	2	M			
Sophie "	3/12	F			
Aug. Kruger	32	M	Joiner		
Jos. Zifcha	27	M	Joiner	Austria	
Mathias Kristof	26	M	Joiner		
Franz Howaka	28	M	Joiner		
John Valerian	54	M	Farmer		
Catherine "	46	F			
Franziska "	7	F			
Thomas Kutz	58	M	Farmer		
Maria Hayek	24	F		Austria	
Therissia Zilek	34	F			
Anna "	14	F			
P. Kritschin	39	M	Farmer		
Maria "	32	F			
Elenora "	9/12	F			
Joseph Katitek	38	M	Tailor		
Theressia "	36	F			
Maria "	8	F			
Catherine "	3	F			
Joseph "	11/12	M			
Maria Keletka	60	F			
Caspur Halup	36	M	Farmer		
Veronika "	36	F			
Maria "	8	F			
Catherina "	3	F			
Anna "	11/12	F			
Johanna Kenz	45	F			
Mathias Buzka	29	M	Farmer		

List of passengers arrived from foreign ports in the Port of Galveston the 4th Quarter, 1868

Name of vessel Bark Texas date October 19, from Bremen, Master Eclleentzen.

Page 1

Name	Age	Sex	Occupation	Origin	Destination
Frances Bodungen	30	F		Hanover	Texas
Eugene "	10	M		Hanover	Texas
Clemens "	8	F			
Frantz "	5	F			
Amelia "	2	F			
Anna Schaezler	19	F		Bavaria	
Meta Greve	49	F		Bremen	
Geo. Boback	45	M	Farming	Prussia	
Magdalina "	41	F		Prussia	
Johann "	10	M		"	
Andria "	4	M		"	
Michal Schoppe	36	M	Farming	"	
Maria "	30	F		"	
Johanna "	8	F		"	
Maria "	6	F		"	
Christian "	11	M		"	
Helen "	2	F		"	
Christina "	5/12	F		"	
Michael Foch	13	M		"	
Carl Hirschfeldt	29	M	Stone Inscriber	"	
Caroline "	27	F		"	
Carl "	3	M		"	
Alexander "	1	M		"	
Henry Klipp	34	M	Stone Inscriber		

Name	Age	Sex	Occupation	Origin
Andreas Reichnich	66	M	Laborer	Prussia
Jacob Wedemeir	36	M	Laborer	Oldenberg
Alfred Echenmeyer	36		Trader	Herkenberg
Gutav Schaizler	17	M	Merchant	Bavaria
Wilh. Link	23	M	Mason	Prussia
Fredk. Kurschnich	40	M	Potter	"
Louise "	35	F		"
Gustav "	12	M		"
Wilhm. "	9	M		"
Ernst "	1	M	Died Oct. 9	"
Franz Nicketril	26	M	Merchant	Austria
Augt. Naschke	36	M	Mason	Prussia
Andrew Noak	33	M	Laborer	Saxony
Anna "	28	F		
August "	11	M		
Ernst "	1	M		
Marie Schleinmer	17	F		
Otto Mandline	36	M		

Page 2

Name	Age	Sex	Occupation	Origin
Christina Baum	60	F		Saxony Texas
Frederika "	28	F		"
Geo. "	16	M	Butcher	"
Richard Schmidt	24	M	Baker	"
Bernard Stradtman	23	M	Laborer	Oldenburg
Christo. Heuz	61	M	Farmer	Prussia
Henrietta "	48	F		"
Justina "	20	F		"
Caroline "	17	F		"
Karl "	7/12	M		"
Albert "	12	M		"
Wilhelm Brochman	41	M	Wagonmaker	"
Emily "	25	F		"
Gustav "	4	M		"
Reinhrdt "	2	M		"
Julius "	24	M	Gardener	"
Franz Bauer	35	M	Dyer	Austria
Fred Miesner	30	M	Laborer	Prussia
Christo. Schulle	28	M	Laborer	"
Fredr. Ridden	27	M	Laborer	"
Caroline Junzen	38	F		Brassmiett(?)
Augt "	14	M		
Henry "	12	M		
Carl "	10	M		
Caroline "	4	F		
Christo. Zwierman	24	M	Laborer	Nassau
Edw. Hoffman	25	M	Laborer	"
Oswald Hass	27	M	Laborer	"
Rosine "	27	F		"
Pauline "	4	F		"
Emma "	6/12	F		"
Anna Thier	40	F		"
Susana "	22	F		"
Andrew Bullner	34	M	Laborer	Prussia
Magadalina "	31	F		"
Anna "	13	F		"
Johann "	4	M		"
Ernst "	1	M		"
Amilia "	70	F		"
Augt Fostier	43	M	Laborer	"
Caroline "	38	F		"
Maria "	14	F		"

Page 3

Name	Age	Sex	Occupation	Origin
Johann Fostier	12	M		Prussia
Anna "	10	F		"
Ernst "	7	M		"
Amelia "	4	F		"
Carl Vogel	44	M	Laborer	Prussia
Maria "	47	F		

Name	Age	Sex	Occupation	Origin	
Anna Vogel	17	F			
Johann Nork	27	M	Laborer	Prussia	
Andrew Schubert	38	M	Laborer	"	
Maria	40	F			
Anna	15	F			
Johann	10	M			
August	8	M			
Maria	6	F			
Ernst	3	M	Died on Oct. 5th		
Magdalena	1	F			
Christo. Badst	31	M	Mason Died on Oct. 5th		
Caroline	33	F			
Johann	7	M			
Augusta	5	F			
Theresa	2	F			
Boy born on voyage, 9th of September					
Johann Bvestsch	24	M	Laborer	Prussia	Texas
Heinretta Richter	22	F			
John C. Woythe	47	M	Farmer		
Johanna	34	F			
Johanna	20	F			
Gotlieb	17	M			
Ernst	14	M			
Johanne	10	M			
Maria Voyle	42	F			
Johann	13	M			
Andrea	2	M			
Gotlieb Franke	40	M	Laborer		
Emily	35	F			
Anna	4	F			
Henry Wetterman	25	M	Laborer	Oldenburg	
Ebert Meirschen	34	M	Carpenter	"	
Carl Riske	33	M	Tailor	Prussia	
Anna	37	F			
Carl	2	M			
Emily	9/12	F	Died on Sept. 26		
Page 4					
Hern Muller	28	M	Laborer Died on Sept. 26		
Valentin Smoliko	53	M	Farmer	Austria	
Theresa	46	F		"	
Vincent	6	M		"	
Isidor	16	M			
Magdalena Rosewnsky	31	F		Austria	
Anna "	3	F	Died on Aug. 26		
Nicolas Jusina	35	M	Laborer	Austria	
Anton Kanainsk	16	M	Laborer	"	
Joseph Ruynock	50	M	Laborer	"	
Franz Kahanck	62	M	Laborer	"	
Maria	41	F			
Johanna	9	F			
Johanna Gaido	35	F		Austria	
Jacob Parkyonsky	42	M	Laborer	"	
Joseph Pasdiering	28	M	Tailor	"	
Anna	24	F		"	
Joseph	4	M		"	
Marianna	1	F	Died on Oct. 5th		
Fritz Fiekle	51	M	Farmer	Hanover	
Wilhelmine	45	F		"	
Dorello	20	F			
Carl	17	M			
Minerva	15	F			
Wilhelm	13	M			
Henry	8	M			
Augusta	6	F			
Georgine	51	F			
Philip Best	37	M	Mason	Prussia	
Elise	8	F			
Margaret	7	F			
Philip	5	M			

Name	Age	Sex	Occupation	Origin
Anna	3	F		
Geo. Hauke	33	M	Laborer	Prussia

Name of vessel Bark Iris date October 24, from Bremen, Master H. Schutte.

Name	Age	Sex	Occupation	Origin
Karl Saeger	47	M	Brewer	Prussia
Amelia	47	F		
Richard	20	M	Brewer	
Lana	11	F		
Amelia	7	F		
Catherine Schoeder	22	F	Hesse	
Franz Schumach	28	M	Laborer	Wurtenberg
Louisa Schmacke	24	F		Prussia

Page 5

Name	Age	Sex	Occupation	Origin
Chas. L. Beissner	50	M	Gentleman	Citizen of Texas
Christina Hahn	41	F		"
Franz "	13	M	Butcher	"
Wilhelm Muller	24	M	Merchant	"
Ernst Neibor	48	M	Merchant	
Freida W. Funcke	73	F		"
Johann Muller	38	M	Tailor	"
Wilhelmina	26	F		"
Henry Kortegas	63	M	Laborer	Braunschweig
Wilhelm	16	M	Confectioner	"
David Hammaer	24	M	Laborer	Sachsen
Fredk. Schramme	43	M	Brewer	Prussia
Caroline	43	F		
Henrietta	13	F		
Christo.	9	M		
Caroline	11	F		
Louise	1	F		
Henry Silvers	20	M	Brewer	Prussia
Ferd T. Sommer	27	M	Brewer	
Henry Schnider	18	M	Shoemaker	Hesse
Carl Silver	32	M	Laborer	Prussia
Louise	35	F		
August	7	M		
Gottfreid Thille	39	M	Laborer	Prussia
Christina	46	F		
Edmund Schmarh	17	M	Laborer	"
Fr. Thillemann	19	M	Laborer	
Wilhelm Thille	20	M	Shoemaker	
Henrietta Wolf	33	F		
Herman "	7	M		
Albert "	5	M		
Amelia "	4	F		
Frdk. Wieland	35	M	Laborer	
Sophie Wolker	6	F		
Carl Wietzbrok	60	M	Laborer	Prussia
Dorotha "	57	F		
Frederika "	35	F		
Maria "	8	F		
Carl "	1	M		
John L. Windet	25	M	Laborer	
Ernst Zeps	33	M	Carpenter	
Wilhelm Zenn	38	M	Shoemaker	

Page 6

Name	Age	Sex	Occupation	Origin
Louise Zenn	43	F		
Louise	21	F		
Sophie	16	F		
Fredrika	14	F		
Henry	11	M		
Christian Trinnald	45	M	Laborer	Sachsen
Catherine Ahlemeir	27	F		Prussia
Wilhemina	18	F		
Sophie Bornchser	22	F		
Louise	32	F		
Lina	1	F		

Name	Age	Sex	Occupation	Origin	
Sophie	1	F	Died on Sept. 25th		
Emma	19	F			
Sophie	60	F		Prussia	
Henry Becker	21	M	Bricklayer	"	
Louise Dibbe	57	F		"	
Wilhelm "	27	M	Laborer		
Margaret "	29	F			
Henry "	2	M		Prussia	
Louise "	5	F			
Henry "	21	M	Laborer		
Fredk. "	18	M	Tailor		
Henry Eichenhorst	50	M	Butcher		
Sophie	57	F			
Louise	19	F			
Henry	12	M			
Henry Feldmann	24	M			
Jacob Faske	29	M	Laborer	Prussia	
Ernestine	27	F			
Christian Gaske	17	M	Laborer		
Henry Gione	17	M	Laborer		
Fred W. Gragert	32	M	Laborer		
Dorotha	33	F			
Pauline	5	F			
Wilhelm H. Griess	34	M	Carpenter	Sachsen	
Augusta	34	F			
Anna	8	F			
Oscar	6	M			
Maria	4	F			
Emma	3	F			
Gustav	39	M	Shoemaker	Sachsen	
Wilhelmina	33	F		"	
Page 7					
Carl Griess	6	M		Sachsen	Texas
Helen	4	F		"	"
Teresa	1	F		"	"
Henry Hilpert	26	M	Laborer	Hesse	
Justina "	25	F		"	
Justina "	4	F		"	
Wilhelmina "	1	F		"	
Henry Jahns	35	M	Carpenter	Brunswick	
Wilhelmina	34	F		"	
Wilhelmina "	8	F			
Caroline	6	F			
Augusta	1	F			
Franz	19	M	Bricklayer		
John Janeck	41	M	Laborer	Bohemia	
Amelia	35	F		"	
Henry	9	M			
Maria	6	F			
Franz	2	M			
Fredk. Kramer	16	M	Laborer	Prussia	
Aug. Kuhlerman	27	M	Miller	"	
F. Henry Kraimer	45	M	Laborer	"	
Sophie	45	F		"	
Henry	10	M			
Fredk.	8	M			
Louise	1	F			
Carl Kuhn	24	M	Miller	Saxony	
Harry Laningen	19	M	Laborer	Brunswick	
Caroline Maeder	23	F		Hesse	
Henry Middelegge	16	M	Laborer	Prussia	
Carl Neuman	45	M	Laborer	Saxony	
Franz Podzenimy	39	M	Laborer	Bohemia	
Fritz R. Rahennend	42	M	Laborer	Brunswick	
Louise	36	F		"	
Fritz	9	M			
Carl	8	M			
Christine	5	F			
Augusta	4	F			

Name	Age	Sex	Occupation	Origin
August	1	M		
Lana Resmicke	17	F		Saxony
Frich Schriener	19	M	Laborer	Prussia
Henry "	17	M	Laborer	"
Emma "	4	F		"

Page 8

Name	Age	Sex	Occupation	Origin
Fred Kainmerlen	37	M	Engraver	France
Franeisca "	36	F		"
Carl	13	M		"
Marie	9	F		"
Magdaline Hueber	49	F		"
Magdaline Hueber	25	F		"
Joseph	21	M	Engraver	"
Julius	13	M		"
Ernestine Marthes	20	F		Saxony
Aug. Terfel	16	M	Merchant	"
Auga. Volmer	18	F		Prussia
Auga. Voigt	63	F		Saxony
John F. Ahlhorn	58	M	Laborer	Oldenberg
Meta "	57	F		"
Henry	20	M	Laborer	"
Caroline	26	F		
Johann	14	M	Laborer	
Henry Pohl	31	M	Laborer	Brunswick
Marie	26	F		"
Anna	1	F		"
Alvina Born on the voyage 13th Oct.				
Johinnie Wiese	44	F		Brunswick
Herman "	14	M		"
Christel	8	M		"

Name of vessel SS Lord Buve date December 9, from Liverpool, Master Thomas Buker.

Name	Age	Sex	Occupation	Origin
Jesse Yollen	22	M	Mechanic	England
Wm. "	20	M	Mechanic	"
Clement "	16	M	Mechanic	"
Geo. Smith	24	M	Carpenter	"
Jane Lawson	26	F	Spinster	Scotland
Jane Faite	36	F	Spinster	"
John W. Stanfield	43	M	Engineer	England
Emma	30	F	Spinster	"
Antionette	10	F		"
Virginia	5	F		"
William	4	M		"
Annie Fralkette	25	F	Spinster	England
Cora Stanfield	1	F		"
Jane Stanfield	30	F	Spinster	"
F. Shirley	33	F	Spinster	"
Clementa Shirley	11	F		"
H. "	9	F		"
Ellen "	5	F		"

Page 9

Name	Age	Sex	Occupation	Origin
M. Grey	30	F	Spinster	England
Gustan Petter	23	M	Watchmaker	"
J. Waterman	41	M	Watchmaker	"
Hugh Blauk	20	M	Carriagemaker	"
Shaw Gillespie	19	M	Gentleman	"

Name of vessel Bark Fortune date December 11, from Bremen, Master G. Fretag.

Name	Age	Sex	Occupation	Origin
August Strauss	49	M	Engineer	U. States
Marie "	45	F		"
Emily "	6	F		"
Martin Flouk	40	M	Brewer	"
Bernard Kruse	64	M	Farmer	"
Dorotha "	46	F		"

Name	Age	Sex	Occupation	Origin
Wilhelm Garlin	34	M	Farmer	Oldenberg
Lina "	22	F		"
Clara Nordman	24	F		Prussia
Christian Janeke	15	M	Clerk	"
Wilhelm Janeke	18	M	Cooper	"
Freda Barth	39	M	Innkeeper	
Josephine Lukeman	30	F		Oldenberg
Mina Engieke	19	F		Prussia
Carl "	17	M	Joiner	"
Henry Brandes	44	M	Farmer	Uni States
Henrietta	45	F		"
Henry	16	M		"
Henrietta	11	F		"
Christine	9	F		"
Augt.	7	M		"
Fritz	5	M		"
Henry Voss	30	M	Farmer	Haniver
C. F. Stein	24	M	Farmer	"
Carl Stein	16	M	Shoemaker	"
Frederike Stein	26	F		"
Henry Scheile	30	M	Farmer	"
Henriette Schaper	16	F		"
Christine "	18	F		"
Fritz Natzke	63	M	Weaver	Silesia
Adolph Jenschker	50	M	Tailer	U. S.
Therese Brockhoff	17	F		Prussia
Marie "	15	F		"
Ernst Neugebauer	28	M	Musician	"
Otto Greven	34	M	Dyer	"
Johanne "	28	F		"
Bertha	6	F		"

Page 10

Name	Age	Sex	Occupation	Origin
Albertine Greven	4	F		Prussia
Otto "	2	M		"
Louise Schulz	19	F		"
Margaret Blum	62	F		"
Elise "	24	F		"
Elise Frendenberg	15	F		Oldenberg
Ernst Meyer	33	M	Tailor	Hanover
Marie "	65	F		"
Dorotha "	22	F		
Fritz Grube	24	M	Painter	Oldenberg
Fritz Popper	19	M	Farmer	Hanover
Christian Jansen	30	M	Farmer	Oldenberg
Martin Klusener	41	M	Farmer	"
Johanne "	10	M		"
Ernst Salge	52	M	Farmer	Prussia
Dorotha "	52	F	Died on the voyage	
Henry	13	M		Prussia
Fredk. Buse	28	M	Farmer	"
Dorotha	24	F		"
Christine	1	F		"
Fred Salge	62	M	Farmer	"
Christine	54	F		"
Fredk. Leuz	29	M	Farmer	"
Anna Ervin	32	F		"
John Prunetz	76	M	Farmer	Austria
Maria	55	F		"
Henry Schroeder	15	M	Farmer	Prussia
Henry Wacker	43	M		"
Catharine "	44	F		"
Marie Wacker	7	F		"
Christian Hormburg	43	M	Farmer	"
Dorotha "	50	F		"
Louis	16	M		"
Theo	6	M		"
Henry Borcher	34	M	Farmer	"
Sophie	32	F		"
Marie	7	F		"

Name	Age	Sex	Occupation	Origin	Destination
Henry	10	M		Prussia	
Auguste	3	F		"	
Andreas Meyer	33	M	Farmer	"	
Johanne "	34	F		"	
Auguste	8	M		"	

Page 11

Name	Age	Sex	Occupation	Origin	Destination
Christian Bade	43	M	Laborer	Prussia	
Sophie "	41	F		"	
Dorotha	16	F		"	
Sophie	12	F		"	
Wilhelm	8	M		"	
Fredericke	2	F	Died on the voyage	"	
Marie Schroeder	33	F		"	
Christian Sippin	33	M	Laborer	"	
Sophie	32	F		"	
Auguste	1	F		"	
Frederike Bielefeld	61	F		"	
Elizabeth "	22	F		"	
Catherine Koym	65	F		"	
Freda. "	26	M	Farmer	"	
Fredk. Bielefeld	19	M	Laborer	"	
Carl Brandt	34	M	Bricklayer	"	
Fredk. "	27	F		"	
Minna	2	F		"	
Wilhelm Bielefeld	25	M	Bricklayer	"	
Carl Brandorn	21	M	Laborer	"	
Carl Rost	38	M	Cooper	"	
Fredk. Wirth	21	M	Laborer	"	
Joachnn Koyn	36	M	Laborer	"	
Caroline "	28	F		"	
Wilhelm	5	M		"	
Emily	1	F		"	
Fred Muller	36	M		"	
Emily	34	F		"	
Herman	2	M		"	
Marie	1	F		"	
Dorotha Wisch	32	F		"	
Fred "	37	M	Laborer	"	
Christian Siebert	48	M	Laborer	"	
Elizabeth	48	F		"	
Dorotha	20	F		"	
Auguste	16	F		"	
Fred Joedeke	23	M	Laborer	"	
Dorotha Wirth	42	F		"	
Wilhelmina	17	F		"	
Franz	16	M		"	
Wilhelm Koym	34	M	Laborer	Prussia	Texas
Lisette "	27	F			

Page 12

Name	Age	Sex	Occupation		
Ferd. Koym	2	M			
Wilhelm Buls	29	M	Laborer		
Anna "	29	F			
Wilhelm "	1	M			
Fred "	62	M	Laborer		
Andrew "	31	M	Laborer		
Sophie "	19	F	Laborer		
Fred Veith	47	M	Laborer		
Fredk. "	50	F			
Auguste	22	F			
Ernestine	19	F			
Anna	17	F			
Henriette	14	F			
Herman	7	M			
Anna	5	F			
Herman Bengck	27	M	Laborer		
Emily "	24	F			
Henry Raw	17	M	Bricklayer		
Carl	16	M			

Name	Age	Sex	Occupation	Origin
Auguste Bense	17	F		
Cathe. Volkel	40	F		
Justine	8	F		
Sophie	2	F		
Ludwig Sauer	16	M	Laborer	
Philip Feg	26	M	Farmer	
Placide "	20	F		
Louise Peel	55	F		Prussia
Margaret "	20	F		"
Wilhelm "	17	M		
Rudolph	13	M		
Diedrich Rudelman	46	M	Shoemaker	Oldenberg
Angeline "	44	F		"
Johanne	15	F		
Anna	9	F		
Gottlieb Wegener	49	M	Farmer	Prussia
Wilhelmine	39	F		
Auguste	17	F		
Henriette	13	F		
Adolph	7	M		
Julius Well	36	M	Harnesmaker	Prussia
Fredk.	33	M	Blacksmith	
Pauline	21	F		

Page 13

Name	Age	Sex	Occupation	Origin
Emily Well	2	F		
Otto Sauer	23	M	Farmer	
Theo Buggeshagen	25	M	Blacksmith	
Ferd	42	M	Tailor	
Alvine	18	F		
Caroline	16	F		
Gustav	15	M		
Fred Schulz	56	M	Laborer	
Henriette	56	F		
Ernestine	19	F		
Johanne	17	F		
Fred	14	M		
Fred	30	M	Carpenter	
Wilhelmine Schulz	31	F		Prussia
Johanne "	5	F		
Ferd Thede	29	M	Joiner	Prussia
Auge.	29	F		"
Johanne Donnerberg	18	M		"
Marie "	22	F		"
Wilhelmine Fuhrmister	24	F		
Henry Schroeder	32	M	Farmer	Oldenberg
Cathe.	27	F		"
Henry	3	M		"
Anna	1	F		"
Coed	66	M	Farmer	"
Carl Rapberg	50	M	Weaver	Prussia
Dorotha	51	F		"
Auguste	15	F		"
Wilhelm	12	M		
Richd. Bechman	34	M	Laborer	
Gutja	24	F		
Antke	1	F		
Pergran Klein	40	M	Brewer	
Johann Bugeler	23	M	Carpenter	
Elizabeth Darmier	25	F		Prussia
Edward Mertz	25	M	Laborer	
Louise "	27	F		
Johann Wagner	42	M	Farmer	
Frede. "	38	F		
Dorotha "	17	F		
Marie "	13	F		Prussia
Joachim "	10	M		

Page 14

Name	Age	Sex	Occupation	Origin
Wilhelmina Wagner	8	F		

Name	Age	Sex	Occupation	Origin
Carl Wagner	5	M		
Wilhelm "	2	M		
Carl Runge	53	M	Laborer	
Marie "	49	F		
Wilhelmine "	8	F		
Marie "	18	F		
Fred Maker	23	M	Laborer	
Carl Wolgert	25	M	Laborer	
Line Ahrens	40	F		Oldenberg
Carl Warth	20	M	Blacksmith	Wirtenberg
Aug.	19	M	Painter	"
Joseph Pragaek	52	M	Laborer	Austria
Marie	21	F		
Johann	18	M		
Johanne	8	F		
August Stivinsky	30	M	Clerk	Austria
Johann Roben	31	M	Farmer	Prussia
George "	26	M	Tailor	
Geidt "	29	M	Farmer	
Christian Wiemer	54	M	Shoemaker	
Angeline	45	F		
Christopher	17	M		
Johanne	8	F		
Francina Heinich	33	F		Austria
Josepha	8	F		"
Henry Pieper	37	M	Farmer	Prussia
Louise	37	F		
Julian	7	F		
Louise	6	F		
Caroline	5	F		
Johann Lindieber	56	M	Weaver	
Margaret	43	F		
Harm	16	M		
Dirk	6	M		
Johann	2	M		
Gepke Heinich	24	F		
Augt. Latusch	30	M	Laborer	
Frederick Borscher	1	M	Died on the voyage	
Alvine Wegenes	3	F	"	
Julius "	15	M	"	
Ludwig	3	M	"	

Page 15

Name	Age	Sex	Notes
Minna Bielefeld	3	F	Died on the voyage
Albert Schulz		M	Born on the voyage Oct. 23
August Pieper		M	Born on the voyage Oct. 20

Passenger	587
Died on Voyage	14
b.	4
Landed	577

List of passengers arrived from foreign ports in the Port of Galveston the 4th Quarter, 1869

Name of vessel Bark Iris date October 16, 1869.

Page 1

Name	Age	Sex	Occupation	Origin	Destination
Ernest Elskes	15	M	None	Belgium	Texas
Arthur Elskes	13	M	None	Belgium	Texas
John Muller	18	M	Merchant	U. S.	Texas
Citizen of U. S. returning from Germany					
Emma Muller	15	F	None	U. S.	Texas
Theodore Veers	22	M	Farmer	Prussia	Texas
Elizabeth Wesenberg	46	F		U. S.	Texas
Citizen of U. S. returning from Germany					
Edward Von Mey	18	M	Farmer	Prussia	Texas
Fritze Alexander	17	F		Prussia	Texas
Rose Alexander	19	F		Prussia	Texas

Name	Age	Sex	Occupation	Origin	Destination
Lappie Klahre	21	F		Prussia	Texas
Johanne Barth	43	F		Prussia	Texas
Marie Barth	16	F		Prussia	Texas
Minna Barth	11	F		Prussia	Texas
Bertha Barth	12	F			
Anna Barth	8	F			
Frederick Barth	4	M			
Carl Barth	1	M			
Emil Becker	25	M	Baker		
Diedrich Bremen	18	M	Laborer		
Barbara Bobb	35	F		Germany	Texas
Anna "	15	F		Germany	Texas
A. Barbara "	8	F		Germany	Texas
Jacob "	6	M		Germany	Texas
Heinrich Boehman	29	M	Clerk	Germany	Texas
Marie Droehn	59	F		Germany	Texas
Herman Droehn	16	M	Laborer	Germany	Texas
Andreas Fischer	53	M	Farmer	Germany	Texas
Elizabeth "	53	F		Germany	Texas
Caroline "	23	F		Germany	Texas
Frederich "	20	M	Farmer	Germany	Texas
Dorothea "	17	F		Germany	Texas
August "	16	M		Germany	Texas
Emilie "	14	F		Germany	Texas
Francis Fuschs	23	M		Germany	Texas
Gustav Gerlach	23	M	Mechanic	Germany	Texas
Philip Hormeyer	69	M		Germany	Texas
Conrad Kerthauer	28	M	Farmer	U. S.	Texas

Citizen of the U. S. returning from Germany

Name	Age	Sex	Occupation	Origin	Destination
Diedrich Lamke	27	M	Farmer	Germany	Texas
Ida Lamke	30	F		Germany	Texas
August Luber	40	M	Hunter	Germany	Texas
Christian Langbier	47	M	Shoemaker	Germany	Texas
Madaline Lose	33	F		Germany	Texas
August Locker	41	M	Confectioner	U. S.	Texas

Citizen of the U. S. returning from Germany

Name	Age	Sex	Occupation	Origin	Destination
Elizabeth Langbun	42	F		Germany	Texas
Johanna "	15	F		Germany	Texas
Julius Marck	24	M	Tailor	Germany	Texas
Sophie D. Walleschlager	44	F		Germany	Texas
Andras Walleschlager	18	M	Laborer	Germany	Texas
Christian "	16	M	Laborer	Germany	Texas
Sophie "	14	F		Germany	Texas
Gustav "	1	M		Germany	Texas
Freiderich Zimmerman	59	M	Wheelwright	Germany	Texas
Matilde "	51	F		"	"
Emma "	20	F		"	
Matilde "	11	F		"	
Agnes "	6	F		"	
Carl W. Wienaud	56	M	Laborer	Germany	Texas
Wilhelmine "	51	F		"	"
Bertha	17	F		"	"
Frederich Wiedeman	54	M	Shoemaker	Germany	Texas
Mathilde "	16	F		Germany	Texas
Albert "	30	M	Laborer		
Hermine "	27	F		"	"
F. Wilhelm Wohmeyer	33	M	Mason	Germany	Texas
Sophia Wehmayer	38	F		"	
Frederike "	8	F		"	
Yoh. C. Thernahalem	60	M	Laborer	Germany	Texas
Heinrich Theis	46	M	Laborer	"	
Albertine Trajan	16	F		"	
August Vogt	36	M	Turner	"	
Christine "	34	F		"	
Gustav "	8	M		"	
Selma "	1	F		"	
Joseph Volbrecht	24	M	Shoemaker	"	
Wilhelm Busch	22	M	Smith	"	
Louis Dittmer	20	M	Saddler		
Anna "	18	F			

Name	Age	Sex	Occupation	From	To
Marie Doscher	58	F		U. S.	
Citizen of U. S. returning from Germany					
Heinrich Colbe	19	M	Butcher	Germany	Texas
Matthias Began	39	M	Laborer	Germany	Texas
Marie Began	39	F		Germany	Texas
Yohann "	14	M		"	"

Page 3

Name	Age	Sex	Occupation	From	To
Johanne Bigen	7	F		Germany	Texas
Christoph "	6	M		"	"
Heinrich Becker	37	M	Tailor	"	"
Elizabeth "	35	F		"	"
Matthias "	15	M		"	"
Wilhelm "	8	M		"	"
Gerhard "	6	M		"	"
Frederich Franz	41	M		"	"
Philipe H. "	38	F		"	"
Otto Franz	13	M		"	"
Sidonie F. Franz	11	F			
J. K. Franz	8	F			
Anne "	5	F			
F. Ernsest "	2	M			
Marie Anne "	1	F			
Johanne Fritze	23	F		Germany	Texas
Edward Felcher	39	M	Gardner	"	"
Dorothea Finn	40	F			
Edward "	40	M	Laborer	Germany	Texas
August "	19	M	Laborer	"	"
Magnes "	17	M			
Louise "	8	F			
Ernest "	6	M			
Carl Finn	6	M			
Herman "	4	M			
Oscar "	1	M			
Sophie Guldner	45	F			
A. L. R. "	19	M	Watchmaker		
M. C. W. "	17	F			
E. F. Yah. "	14	M			
Fredrich Gerbets	21	M	Laborer		
Heinrich Heirie	34	M	Tailor		
Maria "	36	F	Died on the voyage		
Maria "	1	F			
Marie A. Humughake	20	F			
Gustav Hettich	20	M	Gardner		
Marie Hillmer	25	F			
Auguste Hein	21	F			
Hugo Hein	1	M		Germany	Texas
Yah. L. Yadicke	44	M	Laborer	"	"
Henriette Yadicke	40	F		"	"

Page 4

Name	Age	Sex	Occupation	From	To
Ann Gertrude Krause	59	F		Germany	Texas
Gottfried "	24	M	Laborer	"	"
Frederich Ketzing	37	M	Laborer	"	"
Lenore "	34	F			
Helene "	13	F			
Bertha "	11	F			
Richard "	7	M			
Lina "	3	F			
Fanny "	1	F			
Elert H. Keefer	38	M	Laborer		
Anna Kuesk	21	F			
Julia "	19	F			
Mathilde Kelm	18	F			
Christopher Kickerets	38	M	Joiner		
Marie "	37	F			
Anna "	7	F			
Gustav "	1	M		Germany	Texas
Heinrich C. Kroger	48	M	Laborer	"	"
Elizabeth "	53	F			

Name	Age	Sex	Occupation	From	To
Yohan Welth H. Kroger	18	M			
Philip Kaufman	47	M	Tailor		
Elise "	48	F			
Anna "	16	F			
Marie "	15	F			
Frederich "	12	M			
Samuel Klein	46	M	Saddler		
Ernest W. Kline	41	F			
August H. "	15	M			
Hugo Felix	5	M			
Carl Franz	3	M			
Emilie Otilie	1	F			
Gottfried Lentz	22	M	Laborer		
Yustus Krause	17	M			
Marie Krause	16	F			
Frederick Luckemeyer	35	M	Tanner		
Martha Elisha Martin	20	F			
N. Machekosky	27	M	Miller	Germany	Texas
Frantz Maschekeck	26	M	Laborer		
Heindrich Neinstedt	19	M	Painter		
Frederick Neinstedt	43	M	Laborer		

Page 5

Name	Age	Sex	Occupation	From	To
Sophie Margarethe "	53	F		Germany	Texas
Wilhelm Neinstedt	17	M	Laborer		
Heinrich "	14	M			
Louise Nitschke	40	F			
Emilie "	18	F			
Gustav "	16	M	Laborer		
Carl "	12	M			
Herman "	7	M			
Adolph "	5	M			
Andreas F. Nitze	35	M	Tailor		
Catherine "	31	F			
Marie "	8	F			
Ada "	7	F			
Christine Prilop	45	M	Laborer		
Elizabeth "	30	F			
Christian "	18	M	Laborer		
George "	15	M	Laborer		
Heinrich "	8	M		Germany	Texas
Ernest "	6	M			
Joseph Parma	25	M	Weaver	Germany	
Jacob Pontreaff	50	M	Tailor		
Elizabeth "	50	F			
Minnie Poseman	30	F			
Anna "	11	F			
Marie "	8	F			
Louise "	7	F			
Emma "	1	F			
H. Jacob Rothe	26	M	Shoemaker		
Marie Christine "	26	F			
Johann Rucker	37	M	Laborer		
Christine "	37	F			
Auguste "	8	F			
Anna "	6	F			
Johann "	5	M			
Fred. W. Ratcke	46	M	Miller		
August Ruhert	21	F			
Carl Rucheuthein	26	M	Weaver		
Bertha "	15	F			
Robert Richter	52	M	Smith		
Marie "	49	F			
Wilhelm "	14	M			

Page 6

Name	Age	Sex	Occupation	From	To
Julius Richter	10	M		Germany	Texas
Frederick Muche	69	M	Brewer	Died on Voyage	
Frederick Nusman	52	M	Laborer		
Charles Neusman	42	F			

Herman Neusman	14	M			
Frederick "	1	M			
Wilhelm Strothmeyer	28	M	Laborer		
Christian "	34	F			
Frederick Edward "	3	M			
Marie Louesa "	1	F			
Catherine Lippell	18	F			
Catherine Laudergeld	21	F			
Christian Schoenman	32	M	Shoemaker		
Marie "	31	F			
Wilhelm "	11	M			
Marie "	8	F			
Franz "	6	M		Germany	Texas
Carl "	1	M			
Frederich Shankmeyer	31	M	Laborer	Germany	Texas
Henrietta "	24	F			
Wilhelm "	4	M			
Minna "	1	F			
Carl Wilhelm Schmidt	25	M	Laborer		
Caroline "	24	F			
Elizabeth Schrieber	16	F			
Ludwig Lahm	34	M	Mason		
Catherine "	43	F			
Ernest "	5	M			
Lizetta Schetter	34	F			
Fredericke "	8	M			
Julie Lousa "	7	F			
Bernard H. "	4	M			
Joseph "	1	M			
Andrus Hein	1	M			
Christ Hein	1	M			
Agnest Nitze	1	F			

Name of vessel Bark Neptune date November 1869.

Page 7

Carl Grabsch	26	M	Blacksmith	Germany	Texas
Amelia "	39	F		"	"
Mtita "	14	F			
Marie "	12	F			
Anitia "	7	F			
Maud Hermann	35	F		U. S.	

Citizen of U. S. returning from Germany

Johannes Effinger	35	M	Farmer	Germany	Texas
A. M. "	35	F			
A. M. Hauser	57	F			
A. M. Effinger	8	F			
Paul "	7	M			
Ursula "	5	F			
Johannes "	3	M			
Maria "	1	F			
Johanne Laugner	20	F			
Marie "	15	F			
Louisa Wenderlich	22	F			
Adolph Bartel	18	M	Farmer		
Wilhelmine "	21	F			
Frederich Gamlin	29	M	Farmer		
Dorothea Beckman	21				
Edward Hermann	44	M	Mason		
Theresa "	42	F			
George "	16	M			
Joseph Herman	14	M			
Andreas "	3	M			
Joseph Zelraneck	24	M	Farmer		
Philip M. "	28	F			
Johann Freidel	42	M	Farmer		
Anna "	42	F			
Anna "	20	F			
Mannana "	19	F			
Joseph "	8	M			

Name	Age	Sex	Occupation	From	To
Pauline Knebleck	27	F			
Antine Orfag	28	M	Farmer		
Anna "	25	F			
Barbara "	1	F			
Joseph Duba	46	M	Farmer		
Vernike "	36	F			
Eva "	12	F			
Vernika "	1	F			

Page 8

Name	Age	Sex	Occupation	From	To
Ann Formanie	19	F		Germany	Texas
Christian Knoedel	55	M	Farmer		
Cathna "	55	F			
Caroline "	21	F			
Hermine "	19	F			
August "	15	M	Farmer		
Frederick Weiss	21	M			

Name of vessel Bark Galveston date November 1869.

Page 9

Name	Age	Sex	Occupation	From	To
Olympia Freybe	35	F		U. S.	
Citizen of U. S. returning from Germany					
Etna Freybe	5	F		U. S.	
Citizen of U. S. returning from Germany					
Henrietta Schlenker	17	F		Germany	Texas
Athan Richard	22	M	Merchant	Citizen of U. S. returning from Germany	
Charlotte Gohrs	17	F		Germany	Texas
Henrich Fredenburg	14	M		"	"
Helene "	3	F		"	"
Ferdinand Lehman	25	M	Saddler	"	"
Wilhelm Renn	11	M			
Chr. Gottleib Mehnert	58	M	Weaver		
Yeh. Franz Wertchitzken	45	M	Farmer		
Henrietta "	32	F			
Johann "	6	M			
Carl "	3	M			
Yoh. Wilhelm Dose	21	M	Shoemaker		
Elize Battfrass	45	F			
Helene Carstens	15	F			
H. Ludwig Eckman	45	M			
Louisa "	42	F			
Dorethea "	16	F			
Sophie "	16	F		Germany	Texas
Heinrich "	13	M			
Dorothea Piper	40	F			
Johann Schmictt	68	M	Farmer		
George Schmictt	27	M			
Anna "	22	F			
Heinrich Alpers	35	M	Farmer		
Heinrich Evers	35	M	Farmer		
Christian Bergeman	35	M	Farmer		
Sophie "	35	F			
Alinie "	7	F			
Frtiz "	4	M			
Herman "	1	M			
Heinrich Belrews	38	M	Schoemaker		
Adam Fischer	26	M	Farmer		
Marie "	29	F			
Adolph "	1	M			
Margarethe Henrichs	59	F			
Ernest Spearman	25	M	Carpenter		
John Bernstein	42	M	Farmer		
Magdeline "	37	F		Germany	Texas
Aug. Mortiz "	13	M			

Page 10

Name	Age	Sex	Occupation	From	To
Ernest Is. Bernstein	8	M		Germany	Texas
Clara Ernestin "	6	F			

106

Name	Age	Sex	Occupation	From	To
Paul W. Bernstein	1	M			
Maria Dalwitz	26	F			
Andrew Kunze	51	M	Farmer		
Johanna "	40	F			
Johanna Chris "	14	F			
Carl Ernest "	12	M			
Magdeline "	4	F			
Johann Kraishel	40	M	Farmer		
Christine "	41	F			
Johann "	9	M			
Johann "	8	M			
Johann Noacke	50	M	Farmer		
Johann "	46	F			
Andreas "	12	M			
Maria "	11	F			
Johanna "	9	F		Germany	Texas
Johann "	5	M			
August Brele	33	M	Farmer		
Christian "	29	F			
Marie "	5	F			
August "	2	M			
Michael Zimmerman	42	M	Carpenter		
Theressa "	42	F			
Maria "	19	F			
Magdalena "	15	F			
Christiana "	13	F			
Yoh. Aug "	6	M			
Ernest Schutz	30	M	Farmer		
Pauline "	28	F			
Anna "	6	F			
Marie "	2	F			
Johann Kuretsch	21	M	Farmer		
Johanna Stuboner	37	F			
August "	6	M			
Maria "	4	F			
August Zubech	26	M	Farmer	Germany	Texas
Johann Richter	32	M	Tailor		
Madeline Richter	32	F			
August "	7	M			

Page 11

Name	Age	Sex	Occupation	From	To
Andreas Richter	5	M		Germany	
Maria Richter	3	F			
Anna "	1	F			
Andreas "	15	M	Farmer		
Anna "	18	F			
August Schneider	20	M	Carpenter		
Johann Dea	50	M	Carpenter		
Maria "	47	F			
Christine "	11	F			
Theresa "	4	F			
Johann "	13	M			
Maria "	19	F			
Anna Mareck	21	F			
Victoria Matzezick	25	F			
Weuze Huderleck	46	M	Weaver		
Anna "	39	F			
Joseph "	14	M		Germany	Texas
Anna "	4	F			
Maye Posehyta	15	M	Farmer		
George Matula	41	M	Farmer		
Appalonia "	37	F			
Agnes "	14	F			
Maria "	12	F			
Anna "	10	F			
Josepha "	9	F			
Antonio "	6	F			
Johann "	5	M			
Johanna "	2	F			
Joseph Gischnowsky	35	M	Carpenter		

Name	Age	Sex	Occupation	From	To
Mgdaline Gischnowsky	27	F			
Antan	6	M			
Johann Matula	20	M	Farmer		
Philip Kirchoff	50	M	Farmer		
Charlotte "	52	F			
F. Wilhelm "	19	M	Farmer		
August "	17	M	Farmer		
Wilhelmine "	16	F		Germany	Texas
Florian Kaukee	43	M	Carpenter		
Varsnika "	40	F			
Anna "	19	F			
Franziza "	15	F		Germany	

Page 12

Name	Age	Sex	Occupation	From	To
Theresa Kaukee	12	F		Germany	Texas
Heinrich "	1	M			
Carl Gossler	26	M	Carpenter		
Emilie "	24	F			
Carl "	4	M			
Emma "	1	F			
Joseph Hoffman	33	M	Farmer		
Josepha Beineck	20	F			
Gustav Emmert	16	M			
Maria "	20	F			
Henrietta Klahre	51	F			
Ferdinand "	27	M	Goldsmith		
Mintz "	26	M	Shoemaker		
Henrietta "	20	F			
Maria "	10	F			
Heinrich Altman	34	M	Farmer	Germany	Texas
Carl Aug. Dassman	27	M	Farmer		
Wilhelm Peters	24	M	Farmer		
Carl ?. H. Myer	22	M	Merchant		
Fred. Got. Sander	26	M	Farmer		
Gustav E. Neinask	33	M	Farmer	U. S.	

Citizen of U. S. returning from Germany

Name	Age	Sex	Occupation	From	To
Ann Pauline Neinask	21	F		Germany	Texas
Carl "	16	M			
Paul "	14	M	Farmer		
Herman "	12	M			
Ottis Hildelraudt	24	F			
Justine "	30	F			
Amelia Kading	19	F			
Frederich Kluske	32	M	Farmer		
Henrietta "	20	F			
Franz Ralirad	23	M	Farmer		
Max. Ramzenske	29	M	Carpenter		
Ann "	24	F			
Johann "	1	F			
Antonid Petrozka	20	F			
Joseph Bolsmanke	26	M	Farmer	Germany	Texas
Stanzlava "	20	F			
Ludwig Grawender	30	M	Farmer		
Anna "	23	F			
Friederich "	1	M			
Lorenz Zurhowski	31	M	Miller		

Page 13

Name	Age	Sex	Occupation	From	To
Johann Kauss	35	M	Farmer	Germany	Texas
Edward Kruger	42	M	Shoemaker	"	
Frederich Kellan	24	M	Farmer		
Johann Landgrass	19	F			
Welhelmine Klatt	26	F			
Auguste Emile Klatt	2	F			
Johann E. John	39	M	Farmer		
Emile John	35	F			
Amandis John	4	M			
Joseph Friemel	28	M	Miller		
Wilhelm Nengebaur	33	M	Farmer		
Aug. Chs. Iummerfeld	28	M	Farmer		

Name	Age	Sex	Occupation	From	To
Johann Neutzler	25	M	Butcher		
Ernest H. Senne	40	M	Farmer		
Euget M. Seene	32	F		Germany	
Sophie Senne	13	F			
Caroline "	8	F			
August "	1	M			
Johann H. Huter	22	M	Shoemaker		
Michael Iommerfeld	24	M	Farmer		
Gottlieb "	17	M	Farmer		
Wilhelm "	21	M	Tailor		
Juluis Zolke	18	M	Farmer		
Emile Fischer	2 mos.	M			
Andreas Klurze	2	M			
Anna Kluderlick	1	F			

Name of vessel Weser date 1869.

Page 14

Name	Age	Sex	Occupation	From	To
Anna Berlocher	44	F		U. States	
Returning from Germany					
A. Herm Eck	34	M	Apothecary	U. States	
Returning from Germany					
Paul O. Hullesurn	14	M		U. States	
Returning from Germany					
Maria Lutkins	20	F		Germany	Texas
Wilhelmine Kisharz	44	F			
Joseph "	20	M	Merchant		
Margarethe "	15	F			
Catherine "	13	F			
Hienrich Cramer	17	M			
Rudolph Myer	24	M	Farmer		
Charlotte Westmeyer	19	F			
Catherine Ueutiker	21	F			
Wilhelmine Schweppe	22	F			
Catherine Schrifer	50	F			
Marie Ahlmeyer	60	F			
Wilhelmine Muller	48	F			
Wilhelmine "	25	F			
Caroline "	20	F			
Herman "	16	M	Joiner		
Otto "	13	M			
Marie "	9	F			
Martha "	3	F			
Christian Schwettman	44	M	Farmer		
Louse "	41	F			
Wilhelmine "	18	F			
Louisa "	11	F			
Henrietta "	43	F			
Charlotte Danmeyer	25	F			
Carl Wise	50	M	Farmer		
Wilhelmina Wise	47	F			
Christoph Wise	10	M			
Carl "	7	M			
August "	5	M			
Wilhelmina "	5	F			
Henrietta "	4	F			
Louse "	19	F			
Caroline "	14	F			
Wilhelm Bohis Meyer	16	M	Farmer		
Carl Goecke	16	M	Farmer		
Wilhelm Wehring	32	M	Farmer		
Frederich "	37	M	Farmer	Germany	Texas

Page 14

Name	Age	Sex	Occupation	From	To
Henrietta Wehmeyer	35	F		Germany	Texas
Wilhelm "	12	M		"	"
Henrietta "	11	F		"	
Frederich "	8	M			
Heinrich "	6	M			
Louise "	5	F			

Carl Wehmeyer	2	M			
Hermann "	1	M			
Johann Funick	66	M	Farmer		
Rosalie "	57	F			
Rosalie Schalupka	20	F			
Carl Rosenbaum	15	M	Farmer		
Johann Wokasch	61	M	Farmer		
Agnes "	60	F			
Johann "	27	M	Farmer		
Christine "	24	F			
Johanue "	20	F			
Wilhelm Leubner	27	M	Weaver		
Carl Leubner	25	M	Farmer		
Ernest Berger	25	M	Shoemaker	Germany	Texas
Johann Lemmer	29	M	Butcher		
Conrad "	32	M	Farmer		
Kunusgaude "	32	F			
Margarethe "	13	F			
Ohile "	6	F			
Margaret Pohl	19	F			
Fuer Limmer	32	M	Tailor		
Carl Ficker	76	M	Miller		
Carl Winkler	37	M	Farmer		
August Wenzel	28	M	Farmer		
Wilhelmine Waherz	24	F			
Caroline "	21	F			
Henrietta "	19	F			
Henrick Schulz	18	M	Smith		
Johann Schuwzick	42	M	Farmer		
Marie "	20	F			
Johann "	10	M			
Anna "	7	F			
Marie "	3	F			
Christine Schubert	53	M	Farmer		
Dorotha "	50	F			

Page 15

Anna Schubert	17	F		Germany	Texas
Peter Madack	36	M	Farmer		
Magdalena "	40	F			
Johann "	12	M			
Andreas "	9	M			
August "	6	M			
Anna "	2	F			
Johann "	1	F			
August Ringer	50	M	Farmer		
Johanne "	50	F			
Carl "	22	M	Farmer		
Hermann "	18	M	Farmer		
Marie "	3	F			
Ernest Noacke	37	M	Farmer		
Johanne "	37	F			
Marie "	12	F			
Maria "	12	F			
Christinaud "	9	F			
Magdalena "	7	F			
Johann "	5	M			
Enst "	1	M			
Mari Medack	31	F			
Johann Funke	41	M	Farmer		
Anna "	45	F			
Mathacus "	19	M	Farmer		
Marie "	11	F			
Anna "	7	F			
Johann Richter	43	M			
Magdaline "	36	F			
Johann "	14	M			
Marie "	12	F			
Carl "	1	M			
Chrisian Becker	51	M	Smith		

Name	Age	Sex	Occupation	From	To
Anna Becker	50	F			
Louisa "	20	F			
Caroline "	11	F			
Heinrich "	7	M			
Louis "	6	M			
Wilhelm Schroeder	17	M	Farmer	Germany	Texas
Wilhelmine Westerfeld	22	F			
Caroline Luhbert	21	F			

Page 16

Name	Age	Sex	Occupation	From	To
Louisa Horelmeyer	22	F		Germany	Texas
Charlotte Wehmeyer	40	F		"	"
Henrietta Bohne	18	F			
Henrietta Bonker	17	F			
Christiane Meiske	22	M	Farmer	"	
Carl Greve	17	M	Farmer		
Christian Kemmert	48	M	Farmer	"	
Wilhelmine "	51	F			
Charlotte "	21	F			
Welhelm "	24	M	Farmer		
Charlotte "	18	F			
Wilhelm "	15	M	Farmer		
Henrietta Thulman	23	F			
Louise Holt	22	F			
Marie Schomberg	21	F			
Louise Hodde	24	F			
Caroline Winkelman	17	F			
Henrietta Eukenhort	21	F		Germany	Texas
Frederich Klostermann	26	M	Farmer		
Heinrich Schmier	16	M	Farmer		
Heinrich Fape	28	M	Farmer		
Heinrich Ferman	17	M	Farmer		
Christine Brocksmidt	15	M	Farmer		
Dorothea Feldman	18	F			
Louise "	21	F			
Frederich Meyer	46	M	Farmer		
Julie "	38	F			
Frederich "	16	M	Farmer		
Louise "	11	F			
Louise Brinkmeyer	16	F			
Sophie "	12	F			
Wilhelm Bunkmeyer	9	M			
Heinrich Piper	19	M	Farmer		
Caroline Schwettman	16	F			
Christine Bohn	15	M			
Dorothea Wiegard	18	F			
Wilhelm Meiske	18	M	Farmer		
Caroline Heyfischer	24	F		Germany	Texas
Dorothea Metting	15	F			
Catherine Metting	12	F			
Henrietta Rohlfingemeyer	19	F			

Page 17

Name	Age	Sex	Occupation	From	To
Heinrich Buscher	18	M	Tailor	Germany	Texas
Heinrich Haver	26	M	Farmer	"	"
Wilhelm Nobbe	47	M	Farmer	"	"
Charlotte "	33	F			
Marie Geldmeyer	22	F			
Johan Wendel	25	M	Farmer		
George Brakowsky	38	M	Farmer		
Marie "	35	F			
Marie "	11	F			
Anna "	7	F			
Amelia "	4	F			
Gertrude "	35	F			
Charlotte Nobbe	3	F			
August Brakowsky	3	M			
August Rallas	17	M	Farmer		
Peter Ruhnick	22	M	Farmer		
Adolph Lishper	27	M	Farmer		

Name	Age	Sex	Occupation	From	To
Marie Lishper	35	F			
Gustav "	6	M			
Auguste "	4	F			
Christophe "	70	M	Farmer		
Fredrick Schulze	44	M	Farmer		
Fredericka "	41	F			
Minnie "	18	F			
Wilhelm "	14	M	Farmer		
Heurish "	12	M			
Frederich "	10	M			
Louise "	6	F			
August "	5	M			
Carl Engellrahdt	40	M	Farmer		
Charlotte "	37	F			
Henrietta "	10	F			
Wilhelm "	7	M			
Caroline "	4	F			
Wilhelmine "	1	F			
Henrietta Nobbe	20	F			
Hermann Warneske	19	M	Farmer	Germany	Texas
Louise Kuamer	16	F			
Andreas Scheinesder	45	M	Gardner		
Marie "	26	F			
Martin "	12	M			

Page 18

Name	Age	Sex	Occupation	From	To
Theresa Scheinesder	10	F		Germany	Texas
Ernest "	7	M			
Gustav "	5	M			
Marie "	3	F			
Andreas "	68	M	Farmer		
Anna "	71	F			
Christian Bran	52	M	Farmer		
Isleba "	52	F			
August "	4	M			
August Gerloff	31	M	Farmer		
August "	25	F			
Frederich "	1	M			
Christian Warhman	25	M	Farmer		
Wilhelm Haack	33	M	Farmer		
Charlotte "	30	F			
Alvine "	6	F			
Wilhelm "	2	M			
Ferdinand "	37	M	Farmer		
Caroline "	41	F			
Robert Blum	20	M	Joiner		
Henrietta "	26	F			
Ottilie "	24	F			
Ludwig Raacke	25	M	Farmer		
Wilhelm Gohlke	24	M	Farmer		
Caroline Schlinke	44	F			
August "	17	F			
Wilhelm "	14	M			
Florentine "	10	F			
Emma "	8	F			
Carl "	6	M			
Bertha "	2	F			
Carl Meyer	22	M	Farmer		
Frederich Meyer	24	M	Farmer		
Heinrich Schulz	18	M	Farmer		

Name of vessel Erna date December 1869.

Page 21

Name	Age	Sex	Occupation	From	To
Johann Seekamyr	33	M	Farmer	Germany	Texas
Nicolaus Isenfeldt	25	M	Farmer	"	"
Carl Winters	33	M	Merchant	"	
Theodore Garbade	17	M	Merchant	"	
Robert Jockusch	17	M	Merchant	U. S./Texas	

Returning from Bremin Germany

Name	Age	Sex	Occupation	From	To
Carl Hartman	15	M	Merchant	Germany	Texas
Elizabeth Custard	45	F		"	
Antonie "	10	F			
Minnie Heindt	26	F			
Friedr. Prietzer	55	M	Carpenter		
Louisa "	46	F			
Bertha "	21	F			
Marie "	19	F			
Paul "	12	M			
Jean B. Worningeu	23	M	Merchant		
Wilhelm Kersting	17	M	Farmer		
Marie Offer	18	F			
Simon Knamfrits	26	M	Miller		
Edward Jacbeits	22	M	Farmer		
Edward Linskey	18	M	Tailor		
Wilhelmina Fichter	25	F		Germany	Texas
Louisa "	3	F			
Andreas Haverla	46	M	Farmer		
Louisa "	20	F			
Christine "	8	F			
Marie Chen "	8	F			
John Heve Brocker	25	M	Musician		
Pauline "	19	F			
Frederich Krause	57	M	Farmer		
Sophie "	47	F			
Minna "	22	F			
Frederika "	18	F			
Welhelm "	16	M			
August "	14	M			
Louisa "	10	F			
Hermann "	9	M			
Carl "	7	M			
Emilie "	2	F			
Frederich Boeter	27	M	Bricklayer		
Elizabeth "	28	F			
Dorothea Fick	23	F			

Page 19

Name	Age	Sex	Occupation	From	To
Mathias Lala	43	M	Farmer	Germany	Texas
Marie Lala	33	F			
Johann Lala	7	M			
Marie "	3	F			
Johan Lang	43	M			
Lisetta "	26	F			
Ludwig "	14	M			
Marie "	8	F			
Sophie "	5	F			
Hans Klingberg	27	F			
Johann Phill	41	M	Farmer		
Marie "	56	F			
Caroline "	15	F			
Johann "	11	M			
Marie "	8	F			
Frederika "	4	F	Died on Voyage		
Heinrich "	1	M			
Heinrich Schroeder	26	M	Farmer		
Carl Rain	45	M	Farmer		
Welhelmine Rau	42	F		Germany	Texas
Gustav Rau	5	M			
Catherine Gehwoff	48	F			
H. D. Thurman	20	M	Farmer		
Marie "	18	F			
Gottfried Moritz	34	M	Farmer		
Hermann Meyer	27	M	Shoemaker		
Julius Moacke	27	M	Carpenter		
George Schrewarth	46	M	Farmer		
Johanne "	42	F			
Rossie "	19	F			
Johann "	16	M			
Carl "	14	M			

Name	Age	Sex	Occupation	Birthplace	Residence
Marie Schrewarth	10	F			
Andreas "	8	F			
Auguste "	4	F			
Magdalene "	1	F			
Johanne "	2	F			
Frederich Keel	34	M	Farmer		
Christine Keel	30	F			
Anna "	5	F		Germany	Texas
Rudolph "	3	M			

Page 20

Name	Age	Sex	Occupation	Birthplace	Residence
Hermann Keel	1	M		Germany	Texas
Johann Schonfield	29	M	Farmer		
Mathilde "	26	F			
Marie "	1	F			
Frederich Voss	28	M	Farmer		
Johann "	26	F			
Antonie "	1	F			
Wilhelm Bischoff	44	M	Farmer		
Caroline "	40	F			
August "	13	M			
Wilhelm "	7	M			
Jacob Balke	52	M	Farmer		
Rosine "	40	F			
Johanne "	22	M			
August "	18	M			
Christine "	17	F			
Ernest "	12	M			
Johann "	11	M			
Andreas "	9	M		Germany	Texas
Christoph "	6	M			
Guste "	5	M			
Carl F. Schultz	24	M	Farmer		
Bertha "	32	F			
Albert "	9	M			
Herman "	5	M			
Paul "	1	M			
Albert Voss	17	M	Farmer		
Samuel Grauke	37	M	Miller		
Welhelmine "	35	F			
Ottilie "	14	F			
Ida "	8	F			
Emil "	6	M			
Marie "	1	F			
Franz Kulhanlk	25	M	Farmer		
Franz Dockal	35	M			
Rosalie "	32	F			
Franz "	4	M			
Adena "	6	F			
Barbara Muller	23	F		Germany	Texas
Gottfried Kasper	31	M	Farmer		
Doretea Thielman	21	F			

Next page

Name	Age	Sex	Occupation	Birthplace	Residence
Christine Wesche	28	F		Germany	Texas
Marie "	6	F			
Henretta Sievers	20	F			
Christine Reulr	59	M	Farmer		
Henrietta "	58	F			
Welhelmine "	20	F			
Herman "	1	M			
Frederich Bohme	60	M	Farmer		
Regine "	61	F			
Sophia Fahns	62	F			
Marie Niebuhr	24	F			
Marie Niebuhr	2	F			
Jacob "	1	M			
Andreas Nose	40	M	Farmer		
Theresa "	38	F			
Andreas "	12	M			

Name	Age	Sex	Occupation	Birthplace	Residence
August Nose	8	M			
Fritz "	6	M		Germany	Texas
Wilhelm "	5	M			
Hermine "	3	M			
Minna "	1	F			
Caroline Bosse	18	F			
Fried Walmschaffe	34	M	Farmer		
Henrietta "	38	F			
Wilhelm "	7	M			
Minna "	1	F			
Herman Voss	21	M	Farmer		
Friederich Kanstadr	20	M	Farmer		
John H. Schweder	39	M	Farmer		
Ann "	38	F			
Catherine "	14	F			
Bernard Wiceker	16	M	Farmer		
Gottleib Ertelt	47	M	Farmer		
Johanne "	45	F			
Carl "	13	M			
August "	12	M			
Caroline "	21	F			
Frederike Ertelt	45	F		Germany	Texas
Helene Michels	50	F			
	30	F	Page torn at bottom		

New page

Name	Age	Sex	Occupation	Birthplace	Residence
Helene Michels	13	F		Germany	Texas
Marie "	7	F			
Johanne Contz	52	F			
Faunaurd Kress	21	F			
Peus Fey	15	F			
Afra "	23	F			
Carl Brast	27	M	Farmer		
Frederika Brast	25	F			
Frederika "	5	F			
Carl "	1	M			
Christine "	57	F			
Johann Wiedenfeller	31	M	Farmer		
Johann "	2	M			
Adam "	27	M	Farmer		
Margaretha "	52	F			
Adam "	1	M			

New page

Name	Age	Sex	Occupation	Birthplace	Residence
Marie Renzeu	21	F		Germany	Texas
Frederich Blum	44	M	Farmer		
Wilhelm Wiedstruck	34	M	Farmer		
Marie "	34	F			
Friedrk Schumacher	45	M	Farmer		
Henrietta "	59	F			
August "	12	M			
Wilhelm "	10	M			
Gustav "	7	M			
Welhelmine "	1	F			
Sophia Freicke	54	F			
Christine "	17	F			
Caspar Feltman	12	M			
Gustav Bauch	8	M			
Carl Bauman	14	M			
Frederich Blum	13	M			

List of passengers arrived from foreign ports in the Port of Galveston the 2nd Quarter, 1870

Name of vessel Iris date April 14, from Bremen, Master Schutte.

Page 1

Name	Age	Sex	Occupation	Origin	Destination
Wilhelm Mehimann	34	M	Carpenter	U. S.	U. S.
Lucie Jachens	28.9	F		Bremen	
Louise "	6.5	F			
Berthold "	4.4	M			
Jacobine "	3.1	F			

Name of vessel Galveston, date June 2, from Bremen, Master August Heidorn.

Name	Age	Sex	Occupation	Origin	Destination
Lina Janssen	30.0	F		Osefriedland	
Diedrich "	8.6	M		"	
Johe. Chr. Schmiech	25	F		Wirtemberg	
Heinr. Ackerman	27	M	Blacksmith	"	
Veronica Ianicek	41	F		Bohemia	
Math "	19	M		"	
Anna "	48	F		"	
Christ. Trangott	23	M	Farmer	Wurtemberg	
Gottlieb Soim	52	M	Tailor	"	
Ernst W. Thonig	25	M	Farmer	Saxony	
Friedr. W. "	21	M	"		
Gottfrd Lehmann	25	M	"	Anhalt	
Friedre. W. "	22	F		"	
August Kind	36	M	Farmer	Prussia	
Justine "	30	F			
Pauline "	12	F			
August "	11	M			
Therese "	10	F			
Auguste "	7	F			
Juliama "	3	F			
Wilh. Meyer	20	M	Farmer	Mechlenburg	U. S.
Franzis Hofmann	56	F		Prussia	
Alexander "	29	M	Farmer	"	
Friedericke "	18	F		"	
Petr. Heinr. "	10	M		"	
Ed. Roscher	35	M	Farmer	Bohemia	
Franzis "	29	F		"	
Bertha "	14	F		"	
Franz "	9	M		"	
Maria Sletzig	39	F		"	
Anna Hoffmann	18	F			
Friedr. Knappe	18	M	Farmer	Prussia	
Heinr. Karistensen	18	M	Farmer	Schleswig	
Franz Gastring	15	M		Bohemia	
Gottlieb Werner	23	M	Farmer	"	
Mathilde "	19	F		"	
Gottlieb Blieds	23	M	Farmer	Prussia	

Page 2

Name	Age	Sex	Occupation	Origin	Destination
Peter Pahn	50	M	Farmer	Saxony	
Carl H. "	45	M		"	
Heinr. Paul V. George	19	M	Renter	"	
Anna Chalupka	14	F		Bohemia	
Theresia "	10	F		"	
Joseph Harlik	48	M	Farmer	"	
Carl Dlouhy	15	M	Farmer	"	
Maria "	14	F		"	
Johann Horelica	30	M	Farmer	Bohemia	U. S.
Veronica "	24	F			
Paul Orsag	42	M	Farmer		
Apolonia "	40	F			
Josef "	47	M			
Vinzenz "	45	F			
Paul "	18	M			
Ciril "	13	M			
Anna "	12	F			

Name	Age	Sex	Occupation	Origin
Johanna Orsag	10	F		
Josef Orsag	41	M	Farmer	
Rosina "	37	F		
Maria "	15	F		
Carl "	14	M		
Johanna "	9	F		
Josef Zivocky	30	M	Farmer	
Paul Pischek	23	M	Farmer	
Cathar. "	23	F		
Anna Iurzak	46	F		
Rosina "	16	F		
Johann "	13	M		
Thomas "	9	M		
Stefan Ondraschek	24	M		
Anna Stiasny	23	F		
Paul Foit	24	M		Bohemia
Eva "	27	F		
Veronica "	1.6	F		
Paul Machn	35	M		
Rosina "	28	F		
Anna "	5	F		
Johann "	3	M		
Paul "	.9	M		
Johann Trcalek	50	M	Farmer	
Veronica "	20	F		

Page 3

Name	Age	Sex	Occupation	Origin
Anna Mazaze	21	F		
Johann Schimek	40	M	Farmer	
Theresia "	32	F		
Theresia "	5	F		
Josef Holubetz	35	M	Farmer	
Rosina "	35	F		
Josef "	11	M		
Veronica "	6	F		
Catharina "	4	F		
Johanna "	.6	F		
Paul Srnensky	27	M	Farmer	
Veronica "	23	F		
Paul Brawense	30	M	Farmer	
Maria "	29	F		
Josef "	4	M		
Paul "	.2	M		
Thomas Holubec	39	M	Farmer	Bohemia
Anna "	22	F		
Johann Holubec	39	M	Farmer	
Catharina "	26	F		
Maria "	15	F		
Johann "	5	M		
Anna "	2	F		
Martin Stiasny	39	M	Farmer	
Maria "	21	F		
Martin "	14	M		
Johann "	11	M		
Josef "	5	M		
Anna Mikalencak	18	F		
Thomas Junota	46	M	Farmer	
Veronica "	44	F		
Johann "	14	M		
Thomas "	1	M		
Josef Nowotny	23	M		
Johann Zubicek	40	M	Farmer	
Maria "	36	F		
Johann "	11	M		
Rosina "	6	M		
Josef "	4	M		
Thomas "	1	M		
Johann Batla	35	M	Farmer	
Anna "	32	M		

Page 4

Name	Age	Sex	Occupation	From	To
Johann Batla	10	M		Bohemia	U. S.
Josef "	7	M			
Carl "	5	M			
Paul "	1.6	M	Died		
Anna Leschikar	23	F			
Anna Maresch	35	F			U. S.
Vincenz Marek	37	M	Farmer		
Theresia "	36	F			
Vinzenz "	11	M			
Josef "	9	M			
Theresia "	5	F			
Franz Junek	48	M	Farmer		
Franz Duschek	32	M	Farmer		
Anna "	31	F			
Anna "	8	F			
Franz "	4	M			
Franziska "	2	F			
Franz Novak	41	M			
Theresia "	46	F			
Franz "	11	M			
Vinzenz "	5	M			
Johann "	2	M			
Theresia "	.3	F	Died		
Ludwik Marek	45	M	Farmer		
Rosalia "	47	F			
Franziska "	15	F			
Ludwik "	13	M		Bohemia	U. S.
Theresia "	10.8	F			
Emilie "	8.6	F			
Franz "	5.6	M			
Franz Chaloupka	53	M	Farmer		
Anna "	45	F			
Paul Schiller	76	M	Farmer		
Catharina "	63	F			
Johanne "	34	F			
Rosalia "	38	F			
Carl "	16	M			
Vinzeng Ianisch	25	M	Farmer		
Elizabeth "	23	F			
Anna "	1	F			
Anna Mottl	65	F			
Franz Coufale	30	M	Farmer		

Page 5

Name	Age	Sex	Occupation	From	To
Theresia Coufale	32	F			
Theresia "	7	F			
Amalie "	5	F			
Anna "	1.8	F	Died		
Anna Stiasny	12 days	F	Born on Ship		
Carl Shiniek	7 days	M	Born on Ship		

Name of vessel Weser date June 2, from Bremen, Master Ed Rodinberg.

Name	Age	Sex	Occupation	From	To
Friederike Trentrup	42.3	F		U. S.	U. S.
Andreas Suck	44.3	M	Farmer	Saxony	
Anna "	43.9	F			
Maria "	13	F			
Agnes "	10.10	F		Saxony	U. S.
Anna "	7	F		"	
Helene "	2.2	F		"	
Agnes Schuster	32.8	F		Prussia	
Carl Rettig	22.6	M	Shoemaker	Anhalt	
Wilh. Bruckmuller	24.11	M	Farmer	"	
Ondri Zurcke	25.3	M	Farmer	"	
Friederike "	23.4	F		"	
Hermann "	1.9	M		"	
Andreas Windberg	23.6	M	Farmer	"	
Caroline Rathge	24.3	F		"	
Andreas Galle	27.3	M	Farmer	"	

Name	Age	Sex	Occupation	Origin	
Andreas Galle	54.3	M	Farmer	Anhalt	
Henriette "	52	F		"	
Friedrich "	29	M	Farmer	"	
Gottlieb Lepps	31.10	M	Farmer	"	
Henriette "	31.9	F		"	
Wilhelm Moritz	21.5	M	Farmer	Prussia	
Heinrich Stormer	24.9	M	Seaman	Oldenburg	
Apolonia Will	59.9	F		U. S.	
Margarethe Goededke	40	F		Prussia	
Betti "	17.6	F			
Gesine "	7.0	F			
Andreas "	5.2	M			
Heinriette "	2.3	F			
Catharine Hallasch	56	F		Prussia	U. S.
Josef Kniestchtof	36.5	M	Farmer	Bohemia	
Barbara "	42.4	F		"	
Josef "	7.2	M		"	
Agnes "	6	F		"	
Maria "	4.2	F		"	
Johann Schiller	24.6	Mq	Farmer	"	

Page 6

Name	Age	Sex	Occupation	Origin
Anna Schiller	24.5	F		"
Anna "	3	F		"
Franziska "	.8	F		"
Franzeska Mark	20	F		"
Veronika "	56.6	F		"
Josef Cufal	25.6	M	Farmer	"
Franziska "	24.2	F		Prussia
Heinrich Rossbach	44	M	Restaurant	"
Josef "	48.4	M	Farmer	"
Josef Bender	30.4	M	Farmer	"
Elizabeth "	30.2	F		"
Wilhelm "	14.2	M		"
Albert "	12	M		"
Carl Wittelstedt	53.2	M	Blacksmith	"
Wilhelmine "	48.10	F		"
Johanne "	22.1	F		"
Albertine "	20.2	F		"
Anton "	14.2	M		"
Friederike "	11.2	F		"
Carl "	11.2	M		"
Martin Surowick	44.2	M	Farmer	Bohemia
Theresia "	44.1	F		
Thomas "	23	M	Farmer	
Theresia "	12.2	F		
Maria "	8.3	F		
Jersey "	1.6	M		
Johann Andraschek	34	M	Farmer	
Rosalia "	24	F		
Maria "	16	F		
Theresia "	12.2	F		
Johann "	.6	M		
Franz Mazuck	48	M		
Thomas Jancaletz	74	M		
Anna "	51	F		
Anna "	25	F		
Wilhelm Wolff	64.6	M	Farmer	Prussia
Gottlieb "	26	M	Baker	
Juliane Beyer	39.2	F		
Gustave "	17.6	M	Carpenter	
Clara "	13	F		
Ottilie "	9.2	F		
Auguste "	5.1	F		

Page 7

Name	Age	Sex	Occupation	Origin
August Schendel	24.2	M	Farmer	
Emilie Hoherz	24.2	F		
Wilhelm Heydemeiyer	27.6	M	Clerk	Brunswick
Friedericke Kurz	25.2	F		Prussia

Name	Age	Sex	Occupation	Origin	
Ottilie Kurz	23.0	F		Prussia	
Emilie "	1.1	F		"	
Ottilie Mass	12.2	F			
Ludwig Schrank	43.6	M	Farmer		
Caroline "	44	F			
Fritz "	14	M			
Emilie "	9	F			
Emil "	4	M			
Peter Quade	77	M			
Anna "	69	F			
Ottilie "	48	F			
Johann Johnke	32.4	M	Farmer	Prussia	
Caroline "	24.2	F			
Hermann "	2.6	M			
Ernst "	.6	M			
Louise Hormel	25	F			
Ottilie Schrank	32	F			
Samuel Quade	36.6	M	Farmer		
Rosalie "	36.2	F			
Emilie "	9.2	F			
Emil "	8.1	M			
Theodor "	5.6	M			
Emilie "	4	F			
Ottilie "	2	F			
Daniel Gantzky	26	M	Farmer		
Minna Yantzky	14	F			
August Felde	25	M	Farmer		
Daniel Gantzky	23.6	M	Farmer		
Heinrich Rabe	33	M			
Dorothea Rabe	43.2	F			
Martin "	7	M			
Maria "	5.1	F			
Anna Niemeyer	49	F			
August Lesemann	29	M	Shoemaker		
Elizabeth "	26.2	F			
Elise "	3	F			
Albertine "	.11	F			
Albertine "	23	F			
Heinr Roppe	26.1	M	Farmer	Prussia	
Maria "	25.6	F			
Edward Ebel	25.2	M	Farmer		
Gerhard Cassens	24	M	Farmer		
Elisabeth "	27.2	F			
Wessels "	2.1	M			
Elisabeth Horn	47.6	F			
Etke Kleon	49	F			
Christian Hunefeld	25.4	M	Farmer		
Andreas Eisfeldt	37.6	M	Farmer		
Juliaine "	28	F			
Johanne "	6.9	F			
Pauline "	1.4	F			
Fritz Zulsdorf	26.1	M	Butcher		
Anna Knischtoff	11 days	F	Born on Voyage		

List of passengers arrived from foreign ports in the Port of Galveston the 3rd Quarter, 1870

Name of vessel Herbert date August 19, from Liverpool, Master Cleanes.

Name	Age	Sex	Occupation	Origin	
J. J. Boyd	48	M	Merchant	England	U. S.
Mary do	39	F	None	"	"
Lizzie do	17	F	"	"	"
Thomas do	15	M	"	"	"
Jane do	12	F	"	"	"
George do	8	M	"	"	"
James do	7	M	"	"	"
Charles do	5	M	"	"	"
Carrie do	6	F	"	"	"
Minnie do	3	F	"	"	"
Lizzie Nelling	34	F			

James Nelling	5	M		
John Smith	44	M	Merchant	

List of passengers arrived from foreign ports in the Port of Galveston the 4th Quarter, 1870

Name of vessel Heiress date October 29, from Liverpool, Master John Rea.

Page 1

Wm. Power	38	M	Mechanic	England
Christine Power	35	F		
G. Dudley "	15	M	Clerk	

Name of vessel Erna date December 28, from Bremen, Master Schutte.

Albert Heddegotte	17	M	Butcher	Prussia
Franz Hamschik	41.3	M	Shoemaker	Austria
Rosina "	39.6	F		"
Rosina "	4.2	F		"
Marianna "	.10	F		"
Joseph Kudlacek	39.7	M	Laborer	"
Rosina "	38.1	F		"
Anna "	5	F		"
Joseph "	17.4	M		"
Rosina "	9.2	F		"
Johann "	8	M		"
Franz "	.4	M	Died	"
Andreas Konviczka	37.9	M	Mason	"
Veronica "	29.1	F		"
Johann "	5.3	F		"
Agnes "	3	F		"
Anna "	.6	F		"
Peter Kubasch	60.4	M	Laborer	"
Marianna "	53	F		"
Rosina Plaschek	31	F		"
Rosina "	4	F		"
Marianna Marcak	43	F		"
Anna "	21	F		"
Joseph "	16	M		"
Johann "	14	M		"
George "	11	M		"
Joseph Stalmach	37	M	Laborer	"
Marianna "	21	F		"
Joseph "	2	M		"
Franz Savetlik	24.9	M	Mason	"
Marianna "	24	F		"
Franz "	.2	M	Born on Passage November 18	
Gottfried Schwede	50.4	M	Shepherd	Prussia
Anna "	45	F		
Marie "	9.8	F		
Karl "	6.11	M		
Wilhelm "	5.2	M		
Jacob Friedermann	58.4	M	Captain	
Elizabeth "	48.11	F		

Page 2

Marcus Friedermann	16.1	M		Prussia
Edward Pittell	43.11	M	Mason	
Henrietta "	43.11	F		
Marie P. "	11.10	F		
Caroline Felscher	42.4	F		
Bertha "	18.1	F		
Robert "	16.5	M		
Albert "	10.2	M		
Heinrich Kobro	34	M	Laborer	
Rosina Nerstra	49.8	F		Austria
Antonius "	18.2	M	Student	
Karl "	15.8		Locksmith	
Johann Barczak	49	M	Laborer	
Apolonia "	43	F		

Name	Age	Sex	Occupation	Origin
Rosina Barczak	18	F		
Paul "	?.4	M		
Anna "	?.7	F		
Johann "	12	M		
Marianna "	.9	F		
Johann Borrazak	52	M	Laborer	
Apolonia "	52	F		
Paul "	16	M		
Lucas "	12	M		
Aplonina "	21	F		
Rosina "	18	F		
Joseph Borrezak	43	M	Laborer	
Anna "	40	F		
Apolonia "	7	F		
Vincenzia "	3	F		
Franz Chalonpka	28	M	Laborer	
Theresa "	30	F		
Franz "	5	M		
Theresia "	11	F		
Tobias Dokal	45	M	Laborer	
Helena "	33	F		
Johann "	7	M		
Catharina "	20	F		
Rosalia Dusek	25	F		
Joseph "	38	M	Laborer	
Anna "	34	F		
Joseph "	13	M		
Anna Dusek	11	F		Austria

Page 3

Name	Age	Sex	Occupation	Origin
Rosali Dusek	9	F		
Franszisca "	7	F		
Vincene "	5	F		
Johann "	3	M		
Emil "	.11	F		
Martin Dauek	33	M	Laborer	
Catharina "	29	F		
Joseph "	3	M		
Anna "	.6	F		
Matthes Jauk	68.2	M	Laborer	Prussia
Maria "	65.6	F		
Magdalena "	24.6	F		
Christianne "	30.2	F		
Johann August "	.1	M	Born on Passage December 21 (11)	
Frederich Forker	53.1	M	Laborer	Prussia
Agnes "	40.8	F		
Marie "	?9.6	F		
Anna Fojtik	67.2	F		Austria
Johann Grescha	32	M	Laborer	
Marianne "	34	F		
Hans Gahm	50.8	M	Shoemaker	Prussia
Johanna "	43.6	F		
Lucas Wrtus	39	M	Tailor	Austria
Hrna "	29	F		
Michael Horelica	53	M	Laborer	
Rosina "	46	F		
Justin Hoska	17	M	Laborer	
George Holub	39	M	Laborer	
Pauline "	46.1	F		
Ignatz "	6	M		
Agnes "	5	F		
Marianna "	17	F		
Anna Jezek	15	F		
Johann Janak	24	M	Mason	
Agnes "	25	F		
Johann "	3.4	M		
Joseph "	2.10	M		
Agnes "	.2	F		
Anna Jezek	49	F		
Joseph "	16	M		

```
Ignatz Jezek              16   M
Maria Krepaia             40   F              Austria

Page 4
Martin Kopetzky           37   M   Laborer
Rosina     "              38   F
Anna       "              13   F
Veronica   "              11   F
Paul       "               6   M
Joseph     "               4   M
Martin     "             .11   M   Died
Johann Kopetzky           42   M   Joiner
Susanna    "              43   F
Rosina     "              17   F
Johann     "              10   M
Franz      "               7   M
Anna       "               3   F
Joseph     "              53   M   Laborer
Agnes      "              53   F
Marianna   "              21   F
Agnes      "              19   F
Susanna    "              16   F
Joseph     "              13   M
Catharina  "              10   F
Petrolina  "               7   F
Johann     "               5   M
Catharine Kotzian         27   F
Adolph Kallus             23   M   Weaver
Joseph Leschikar          52   M   Laborer
Rosalia    "              53   F
Rosalia    "              13   F
Theresia   "               7   F
Franzisca  "               5   F
Elizabeth  "         ?    57   F
Joseph     "              24   M
Franz      "              18   F
Franz Marek               20   M   Laborer
Vincenze Maresch          34   M   Laborer
Marianna   "              32   F
Marie      "              10   F
Vinzenc    "               7   M
Franz      "               3   M
Johann     "               7   M
Johann Merka              37   M   Laborer
Maria      "              26   F
Johann     "               5   M              Austria

Page 5
Rosina     "               3.  F                       "
Paul       "              .9   M                       "
Johann Polaschek          46   M   Laborer             "
Rosina     "              46   F                       "
Anna       "              20   F                       "
Paul       "              16   M                       "
Johann     "              12   M                       "
Paulina    "               9   F                       "
Franz      "               4   M                       "
Franziska  "               2   F                       "
Johann Pradka             32   M   Weaver              "
Eva Rubaez                36   F                       "
Joseph Schawrda           48   M   Laborer             "
Anna       "              47   F                       "
Barbara    "              12   F                       "
Franz      "               7   M                       "
Johann Schieworth         50   M   Laborer   Prussia
Anna       "              48   F                       "
Anna       "       18  ?  11   F                       "
Anton Strietesky          53   M   Joiner    Austria
Rosalia    "              40   F                       "
Franz      "              11   M                       "
```

123

Rosalia Strietesky	18	F		Austria
Johann Skarpa	31	M	Laborer	"
Veronika "	28	F		"
Felix Kapzscynski	15.11	M		"
Johann Frlica	17	M	Laborer	"
Andreas Kapecynski	13	F		"
Stephan Urban	31	M	Carpenter	"
Josepha Stephan	31	F		"
Joseph "	8	M		"
Vinzene "	4	M		"
Anna Wojtek	34	F		"
Anna "	37	F		"
Rena "	.8	F		"
Joseph "	45	M	Laborer	"
Susanna Walchar	28	F		"
Johann "	.11	M		"
Joseph Wolczik	40	M		"
Anna "	36	F		"
Johann "	11	M		"
Stephan Wolezik	9	M		"

Page 6

Joseph Wolezik	.7	M	
Anna "	3	F	
Martin Zapalac	42	M	Laborer
Marianna "	39	F	
Johann "	7	M	
Rosara "	3	F	
Johann "		M	Born November 4 - Died
Peter Frotal	43	M	Laborer Austria
Rosina "	46	F	
Johann "	11	M	
Michael "	53	M	Laborer
Margarita "	59	F	
Michael "	13	M	
Joseph Walchar	32	M	Laborer
Anna "	28	F	
Rosina "	5	F	
Anna "	2	F	
Anna Stephan	17	F	Died
Johann "		M	Born on passage December 13

1st Quarter 1871
LIST OF PASSENGERS ARRIVED FROM FOREIGN PORTS

Name of vessel Meteor date January 30, 1871, from Bremen, Master N. B. Dirkson.

Page 1

Caroline Kruger	45	F		North German Union	United States
Anna "	17	F		"	"
Emilie "	10	F		"	"
Magdalene "	12	F		"	"
Caroline "	6	F		"	"
Emma "	4	F		"	"
Elizabeth Krause	22	F	Servant	"	"
Johann Talruack	21	M	Bricklayer	Austria	"
Joseph Hafernik	42	M	Farmer	"	"
Margt. "	25	F		"	"
Margt. "	6	F		"	"
Joseph "	2	M		"	"
Anna Holisch	40	F		"	"
Johann Hovar	30	M	Laborer	"	"
Martin Zapalac	47	M		"	"
Veronica "	40	F		"	"
Anna "	17	F		"	"
Johanna "	13	M		"	"
Marianna "	7	F		"	"

Name	Age	Sex	Occupation	Birthplace	Destination
Johann Klubik	42	M	Shoemaker	Austria	United States
Anna "	32	F		"	"
Joseph Klubig	30	M	Shoemaker	"	"
Anna "	26	F		"	"
Anna "	4	F		"	"
Rosalie "	4/12	F		"	"
Anna "	61	F		"	"
Martin Rhoda	52	M	Laborer	"	"
Martin "	17	M		"	"
Paul "	14	M		"	"
Vincens "	13	M		"	"
Anna "	2	F		"	"
Cecilie "	6	F		"	"
Johann Gepear	36	M		"	"
Rosini "	28	F		"	"
Anna "	6/12	F		"	"
Martin Fedor	28	M	Laborer	"	"
Johann Chratechy	46	M		"	"
Anna "	47	F		"	"
Johanna "	16	F		"	"
Joseph "	13	M		"	"
Veronica "	3	F		"	"
Johann "	12	M		"	"

Page 2

Name	Age	Sex	Occupation	Birthplace	Destination
Paul Chratechy	8	M		"	"
Joseph Copechky	40	M	Laborer	"	"
Marina "	28	F		"	"
Joseph "	7	M		"	"
Dlouain "	5	M		"	"
Johann "	2	M		"	"
Rosalie "	4	F		"	"
Maria "	6/12	F		"	"
John Kristinik	30	M		"	"
Rosina "	30	F		"	"
Barbarry "	7	F		"	"
Vincenz "	5	M		"	"
Paul "	10/12	M		"	"
Paul Matistak	41	M	Laborer	"	"
Anna "	36	F		"	"
Paul "	12	M		"	"
Josepha "	10	M		"	"
Johanna "	8	F		"	"
Joseph "	10/12	M		"	"
Wenzel Hostng	33	M		"	"
Maria "	24	F		"	"
Maria "	4	F		"	"
Franz "	10/12	M		"	"
Anna Crvenha	23	F		"	"
Barbara "	17	F		"	"
Franz "	19	M		"	"
Wenzel "	13	M		"	"
Matthew "	9	M		"	"
Aloys Philip	42	M	Blacksmith	"	"
Agnes "	32	F		"	"
Lorenz "	6	M		"	"
Agnes "	3	F		"	"
Joseph Pradka	46	M	Butcher	"	"
Franziska "	40	F		"	"
Theresia "	11	F		"	"
Franz "	9	M		"	"
Alonie "	7	F		"	"
Lofine "	5	F		"	"
Agnes "	11/12	F		"	"
Franzo Knesek	16	F		"	"
Ernest "	7	M		"	"
Hermina "	9	F		"	"

Page 2

Name	Age	Sex	Occupation	Birthplace	Destination
Elizabeth Perle	32	F		North German Union	United States

125

Name	Age	Sex	Occupation	Origin	Destination
Karl Perle	7	M		North German Union	United States
Paul Wasehzek	37	M	Laborer	Austria	"
Anna "	34	F		"	"
Veronica "	4	F	Died January 23rd		
Joseph "	11/12	M		Austria	"
Henrich Ueker	46	M	Farmer	North German Union	"
Caroline "	40	F		"	"
Hermann "	18	M		"	"
Auguste "	16	F		"	"
Ottilie "	5	F		"	"
Wilhelm "	36	M		"	"
Auguste "	30	F		"	"
Karl "	-5	M		"	"
Ernest "	-4	M		"	"
Henriech Jager	43	M	Brickmaker	"	"
Johanne "	42	F		"	"
Fredericke "	16	F		"	"
Hermann "	8	M		"	"
Max "	8	M		"	"
Fritz "	7	M		"	"
Linna "	5	F		"	"
Alfred "	1	M		"	"
Adolph Mennich	39	M	Carpenter	"	"
Catharina "	38	F		"	"
Willy "	7	M		"	"
Carl Gronewold	16	M	Clerk	"	"
Alurne "	13	F		"	"
Paul Jaschek	60	M	Laborer	Austria	"
Marianne "	18	F		"	"
Johann "	16	M		"	"
Peter Noack	35	M	Farmer	North German Union	"
Christiane "	31	F		"	"
Gustave "	4	M		"	"
Marie "	3	F		"	"
Paul "	2	M		"	"
Henrich Werschan	24	M	Carpenter	"	"
Friedrich Rosentrates	24	M	Carpenter	"	"
Pauline "	19	F		"	"
Theodore Hauthig	50	M	Shoemaker	"	"
Wilhelmine "	35	F		"	"
Hermann "	4	M		"	"

Page 3

Name	Age	Sex	Occupation	Origin	Destination
Anna Harthig	2	F		"	"
Franz Bidstet	24	M		"	"
Pauline Wenzel	20	F		"	"
Auguste Block	24	M		"	"
Albert Stack	24	M	Farmer	"	"
Fr. Mass	24	M	Servant	"	"
Henrich Schroder	44	M	Laborer	"	"
Charlotte "	42	F		"	"
Henricke "	17	F		"	"
Wilhelm "	15	M		"	"
Henrich "	10	M		"	"
Freidrich Gasckamp	15	M		"	"
Sophe Schroder	22	F		"	"
Engell Fiemann	60	M	Farmer	"	"
Sophie "	20	F	Servant	"	"
Wilhelm "	15	M		"	"
Friedrich Schaleck	49	M	Gardner	"	"
Dorothea "	37	F		"	"
Peter Jeksen	37	M	Laborer	"	"
Jans Hansen	16	M	Laborer	"	"
Peter Christianson	16	M	Sailor	"	"
Christ Jacobsen	16	M	Clerk	"	"
Jans Hofsten	17	M	Laborer	"	"
Peter Paulsen	16	M	Sailor	"	"

Name	Age	Sex	Occupation	Origin	Destination
Andrew Lorensen	16	M	Sailor	North German Union	United States
Tom Anderson	33	M	Laborer	"	"
Peter Riemers	30	M	Bricklayer	"	"
Johanne "	20	F		"	"
Hans Hansen	30	M	Laborer	"	"
Agathe "	22	F		"	"
Agathe Broderson	19	F		"	"
A. P. Johnson	31	M	Laborer	"	"
P. W. Malingren	32	M	Laborer	"	"
Jans Friedrichson	24	M	Laborer	"	"
Pauline Heinrichson	19	F		"	"
Hardine C. "	12	F		"	"
Henrich Mortiz	10	M		"	"
Leonore Christianson	14	F		"	"
Christian "	30	M	Laborer	"	"
Jans "	23	F		"	"
Jan Nehmens	16	M	Sailor	"	"
Jans Lorenson	42	M	Laborer	"	"

Page 4

Name	Age	Sex	Occupation	Origin	Destination
Simon Narvorra	37	M	Laborer	Austria	"
Anna "	37	F	Farmer	"	"
Johann "	8	M	Farmer	"	"
Wenzel "	6	M	Farmer	"	"
Jacob Calestka	60	M	Farmer	"	"
Fredr. Tiehrmann	29	M	Farmer	North German Union	"
Carl Wolter	39	M	Farmer	"	"
Johanne "	49	F		"	"
Anna "	18	F		"	"
Friedrich "	16	M		"	"
Alosp Polanski	20	M	Painter	Austria	"
Alosp "	13	M	Painter	"	"
Alosp "	12	M	Painter	"	"
Paul Zapalak	30	M	Farmer	"	"
Pauline "	23	F		"	"
Peter "	11	M		"	"
Anna "	8	F		"	"
Joseph "	6	M		"	"
Pauline "	-12	F		"	"
Veronica "	-2	F		"	"

2nd Quarter 1871
LIST OF PASSENGERS ARRIVED FROM FOREIGN PORTS

Name of vessel Bremen date May 10, 1871, from Bremen, Master John Hillmers.

Page 1

Name	Age	Sex	Occupation	Origin	Destination
Lina Hirsch	24	F		Prussia	United States
Bertha "	22	F		"	"
Fritz Huber	15	M		Germany	"
Ernest Kriersel	32	M	Smith	"	"
Susannie "	29	F		"	"
Betty Trent-weve	38	F		"	"
Meta "	16	F		"	"
Wilhelmine "	12	F		"	"
Ferdmand Hebrier	33	M	Smith	"	"
Veronika "	34	F		"	"
Anna "	7	F		"	"
Louise "	5	F		"	"
Ferdmand "	6/12	M		"	"
Chas. Glenewinkle	54	M	Weaver	"	"
Justine "	42	F		"	"
Chas. "	21	M	Farmer	"	"
Henry "	19	M	Farmer	"	"
Caroline "	17	F		"	"
Auguste "	9	F		"	"

Name	Age	Sex	Occupation	Origin	Residence
William Glenewinkle	8	M		Germany	United States
Maria Fahray	50	F		"	"
Antonia "	25	F		"	"
Johanne "	19	F		"	"
Joseph "	14	M		"	"
Emmauel "	12	M		"	"
John "	10	M		"	"
Allius "	7	M		"	"
Rosine Hribek	47	F		Austria	"
Anna "	27	F		"	"
John "	21	M	Baker	"	"
Rosalie "	17	F		"	"
Veronika "	8	F		"	"
Franz Torn	28	M	Tavern Keeper	"	"
Dorothea Lechuer	53	F		"	"
Justine Meisner	53	M		Prussia	"
Caroline "	27	F		"	"
Juliane "	17	F		"	"
Ottilia Spitzer	18	F		"	"
Hermann Willig	19	M	Sailor	Germany	"
Johanne Wittmann	41	F		"	"
Louis "	18	M	Gardener	"	"
Fred "	8	M		"	"

Page 2

Name	Age	Sex	Occupation	Origin	Residence
Wm. Wittmann	6	M		"	"
Emma "	4	F		"	"
Anna "	2	F		"	"
Edward Jagschies	36	M	Baker	Prussia	"
Auguste "	28	F		"	"
Martha "	1	F		"	"
Ludwig Plogt	45	M	Farmer	"	"
Dorothea "	47	F		"	"
Ludwig "	13	M		"	"
Dorothea "	9	F		"	"
Fred Fischer	29	M	Miller	"	"
John Maschick	61	M	Farmer	Austria	"
Joseph "	22	M	Farmer	"	"
Katherine "	25	F		"	"
Franz "	15	M		"	"
John Wastark	44	M	Farmer	"	"
Franziska "	44	F		"	"
John "	19	M		"	"
Franz "	9	M		"	"
Joseph "	4	M		"	"
Maria "	1	F		"	"
Rosa Schmidt	21	F		"	"
Joseph Heil	41	M	Farmer	"	"
Franziska "	40	F		"	"
Joseph "	19	M	Farmer	"	"
Rosalia "	16	F		"	"
Franziska "	14	F		"	"
Vincent "	12	M		"	"
Anna "	4	F		"	"
Franz "	8	M		"	"
Theresia "	6/12	F		"	"
Chas. Cejner	64	M	Farmer	"	"
Anna "	50	F		"	"
Franziska "	28	F		"	"
Frans "	25	M	Farmer	"	"
Chas. "	15	M		"	"
Franziska Manek	23	F		"	"
John Leschikar	39	M	Farmer	"	"
Rosalea "	46	F		"	"
John "	17	M		"	"
Joseph "	15	M		"	"
Vincent "	13	M		"	"

Page 3

Name	Age	Sex	Occupation	Origin	Residence
Franz Leschikar	10	M		"	"

Name	Age	Sex	Occupation	Origin	Destination
Bernhard Leschikar	8	M		Austria	United States
Anna "	5	F		"	"
Rosalia "	2	F		"	"
Marianna Prazek	59	F		"	"
Josepha "	19	F		"	"
Franziska "	16	F		"	"
Franz Marresch	42	M	Carpenter	"	"
Johanne Marrisch	44	F		"	"
Rosalie "	14	F		"	"
Franziska "	18	F		"	"
Anna "	11	F		"	"
Theresia "	8	F		"	"
Franz "	3	M		"	"
Theresia "	29	F		"	"
John Lahrmann	50	M	Farmer	Prussia	"
Anna "	46	F		"	"
Wm. "	23	M	Farmer	"	"
Dorothea "	21	F		"	"
John "	19	M	Farmer	"	"
Sophia "	17	F		"	"
Joachim "	15	M		"	"
Fredericke "	9	F		"	"
John Blaha	45	M	Farmer	Austria	"
Marina "	44	F		"	"
Anna "	19	F		"	"
Joseph "	12	M		"	"
Rosina "	7	F		"	"
Veronika "	4	F		"	"
John "	22	M	Farmer	"	"
Catharine Patsnowiak	20	F		"	"
Ludwig Mohr	22	M	Farmer	Prussia	"
John Martinetz	50	M	Farmer	Austria	"
Anna "	46	F		"	"
John "	25	M	Farmer	"	"
Veronika "	20	F		"	"
Antan "	2	M		"	"
Marianne "	20	F		"	"
Theresia "	17	F		"	"
Varonika "	12	F		"	"
Joseph "	14	M		"	"
George "	8	M		"	"

Name of vessel Weser date June 15, 1871, from Bremen, Master John Poppe.

Page 5

Name	Age	Sex	Occupation	Origin	Destination
Hermann Strescan	18	M	Student	Prussia	United States
Gottlieb Turke	58	M	Farmer	"	"
Caroline "	55	F		"	"
Julia "	17	F		"	"
Henry "	14	M		"	"
Paul Jaskowiah	24	M	Servant	"	"
Fr. W. Hufsaim	59	M	Merchant	Germany	"
Frederich Schulze	59	F		"	"
Johann Brskupski	39	M	Farmer	Prussia	"
Joseph Matiska	40	M	Mason	Austria	"
Francisca "	28	F		"	"
Julie "	7	F		"	"
Theresia "	5	F		"	"
Christine "	3	F		"	"
Antonia "	1	F		"	"
Anna "	1	F		"	"
Martin Bordovsky	27	M	Farmer	"	"
Augustin "	39	M	Carpenter	"	"
Rosalea "	37	F		"	"
Franc "	8	M		"	"
Carl "	3	M		"	"
Johann "	11/12	M	Died May 8, 1871		
Franc Polacek	19	M	Weaver	"	"
Joseph Oldstril	37	M		"	"
Aneska "	27	F		"	"

Name	Age	Sex	Occupation	From	To
Joseph Rocen	36	M	Farmer	Austria	United States
Anna "	40	F		"	"
Joseph "	13	M		"	"
Therese "	11	F		"	"
Johann "	6	M		"	"
Joseph Cink	48	M	Farmer	"	"
Viktoria "	45	F		"	"
Maria "	17	F		"	"
Anna "	14	F		"	"
Amelia "	11/12	F		"	"
Paul Werner	36	M	Waggonmaker	"	"
Christina "	28	F		"	"
Maria "	7	F		"	"
Franc "	5	M		"	"
Franciska "	6/12	F		"	"
Jan Surcek	39	M	Farmer	"	"
Therese "	30	F		"	"

Page 6

Name	Age	Sex	Occupation	From	To
Anna Surcek	8	F		"	"
Marianna "	11/12	F		"	"
Veronica	31	F		"	"
Cecilie Kulhanek	22	F		"	"
Jan Skalicky	42	M	Farmer	"	"
Marie "	46	F		"	"
Fan "	14	M		"	"
Wencl "	12	M		"	"
Franc "	10	M		"	"
Aueska "	8	F		"	"
Joseph "	4	F?		"	"
Marie "	11/12	F		"	"
Joseph Peter	40	M	Builder	"	"
Johanna "	41	F		"	"
Hana "	11	F		"	"
Joseph "	7	M		"	"
Veronika "	6	F		"	"
Jan "	3	M		"	"
Agnes Adaructy	25	F		"	"
Veruse "	6	F		"	"
Aueska "	4	F		"	"
Marianna "	11/12	F		"	"
Urnkulas Havel	48	M	Farmer	"	"
Rosina "	44	F		"	"
Urnkulas "	19	M		"	"
Jan "	15	M		"	"
Mariana "	13	F		"	"
Joseph "	7	M		"	"
Johanna "	4	F		"	"
Stephan "	11/12	M		"	"
Joseph Varick	58	M	Farmer	"	"
Marianna "	48	F		"	"
Johann "	22	M		"	"
Joseph "	7	M		"	"
Veruse "	4	F		"	"
Valentine Unculka	39	M	Farmer	"	"
Marianna "	41	F		"	"
Joseph "	14	M		"	"
Urnkulas Chalupi	41	M	Farmer	"	"
Marianna "	42	F		"	"
Franc "	16	M		"	"
Johann "	14	M		"	"

Page 7

Name	Age	Sex	Occupation	From	To
Urnkulis Chalupi	12	M		"	"
Antonin "	11/12	F		"	"
Rosalia Uncgua	50	F		"	"
Joseph "	19	M		"	"
Jan Jancik	33	M	Builder	"	"
Antonia "	25	F		"	"
Fan "	11/12	F		"	"

Name	Age	Sex	Occupation	Origin	Destination
Stephen Skrle	39	M	Farmer	Austria	United States
Anna "	39	F		"	"
Anna "	8	F		"	"
Marianna "	6	F		"	"
Furr Ciseky	60	M	Farmer	"	"
Joseph Kadlec	30	M	Farmer	"	"
Josepha "	21	F		"	"
Joseph "	3	M		"	"
Anna "	11/12	F		"	"
Fan Frala	57	M	Farmer	"	"
Anna "	35	F		"	"
Anna "	7	F		"	"
Martin "	4	M		"	"
Rosina "	1/12	F		"	"
Joseph Genzr	19	M	Joiner	"	"
Thomas Tkadlicek	54	M	Gunmaker	"	"
Katarina "	47	F		"	"
Johann Slovak	18	M		"	"
Vaovine Kuszuierek	23	M	Shoemaker	Germany	"
Katharina Krus	30	F		"	"
Anna Pallerstedt	19	F		"	"
Franc Bareuth	69	M	Mason	Austria	"
Theresia "	61	F		"	"
Anna Ceuka	32	F		"	"
Anna "	8	F		"	"
Amalie "	6	F		"	"
Jeremias Fruthant	73	M	Joiner	Prussia	"
Edward "	13	M		"	"
Wilhelm Gertis	37	M	Pinmaker	"	"
Joseph Polaril	39	M	Mason	Austria	"
Veronika "	40	F		"	"
Francisa "	14	F		"	"
Josepha "	3	F		"	"
Franc "	1	M		"	"
Wilhelm Urbanke	42	M	Clothier	Prussia	"

Page 8

Name	Age	Sex	Occupation	Origin	Destination
Carl Schulz	48	M	Locksmith	Germany	"
Marie "	35	F		"	"
Carl "	21	M		"	"
Paul "	10	M		"	"
Gustav "	8	M		"	"
Emil "	4	M		"	"
Hernheim "	1	M		"	"
Febreoht Thielz	23	M	Shoemaker	"	"
T. J. Hucksmann	20	M	Merchant	Austria	"

Name of vessel Galveston date June 19, 1871, from Bremen, Master Otto Rehkopf.

Name	Age	Sex	Occupation	Origin	Destination
Orno Heni Muller	17	M		Germany	United States
Dan'l. F. Thacher	38	M	Shoemaker	"	"
Frederiche "	7	F		"	"
Christine "	3	F		"	"
Marine "	2	F		"	"
Ful Carl "	45	F		"	"

INDEX

ABELS, Catharine 30
  Heinrich 30
  Peter 30
ACKERMAN, Heinr. 116
ACKERT, Hermann 59
ACKULE, Wilhelm 65
ADARUCTY, Agnes 130
  Aueska 130
  Marianna 130
  Veruse 130
ADOLPH, August 35
AHEBORN, Fredde 70
AHLEMEIR, Catherine 95
  Wilhelmina 95
AHLHORN, Caroline 97
  Johann 97
  John F. 97
  Henry 97
  Meta 97
AHLMEYER, Marie 109
AHRENDS, Carl 9
AHRENS, J. F. W. 8
AHRENS, Line 101
AHVENBECK, Bernhard 10
  Daniel 10
  Minna 10
  Wilhelmine 10
ALBRECHT, Carl Hinnich 8
  Fredinand 8
  H. 57
  Louisa 8
ALDUG, Christien 73
  Ernestine 73
ALEXANDER, Fritze 101
  Jos. 67
  Rose 101
ALKIES, Ernst 33
ALLEXANDER, C. 55
  Z. 55
ALLMEYER, Catherine 46
  Wilhelm 46
ALPERS, Heinrich 106
ALTHANS, Elizabeth 47
  Emilie 47
  Henry 47
  Julius 47
ALTMAN, Heinrich 108
  Helina 84
ALTMANN, Bertha 38
  Carl 37
  Dorothea 37
  Ida 38
AMANN, Frederike 62
  Jacob 62
  Wilhelmine 62
AMDOHR, R. G. F. 47
AMENT, Fredrick 3
AMERICA, Apolonia 65
AMIEBACH, John 3
AMMERMANN, Master 28
ANDERS, Franz 73
  Johanna 73
  Magdalean 73
ANDERSON, Charles 69
  Tom 127
ANDRASCHEK, Johann 119
  Maria 119
  Rosalia 119
  Theresia 119
ANDREAS, Carl 58
  Christian 58
  Eleanor 58
  Friedrich 58
  Gottfried 58
  Herman 58
  Maria 58
ANDUS, J. 57
ANGENSTEIN, Heinr. 43
ANNING, Edmond 23
  Elib. 23

ANNING (cont.)
  James 23
  Sarah 23
  Selina 23
ANTEL, Gotts 29
ANTHONY, Helen 24
  Philip P. 24
APFIEL, August 37
  Bernhard 37
  Bernhardine 37
  Caroline 37
  Christoph 37
  Elizabeth 37
ARMENDING, Johan 10
ARNECKE, Friedericke 50
ARNOLD, Auguste 80
  Caroline 38
  Frederke 80
  John 80
  Julius 38
ARONS, Elize 19
ARORBACH, W. 3
ARSSIM, Edmund 47
  Johann Fr. 47
ASCHEN, Johan 9
ASHOM, Christoph 44
ASSMANN, Catharina 18
  Christian 18
  Johann 18
  Peter 18
ATTE, Dorette 9, 10
  Heinrich 9
  Maria 10
AUDICAS, C. 26
AUEROCHS, Johan 31
BAB, Ludwig 73
BABEL, F. 56
BACA, Ignatz 63
  Johann 63
  Johanna 63
  Joseph 63
  Rosara 63
BACH, Ernstine 35
  Hermandine 35
  I. H. 35
BACHMANN, A. A. 77
  Ann 77
BACHNISON, August 38
BADD, M. 55
BADE, Dorotha 99
  Christian 99
  Fred 90
  Fredericke 99
  Louise 90
  Sophie 99
  Wilhelm 99
BADST, Augusta 94
  Caroline 94
  Christo. 94
  Johann 94
  Theresa 94
BAER, Friedrich 40
BAGELMANN, Aw Herm 20
BAHLE, Aug. 36
BAIER, Carl 20
BAINJUNISKIE, Jos. 90
BALKE, Andreas 114
  August 114
  Christine 114
  Christoph 114
  Ernest 114
  Guste 114
  Jacob 114
  Johann 114
  Johanne 114
  Rosine 114
BAMBE, C. Ed. 28
BAME, C. 20
BANAWSKY, Ateleide 41
  August 41

BANAWSKY (cont.)
  Augusta 41
BANCH, Caroline 33
  D. W. 33
  Elsie 33
BANCK, Hermann 19
BANMANN, Abraham 4
BANSADGECK, J. 35
BANTLE, Alexander 4
  Franz J. 4
  George 4
  Johannes 4
  Octavie 4
  Verina 4
BANZER, Beningna 64
  Gaduicha 64
  Martin 64
  Rosalia 64
BARBELS, Johann 58
  Sophie 58
  Wilhelmine 58
BARCZAK, Apolonia 121
  Anna 122
  Johann 121
  Johann 122
  Marianna 122
  Paul 122
  Rosina 122
BAREUTH, Theresia 131
  Franc 131
BARKER, Heinrich 19
BARRETT, George 68
BARTEL, Adolph 105
  Wilhelmine 105
BARTELS, Christ 20
  Helene 31
  Mary 31
  Wilhelm 43
BARTH, Anna 102
  Bertha 102
  Carl 102
  Freda 98
  Frederick 102
  Johanne 102
  Marie 102
  Minna 102
BARTRUM, Friederich 38
BARTZ, Joseph 86
BASALLEGER, Helen 31
BATLA, Anna 117
  Carl 118
  Joseph 118
  Johann 117
  Johann 118
  Paul 118
BATTFRASS, Elize 106
BATTZER, Anna 87
  B. 87
  Johanne 87
  V. 87
BAUCH, Gustav 115
BAUCKHAUIAR, Bernhard 81
BACKHAUIAR, Dorothe 81
BALKE, Charles 80
BALLIMANER, Anna 79
  Auguste 79
  Heinrich 79
  Louise 79
  Marie 79
  Rosalie 79
BARTENS, Fritzi 70
BASMANK, York 81
BASON, Timasha 71
BASSLER, C. 72
BATCHER, Julius 73
BARTTLING, Friederike 78
BAUER, Aug. W. 24
  Catharine 34
  Chrissene 34
  Christoph 34

BAUER (cont.)
    Franz 93
    Heiner. 25
    Jacob 34
    Johanna 34
    Johannie 34
    Wilhelm 34
BAUM, Christina 93
    Frederika 93
    Geo. 93
    Gustov 48
BAUMANN, Carl 115
BAUMANN, C. F. F. 33
    Caroline 34
    Elizabeth 80
    George 80
    Gertrude 80
    Henry 80
    Wilhelm 80
BAUTSCH, A. F. 25
    Amalie 25
    C. G. 25
    Ema. 25
    E. Reg. 25
    H. A. 25
    H. M. 25
BAWRSCHLEY, Emma 74
    Fredrich 74
    George 74
    Henich 74
    Marie 74
BEARD, Eliz. 23
    Jno. 23
BEATA, Mrs. 56
BEATEL, Wilhelm 80
BEAUMONT, Ann 68
BEBENROTH, Hr. Chs. 11
BECHMAN, Antke 100
    Gutja 100
    Richd. 100
BECK, C. A. 25
    Carl 74
    Helene 25
    Louis E. 25
    Machen 25
    Theodore 25
    Wilhelmine 25
BECKENDORF, Aug. 11
    August 11
    Carol 11
    Emilie 11
    Jossn 11
BECKER, Anna 111
    Anna C. 73
    Anna G. 73
    Anna M. 73
    August 19
    Caroline 111
    Catharina 62
    Chrisian 110
    Christian 79
    Elizabeth 103
    Emil 102
    Gerhard 103
    Heinr 43
    Heinrich 103,111
    Henry 96
    Jacob 47
    Louis 111
    Louise 111
    Maria 47
    Martin 47
    Matthias 103
    Rudolph 19
    Thos. W. 73
    Wilhelm 103
BECKMAN, Dorothea 105
BEEKER, Wilhelm 80,81
BEERENBROK, Henr. 13
    Wilh. 13
BEGAN, Marie 103
    Matthias 103
    Yohann 103

BEHIENS, Albert 71
    Anna 71
    Behienie 71
    Frank 71
    Jacob 71
    Johann 71
BEHMASCH, Julius 65
    Marie 65
    Wilhelmina 65
BEHNEKEN, Anna 47
    Meta 47
BEHNING, Henry 80
BEHREHNS, Moritz 32
    Pauline 32
BEHRENS, R. 26
BEHREUS, G. C. 83
BEHRING, Jacob 34
BEHUA, Linna 72
BEIKER, Caroline 79
    Christian 79
    Henry 79
BEINECK, Josepha 108
BEISSNER, Chas. L. 95
    W. 57
BELCHER, Marion 67
BELECK, Franz 91
BELLINGER, Wm. 20
BELREWS, Heinrich 106
BELZ, Michael 7
BENDER, Albert 119
    Edwd. 35
    Elizabeth 119
    Josef 119
    Wilhelm 119
BENEKE, Carl 11
    Doroth 11
    Fred 11
    Joh Toach 11
    Wilh 11
BENFER, Elizabeth 61
BENGCK, Emily 99
    Herman 99
BENNETT, Henry 68
BENSE, Auguste 100
BENSSER, Heinr. 46
BENSTRICK, Anna 71
BENZ, Carl A. 74
BERCHKE, Anna 81
    C. R. 81
    Mina 81
BERGER, Caroline 41
    R. 57
BERGEMAN, Agnes 35
    Alinie 106
    Christian 106
    Ernst 35
    Fritz 106
    Herman 106
    Julia 35
    Maria 35
    Mathilda 35
    Otilir 35
    Sophie 106
BERGER, Ernest 110
BERGHOLD, Chrissene 34
    Frederick 34
    Ludwig 34
BERGMAN, Anna 84
BERGSTROM, Erie 78
BERHEANZ, Henry 2
BERK, Catherine 5
    Christina 4
    Christina M. 4
    John 4
    Joseph M. 5
    Maria 5
    Martin 5
    Philip 4
BERKE, Louise 10
BERKENBURCH, Lisitte 42
    Therese 42
BERKENHOFF, August 11
BERLOCHER, Anna 42,109

BERNDT, Aug 34
BERNER, Chs. G. P. 24
    Hans 84
BERNFER, Heinrich 59
    Louise 59
BERNS, Andres 90
    Carl 90
    Henry 90
    Otto 90
    Renata 90
BERNSTEIN, Clara Ernestin 106
    Ernest Is. 106
    John 106
    Magdeline 106
    Paul W. 107
BERTOLLOT, Adolph 30
BERTRAM, Heinrich 33
BESBARA, Julius 16
BESRZE, William 49
BESSELRE, Auguste 10
    Carl 10
    Ernst 10
BESSIE, Edward 68
BESSIL, John 69
BEST, Anna 95
    Elise 94
    F. 57
    Frederich 57
    Gottfried 57
    Margaret 94
    Philip 94
    T. 57
    Wilhelmine 57
BEYER, Auguste 119
    Christian 50
    Clara 119
    Gustave 119
    Juliane 119
    Ottilie 119
BIDSTET, Franz 126
BIELEFELD, Elizabeth 99
    Frederike 99
    Fredk. 99
    Minna 101
    Wilhelm 99
BIERMANN, Aloys 14
BIGEN, Christoph 103
    Johanne 103
BILLINGER, Robt. 35
    Sophie 35
BINDING, Carl 12
BINGHAM, Gertrude 68
    Isaac 68
    Louisa 68
BINZ, Nicholaus 18
BIOVANO, Better 7
BIRGER, Aug 20
BIRK, Philipp 4
BIRNE, Eusyhet A. 70
BISCHOFF, Anna 5
    August 114
    Carl 10
    Caroline 10,114
    F. F. 54
    Fritz 38
    Louise 10
    Mary B. 5
    Wilhelm 5,114
BISKEL, Peter 3
BISSET, James 69
BLACK, John 69
    William 67
BLACKE, Heinr. 25
    Lena 25
BLAHA, Anna 129
    John 129
    Joseph 129
    Marina 129
    Rosina 129
    Veronika 129
BLANK, Hugh 97
BLANKE, H. 54

BLASER, Doroth. 29
BLECKER, Chs. 26
BLEI, Wilhelm 33
BLEK, Johan 4
  Victorine F. 4
BLICK, Henrietta 7
  Henriette 7
  Joh. Friedrich 7
  Johanne 7
  Justine 7
  Susanne 7
  Wilhelm 7
BLIEDS, Gottlieb 116
BLISEKE, Caroline 42
  Fredrich 42
  Theod. 42
  Wilhelm 42
BLOCK, Auguste 126
BLUKER, Catherine 2
  Elizabeth H. 2
  Jacob 2
  John 2
  O. 2
BLUKLER, Wm. 23
BLUM, Carl 65
  Elise 98
  Ernst 52
  Frederich 115
  Henrietta 112
  Margaret 98
  Ottilie 112
  Robert 112
BLUMBERG, Albert 73
  Anna 73
  Auguste 33
  Carl Fridr 33
  Dorothea 32
  Emil 73
  Fried. Wilh. 33
  Herm. Julius 33
  Joh. Aug. 32,33
  Joh. Fried. 32
  Louise 73
  Maria 33,77
BLUSCH, Alfred 56
  Martha 56
  P. 56
BNREN, Albert 24
  Amelia 24
  Ann 24
  Gertrude 24
  Henry 24
  Lavinia 24
  Sam. G. 24
  Saml. G. 24
BOBACK, Andria 92
  Geo. 92
  Johann 92
  Magdalina 92
BOBB, A. Barbara 102
  Anna 102
  Barbara 102
  Jacob 102
BOCK, Christel 10
  Maria 6
  Peter 6
  S. W. 27
BOCKELBRUSH, Heinr. 44
BOCKER, Henriette 60
  Maria 60
BODE, Caroline 85
  Christian 85
  Fritze 70
  Wilhelm 85
BODEKER, Aug. 36
BODIE, Julie 57
BODUNGEN, Amelia 92
  Clemens 92
  Eugene 92
  Frances 92
  Frantz 92
BOEDECKER, Theodore 62
BOEDEIKER, Heinrich 49
  Otto 49

BOEHMAN, Heinrich 102
BOESE, Charlotte 76
BOETER, Elizabeth 113
  Frederich 113
BOETHE, Wilhelm 50
BOHE, Heinr 27
BOHENBACK, Otto 19
BOHENKAMP, H. 77
BOHLEN, Ernst Aug. 58
BOHM, Frederick 11
  D. M. 18
BOHME, Frederich 114
  Hieronymus 33
  Regine 114
BOHN, Christine 111
BOHNE, Henrietta 111
BOHNING, Carl 21
BOIKMAUN, Carl 79
  Edgar 79
  Eugen 79
  Reinhard 79
BOKER, Heinrich 52
BOKINFOHR, Wm. 25
BOKOHE, Adolph 9
  Albert 9
  Albertine 9
  August 9
  Henriette 9
  Heinrich 9
  Rudolph 9
BOLDT, Christian 46
BOLEG, Louise 45
BOLKE, Sophie 33
BOLSCHAN, Carl 33
BOLSMANKE, Joseph 108
  Stanzlava 108
BOLT, Frk. 48
BOLTING, Joh Tr. 12
BOLTZ, Amalia 62
  Catharina 62
  Franz M. 62
BONDMANN, Friedrich 43
BONE, Wilh. Me 15
BONERKOMFEL, Fr. 21
BONIFOH, Carl 31
BONKER, Henrietta 111
BONNET, Jos. 77
BOOK, Chartlotte 83
  Widow 83
BOORTZ, Aug. 78
  Auguste 78
  Henrietta 78
  Wilhelmine 78
BOPP, Bertha 84
  Eliza 84
  Jacob 84
BORCHER, Auguste 99
  Henry 98, 99
  Marie 98
  Sophie 98
BORDOVSKY, Augustin 129
  Carl 129
  Franc 129
  Johann 129
  Martin 129
  Rosalea 129
BORGFELDT, August 87
  Christian 87
  Christine 87
  Dorothe 87
  Friedrich 40
  Marie 87
  Minnie 87
  Wilhelm 87
BORINGHER, Christian 1
  Christine R. 1
  Elize 1
  Jane 1
  Justina 1
BORKHARD, Dorothea 54
  T. 54
BORMANN, Dorothea 16
BORNCHSER, Emma 96
  Lina 95

BORNCHSER (cont.)
  Louise 95
  Sophie 95,96
BOROKIN, John 77
BORRAZAK, Johann 122
  Lucas 122
  Paul 122
  Rosina 122
BORREZAK, Anna 122
  Apolonia 122
  Joseph 122
  Vincenzia 122
BORSCHER, Frederick 101
BORTFELD, Himr 21
BOSSE, Caroline 115
  Charlotte 83
BOSHE, Johann Hr. 36
BOTE, Christine 14
BOTH, J. Chr. 25
BOTHMER, August 10
BOTHNIER, Arnold 79
BOTTCHER, Auguste 19
BOTTHAVE, Agnes 62
BOUIKES, Fred 80
BOYD, Carrie 120
  Charles 120
  George 120
  J. J. 120
  James 120
  Jane 120
  Lizzie 120
  Mary 120
  Minnie 120
  Thomas 120
BOYLE, Augusta 67
BRACHT, Felix 26
  Victor 26
BRACHWITZ, August 89
  Carl 89
  Caroline 89
  Franz 89
  Fred 89
  Fredericke 89
  G. 89
  Gottfrey 89
  Marie 89
  Otto 89
BRADEMANN, Gust. 77
BRADEN, Adam 17
  Andreas 17
  Anna Barbara 18
  Annie Marie 17
  Anton 17
  Barbara 17,18
  Catharine 17
  Edward 17
  Eva 17
  George Josef 17
  Gertrude 17
  Josef II 17
  Magdalena 17
  Margaretha 17,18
  Martin 17
BRADY, Eliza 69
BRAENS, S. 26
BRAG, Catharine 47
  Johanna 47
  John 47
BRAKE, Ernst 55
BRAKEBACK, Heinr. 25
BRAKOWSKY, Amelia 111
  Anna 111
  August 111
  George 111
  Gertrude 111
  Marie 111
BRAN, August 112
  Christian 112
  Eilert 12
  Isleba 112
BRANDES, Anna 19
  Augt. 98
  Christine 98
  Fritz 98

BRANDES (cont.)
   Henrietta 98
   Henry 98
   Maria 19
BRANDORN, Carl 99
BRANDS, Ludwig 73
BRANDT, Carl 99
   Eleanore 60
   F. 56
   Fr. 56
   Fredk. 99
   Friedrich 42
   H. 56
   Helen 78
   Minna 99
   W. 56
   Wilhelm 56
BRANHACH, Phillip 36
BRANNIG, Joel 78
BRANSSER, Leopold 11
BRASCSO, F. 26
BRASHT, Felicia 27
   Josephine 27
BRAST, Carl 115
   Christine 115
   Frederika 115
BRATZELL, Aug. 26
   Louise 26
BRAUDES, Caroline 90
   Henry 90
BRAUN, Ernst 41
BRAUNING, Chatirine 1
BRAUNSCHWEIGER, A. 55
BRAWENC, Anna 85
   Joseph 85
   Thomas 85
   Veronika 85
BRAWENSE, Josef 117
   Maria 117
   Paul 117
BREBHAM, Sopha 5
BREDEMEGER, Anna 80
   Louise 80
   Sophie 80
BRELE, August 107
   Christian 107
   Marie 107
BREMEN, Auguste 79
   Caroline 79
   Christine 79
   Diedrich 102
BRENKE, A. 54
   Julius 54
   Mariann 54
BRESSEL, Gottfr. 77
BRETSCHNEIDER, Karl 53
BREUSTEDT, C. H. 27
   Gottl. 27
   Heinr. 27
BRIME, Wm. 20
BRINCKMAN, Heinrich 63
BRINGAMANS, Leonore 50
BRINK, Carl 10
   Mane 10
   Marie 10
   Minna 10
BRINKMANN, Fritz 77
BRINKMEYER, Louise 111
   Sophie 111
BROCHMAN, Emily 93
   Gustav 93
   Julius 93
   Reinhrdt 93
   Wilhelm 93
BROCKER, John Heve 113
   Pauline 113
BROCKHOFF, Marie 98
   Therese 98
BROCKSCHUEDT, Caroline 83
BROCKSMIDT, Christine 111
BRODERSON, Agathe 127
BROKMANN, Hr. 21
BROMER, Auguste 35

BROOKE, Christine 83
   J. H. 83
   Johann C. 83
   John 83
   John G. 83
BROSDE, H. & M. 29
BROSIG, Josef 38
   Theodor 38
BRSKUPSKI, Johann 129
BRUCKMULLER, Wilh. 118
BRUDZEICKE, Elizabeth 8
BRUGGENWORTH, Wilhm. 46
BRUN, Gia 2
BRUNIG, John 90
BRUNING, Catherine 89
BRUNS, Conrad 29
BRUSF, Wilhelm 83
BUAAS, John 33
BUBERSTIEN, Hans 73
BUCHANAN, William 67
BUCHMAIN, Margurite 15
BUCHNER, Anthon 5
   Auguste 5
   Catherine 5
   Wilhelm 5
BUCK, Caroline 60
   Elizabeth 60
   El. Wma 29
   Sophi 29
BUCKNER, Auguste 4
   Carl 4
   Catherine F. 4
   Elizabeth S. 5
   Gerard 4
   Henrich 5
   Louise 4
   Philips 4
   Wilhelm 4
BUDEMANN, Rudolph 7
BUDING, Friederich 37
BUENGER, Friederiche 50
   Heinrich 50
BUERDEN, Juline 5
BUGELER, Johann 100
BUGGESHAGEN, Alvine 100
   Caroline 100
   Ferd 100
   Gustav 100
   Theo 100
BUHLE, Gottfr 76
BUHRING, Ernst 88
   Sophie 88
BUKER, Master Thomas 97
BULLNER, Amilia 93
   Andrew 93
   Anna 93
   Ernst 93
   Johann 93
   Magadalina 93
BULS, Andrew 99
   Anna 99
   Fred 99
   Sophie 99
   Wilhelm 99
BUMANN, Claus 33
BUNDE, A. W. H. 74
   Aug. Carl Albert 74
   Bertha 74
   Caroline 73
   Frederich 73
   Fredrich 74
   Herman 73
   Wilhelmina 73
BUNER, Carl 10
   Emilie 10
BUNGE, Christian 38
   Wilhelm 38
   Wilhelmine 38
BUNGEN, Wm. 77
BUNKMEYER, Wilhelm 111
BURCHHARDT, Wm. 76
BURCHSTIEN, Mathilda 76
BURGER, Bartoloma 30

BURSA, Jas. 28
BURSNESLIS, Friedrich 41
BUSCH, Wilhelm 102
BUSCHER, Heinrich 111
BUSCHMAN, Master 21
BUSE, Christine 98
   Dorotha 98
   Fredk. 98
BUSH, J. D. 25
BUSHMAN, Master 28
BUSING, Ruih 21
BUSKE, Ann 74
   August 74
   Austute 74
   Caroline 74
   Christian 74
   Emil 74
   Emilie 74
   Gottlieb 74
   Heinrich 74
   T. 74
   Wilhelm 74
BUSKER, Carl F. 73
   Charlotte 73
   Marie 73
BUSSIAN, Catharine 6
BUTLANAL, Eliz. 23
BUTLER, Price 68
BUTTNER, Anna 8
BUTZBACH, Auguste 30
BUTZE, Friedr. 28
BUZKA, Mathias 92
BVESTSCH, Johann 94
CALESTKA, Jacob 127
CALKES, David 67
CALLICOTT, Geo. 24
CAMPBELL, Hugh 66
CANSGATZE, Joh. Fr. 11
CARAYE, Wm. 67
CARNATZ, Johan 10
CARSTEN, Wilhelm 9
CARSTENS, Helene 106
CASSEL, Anna 49
   Christian 49
   John 49
CASSENS, Elisabeth 120
   Gerhard 120
   Wessels 120
CASSIDY, John 68
CAUNAN, Edward 69
   John 69
CAUSE, Esther 68
   Georgiana 68
   Samuel 68
   William 68
CEJNER, Anna 128
   Chas. 128
   Frans 128
   Franziska 128
CEUKA, Amalie 131
   Anna 131
CHAIRNAN, Charles 68
CHALONPKA, Franz 122
   Theresa 122
   Theresia 122
CHALOUPKA, Anna 118
   Franz 118
CHALUPKA, Anna 116
   Theresia 116
CHALUPI, Antonin 130
   Franc 130
   Johann 130
   Marianna 130
   Urnkulas 130
   Urnkulis 130
CHAME, Julius S. 26
CHEISTIAN, Mr. 56
CHICTER, Ann 67
   John 67
CHISHARD, Caroline 84
CHRATECHY, Anna 125
   Johann 125
   Johanna 125

CHRATECHY (cont.)
  Joseph 125
  Paul 125
  Veronica 125
CHRIST, Franz 74
  Rosina 74
CHRISTIAN, Frank 1
CHRISTIANSON, Christian 127
  Jans 127
  Lenore 127
  Peter 126
CHRISTOPH, Friedrich 42
CHURCH, Eliza 70
CICHERT, August 84
  August L. 85
CINK, Amelia 130
  Anna 130
  Joseph 130
  Maria 130
  Viktoria 130
CISEKY, Furr 131
CJMANSCH, Anna 51
  Franz 51
  Mariaune 51
  Teresia 51
CLANDT, Fred V. 12
CLARK, Ann 68
CLAUS, Catharine 61
  Jenr. 14
  Wilhelm 61
CLAUSEWITZ, Elise 53
  Fritz 53
  Gustov 53
CLEANES, Master 120
CLEMENS, Wilh. 27
CLOPPENBURG, Bernhard 8
COATS, William 69
CODNER, Ann 23
  Betty 23
  Jno. W. 23
COHILLE, Ann 68
COHN, Jacob 86
  Sophie 51
COLBE, Heinrich 103
COLDER, Wm. 67
CONGER, Fch. 16
  Julius 16
CONRAD, Carl 62
  Catharina 62
  Clemens 41
CONRADE, Adolph 7
CONSTANT, Armand 18
  Charlotte 18
  Elize 18
  Louis 18
  Mariam 18
CONTZ, Johanne 115
COOK, Henry 68
  Sarah 68
COOPER-BLOHEN, Catherine 41
  Christoph 41
COPECHKY, Dlouain 125
  Johann 125
  Joseph 125
  Maria 125
  Marina 125
  Rosalie 125
COPLEY, Eliza 66
  Henry 66
COPP, George W. 4
CORBET, Liman 69
CORBY, Gottfr. 29
CORDER, Heinrich 43
CORDS, Joh Mania 5
CORDT, F. 26
CORETH, Agnes 39
  Amalie 39
  Carl 39
  Ernst 39
  Franz 39
  Johann 39
  Maria 39

CORETH (cont.)
  Rudolph 39
CORNELIUS, Albert 36
  Emilie 36
  Julius 36
CORSSEN, H. F. 24
COUFALE, Amalie 118
  Anna 118
  Franz 118
  Theresia 118
CRAIG, Isobella 65
  John 65
  Margaret 65
  Samuel 65
CRAKER, Mary 69
  Mary A. 68
  William 68
CRAMER, Angelica 15
  Auguste 13
  Carl 15
  Friederick 13
  Hienrich 109
  Rosalie 15
CROSS, Charlotte 23
  Eliza 23
  Wm. 23
CRVENHA, Anna 125
  Barbara 125
  Franz 125
  Matthew 125
  Wenzel 125
CUBALLER, Civie 72
CUFAL, Franziska 119
  Josef 119
CUMMINGS, John 68
CURTEN, Henry 78
  Wilhelm 78
CUSTARD, Antonie 113
  Elizabeth 113
DABB, Edward 28
DACKEL, Johan 30
DAEBLEN, Thos. 84
DAERR, Auguste 85
DAETZ, Anna 60
  Auguste 60
  Emilie 60
  Emma 60
  Eva 60
  Melchou 60
  Michael 60
  Selma 60
DALWITZ, Maria 107
DAMBACH, Christina W. 3
  Jean F. 3
  Louis 3
  Magdalina 3
DAMEIER, Charlotte 60
DAMUS, Adolf 38
DANGERS, Aug. 47
DANMEYER, Charlotte 109
DANNIMAN, Fredericke 20
DARENBAUMER, H. W. 37
DARMIER, Elizabeth 100
DARMSTEADTER, Philipps 3
DARNLCKE, Caroline 90
  Franz 90
  Pauline 90
DASSMAN, Carl Aug. 108
DAUEK, Anna 122
  Catharina 122
  Joseph 122
  Martin 122
DAUNHAINER, Gab. 34
DAUTEIH, Dorothe 80
DAVIDSON, Wm. 69
DAVIS, Benj. 67
DEA, Christine 107
  Johann 107
  Maria 107
  Theresa 107
DEADENSING, Elise 54
  Henriett 54
  Marie 54
  W. 54

DEADENSING (cont.)
  Wilhelmine 54
DEAUMLANAT, Fred 80
DEGENS, Anna 79
DEINHART, Michael 21
DEKOB, Elizabeth 18
  Johann 18
  Josef 18
DELFF, Friedrich 46
DELZ, Auguste 85
  Bernhard 85
  Emelie 85
  Gottfrey 85
  Marie 85
  Michael 85
  Pauline 85
DEMANN, G. 26
DENKER, Catherine S. 4
  Mathies 4
DENKIN, Johanna 64
DEPPE, Amelia 80
  August 80
  Menhan 80
  Wilhelm 80
DERMSTYNE, F. B. 5
DESE, Gerhard 63
DETTMER, Christ 21
DEUMNEY, Adele 76
  Amelia 76
DEUNHARDT, Johan 31
DEUTLER, G. 26
DIBBE, Fredk. 96
  Henry 96
  Louise 96
  Margaret 96
  Wilhelm 96
DIEBEL, Christian 43
  Christoph 43
DIEDLITZ, Richd. 34
DIEDNICKS, Anna Lamess 44
  Friedricke 44
  Heinr. Fr. 44
  Heinr. Wilh. 44
DIEDRICH, Cath. 28
DIEK, Gustav 30
  Josephine 30
  Reinhard 30
DIELD, Johanna Aug 20
DIERKES, Clemens 14
  Igna 14
DIERSCHKE, Anna 83
  Joseph 83
  Matilde 83
  Pauline 83
DIETER, Fred 76
  Friedrike 76
  Johann 76
  Marie 76
  Sophie 76
  Wilhelm 76
DIETRICH, Johanna 20
  Moritz 20
DIETZ, Aug. 25
  Ferdinand 30
DIGGINS, Wm. 23
DINGETHAL, Georg 20
DINGLE, Maria 24
  Mary 24
DIPPEL, Jacob 90
  Marie 90
DIRKE, Catharine 32
  Christophe 32
  Dorothea 32
  Frederick 32
  Hermann 32
  Joachim 32
  Maria 32
DIRKSON, Master N. B. 124
DISCHENGER, Magdalena 34
  Wilhelmine 34
DISCHER, George 52
DISSELHORFT, Theodore 30
DITTMAR, Carl 16
  Louis 16

DITTMER, Anna 102
  Louis 102
DITZEL, Anna 60
  Helene 60
DIXON, Alex 69
DLOUHY, Carl 116
  Maria 116
DOABISCHER, Martin 74
DOCKAL, Adena 114
DOCKAL, Franz 114
  Rosalie 114
DOECKE, Henrietta 27
DOERK, Moritz 27
DOERR, Carl 22
  Ludw. 22
  Chrna. 28
DOGACZ, Carl 85
  John 85
  Joseph 85
  Veronika 85
DOGELSANG, Dores 37
  Ernst 37
  Friedr. 37
  Hetta 37
  Jacob 37
  Theodor 37
DOHNER, Earl B. 13
DOKAL, Catharina 122
  Helena 122
  Johann 122
  Tobias 122
DONALLY, John 68
  Mary A. 69
DONNERBERG, Johanne 100
  Marie 100
DOR, Elisb 11
  Mar. 11
DORECK, Anton 90
DORHETY, Patk. 67
DORNHOFER, Elisa 14
  Friederic 14
  John 14
  Marry 14
DORNWELL, Aug. 28
DORT, Er. 26
DORWARD, David 69
DOSCH, E. 16
DOSCHER, Marie 103
DOSE, Yoh. Wilhelm 106
DOWLING, Charles 68
DRAVE, Adolph 22
DREGELMANN, Eugen 21
DREIER, S. 56
DRESSEL, Emeil 29
  Julius 29
  Rudolph 29
DREYER, Caroline 13
  Dorothea 13
  Friederike 13
  Henry 13
  Justine 13
  Louise 13
  Ludwig 13
DROEHN, Herman 102
  Marie 102
DROSCHE, August 58
  Christiana 58
  Ernst 58
  Herman 58
  Johann 58
DROSTE, Johan 50
DUBA, Eva 106
  Joseph 106
  Vernika 106
  Vernike 106
DUBE, Heinr. 49
DUBEL, Dorothea 46,47
  Maria 47
DUBELL, Johann 46
DUBLE, Henry 80
DUCKART, Rudolph 41
DUHREN, Christinane 41
  Hans 41
DUINCH, Frederick 74

DULLBERG, Franz Wilh. 43
  Friedr. Wilh 43
  Hennrich Wilh. 43
  Maria Elise 43
DULM, Bernhard 58
  Frk. 48
  Heinrich 58
  Louisa 48
  Maria 58
DU MENIL, Rudolph 46
DUMKE, Elizabeth 9
DUNCAN, John 69
DUNGEN, Cathrina 42
  Jos. 42
  Lise 42
DUNKHANNER 19
DUNLER, Carl 16
  F. F. 16
DURKOPP, Sophie 10
DUSCH, Carl 6
DUSCHECK, Anna 86
  Ludwig 86
  V. 86, 87
DUSCHEK, Anna 118
  Franz 118
  Franziska 118
DUSEK, Anna 122
  Emil 122
  Franszisca 122
  Johann 122
  Joseph 122
  Rosali 122
  Rosalia 122
  Vincene 122
DUVER, Yoachim 73
DYANIPIUS, Frederike 35
  Joh. Ohl 35
  J. P. 35
EAMER, Christine 20
  Fr. Th 20
EBEL, Carl 84
  Edward 120
  Fredrick 71
  Minne 84
EBEN, J. H. 88
  Joh. Friedr. 42
EBEZ, Anna 18
  Anton 18
  Christian 18
  Peter 18
  Phillipp 18
  Vinzenz 18
ECCENDORF, Amelie 16
  Carl 16
ECHENMEYER, Alfred 93
ECK, A. Herm 109
ECKERMANN, Aug. 28
ECKERT, August 41
  Therese 41
ECKHARD, G. Willib 6
ECKMAN, Dorethea 106
  H. Ludwig 106
  Heinrich 106
  Louisa 106
  Sophie 106
ECLLEENTZEN, Master 92
EDDIE, Henry 67
EDELER, Rudolph 82
EDLINGER, Gertrude 43
  Joseph 43
  Maria 43
  Petris 43
  Smarez 43
EDWARDS, Louis 23
  Sarah Jane 23
EFFINGER, A. M. 105
  Johannes 105
  Marie 105
  Paul 105
  Ursula 105
EGELING, Christ 21
EGENS, Heinr 21
EGGARS, Theodore 78

EGGERT, Elisb 12
  Friedrich 57
  Hr. 11
  Mar 12
  Soph 11
  Tac 11
  Wm. 12
EHENSHOFF, Justine 79
EHLERZ, Heinrich 37
EICH, Christian 3
EICHENHORST, Henry 96
  Louise 96
  Sophie 96
EICKEMEYER, Carl 42
  Elizabeth 42
  Friedr. 42
  Lisette 42
  Wilhelm 42
EICKHOFF, Frederick 11
EIGLER, Margaret 10
EIKENHORSH, Charlotte 78
  Marina 78
  Sophie 78
  Wilhelm 78
EIKHORN, Peter 5
EIKLER, C. 55
EILIS, Catharina 46
EINNALD, August 77
EISENBACH, Anna 74
  Barbary 74
EISFELDT, Andreas 120
  Johanne 120
  Juliaine 120
  Pauline 120
EKERT, Adolphe 1
  Christina W. 1
  Lois 1
ELBEL, Chs. G. 24
  J. E. C. 25
ELDASSEN, A. 53
ELENS, Aug. 26
ELLENBURGER, Franzisca 22
  Jos. 22
ELLENDRUP, H. A. 28
ELLENHAUSEN, Deider 88
  Henry 88
  J. E. 88
  Johanne 88
  Sophie 88
ELLERBUSCH, Dorothea 47
  Gesche 47
  J. A. 47
  Nancy 47
ELLEUMEIER, Henry 79
ELORS, Louise 14
ELSKES, Arthur 101
  Ernest 101
ELSTTES, Maria 70
EMMERT, Gustav 108
  Maria 108
EMSHOFF, Caroline 45
  Chr. 45
  Christian 45
  Christiane 45
  Christoph 45
  Dorothea 45
  Marie 45
ENGELHARDT, Christian 50
ENGELKE, Rud. Charles 14
ENGELKING, Ferdinand 30
ENGELLRAHDT, Carl 112
  Caroline 112
  Charlotte 112
  Henrietta 112
  Wilhelm 112
  Wilhelmine 112
ENGIEKE, Carl 98
  Mina 98
ENGLAND, Alice 66
ENGLAND, George 66
ENGLE, August 5
ENGLEMATHE, Harvie 36
EPP, C. 55
ERDMANN, Emilie 57

ERDMANN (cont.)
  Hedwig 57
ERICH, Sophie 35
ERMIS, Agnes 64
  Frantz 64
  Marianna 64
  Rosina 64
ERMISCH, Agnes 74
  Anna 74
  Barbara 74
  Franz 74
  Joseph 74
  Mariana 74
ERTEL, Fred 85
  Frederik 85
  Hermine 85
ERTELT, August 115
  Carl 115
  Caroline 115
  Frederike 115
  Gottleib 115
  Johanne 115
ERVIN, Anna 98
ESCHBERGER, Gottfd. 49
ESCHER, Christian 51
ESSER, Wilhelm 80
ESTERSCHEITZ, Carl 10
  Johan 10
ETTER, Gustan 97
EUKENHORT, Henrietta 111
EVANS, W. 67
EVERS, Heinrich 106
EVERT, Henry 78
  Johanna 78
  Sophie 78
EXAMER, Fr. D. 20
FABELMANN, Marie 80
FACKLER, Barbara 22
  Mich. 22
FAHLER, Catharine 16
FAHNE, Gentr. 22
FAHNS, Sophia 114
FAHRAY, Allius 128
  Antonia 128
  Emmauel 128
  Johanne 128
  John 128
  Joseph 128
  Maria 128
FAITE, Jane 97
FALKENHAGEN, Dorothea 46
  Frederick 33
  George 46
  Johann 46
  Ludwig 46
  Sophie 46
  Wilhelmine 46
FANSSEN, Robert 14
FAPE, Heinrich 111
FARLING, William 69
FARTMANN, Cristop 61
FASKE, Ernestine 96
  Jacob 96
FATCHE, Carl 21
  Sophie 21
  Wm. Fr. 21
FECHNER, Edward 51
FEDOR, Martin 125
FEG, Philip 100
  Placide 100
FEH, Johan Baptiste 19
FEHRENKAMP, Helene Wml. 12
  Joh Gerh. 12
  Joh Gerhr 12
  Joh Hr. 12
  Soph 12
FEIDLER, Casper 60
FEIGIN, Che 25
FELCHER, Edward 103
FELDE, August 120
FELDER, Anna 38
  Gustov 38
FELDMAN, Dorothea 111
  Louise 111

FELDMANN, Fred 78
  Henry 96
FELIX, Hugo 104
FELLMANN, Joseph 42
  Louise 42
FELSCHER, Albert 121
  Bertha 121
  Caroline 121
  Robert 121
FELTMAN, Caspar 115
FENEGER, Frederike 11
FENGER, Marie 10
  Wolberth 10
FERDENAND, M. 56
FERDINAND, Caroline 26
  Thiele 26
FERMAN, Heinrich 111
FESCHER, Herm 76
FETZMANN, Anna 79
  Elizabeth 79
  Emma 79
  Hugo 79
  Ida 79
  Michael 79
FEY, Afra 115
  Peus 115
FICHTER, Louisa 113
  Wilhelmina 113
FICK, Dorothea 113
FICKER, Carl 110
FIDKEN, Helena 37
  Joh 37
  Luker 37
FIEDLER, Amelie 33
  Friederich 33
  Georg 33
  Wilhelmine 33
FIEGEL, Sopha 5
FIEKLE, Augusta 94
  Carl 94
  Dorello 94
  Fritz 94
  Georgine 94
  Henry 94
  Minerva 94
  Wilhelm 94
  Wilhelmine 94
FIEMANN, Engell 126
  Sophie 126
  Wilhelm 126
FIETZE, Daniel 10
FIFE, Chas. 66
FIKEN, Gerd 37
FINGER, O. 54
FINN, August 103
  Bruno 78
  Carl 103
  Dorothea 103
  Edward 103
  Ernest 103
  Herman 103
  Louise 103
  Magnes 103
  Oscar 103
FINNIS, John 23
  Reuben 23
FINSER, August 30
FIREISLE, Calverina 4
  Johannes 4
  Maria B. 4
  Mathias 4
  Sophie 4
  Wilhelm 4
FIREISTE, Mathias 4
FISC, Anne 1
  J. M. 1
  Marie 1
FISCHER, Adam 34,106
  Adolph 106
  Albert 54
  Andreas 102
  Anna 19,89
  August 89,102
  Bernhard 19

FISCHER (cont.)
  Carl 49
  Caroline 102
  Dorothea 102
  Elizabeth 102
  Emile 109
  Emilie 102
  Franz 49,53
  Fred 89
  Fred 128
  Frederich 102
  Heinr. 43
  Hermine 54
  Kernhordine 89
  Marie 106
  Matilda 89
  Max 54
  Petranella 19
  Regine 19
  Rudolph 89
  Therese 64
  W. 54
  Wilhelmine 54,89
FISH, Heinr. 43
FISHER, Chs. Fr. 20
FISTHER, Jurgan 31
FITZE, Gust. 29
FLACK, Franz. 14
FLAKE, Ferdinand 30
FLAMINGER, Wilhelm 61
FLANIGAN, Peter 70
FLOEGE, Henry 76
  Louise 76
  Sophie 76
FLOHR, Emma 85
FLOUK, Martin 97
FOCH, Michael 92
FOERESTER, Bertha 2
  Edward 2
  Jane 2
  John W. 2
  Regina G. 2
FOERLER, Gusto 2
  Edwd. 2
  Emily S. 2
  Fredk. 2
  Louise 2
FOHEMBACH, Elise 78
FOIT, Eva 117
  Paul 117
  Veronica 117
FOJTIK, Anna 122
FOLLER, Fredericke 16
FORBES, Thomas 69
FORESTER, Franz 79
  Joseph 79
  Marie 79
  Terese 79
FORGENS, Carl 62
  Christ. 62
FORKER, Agnes 122
  Frederich 122
  Marie 122
FORMANIE, Ann 106
FORST, Arnold 81
FORSTER, Caroline 31
FORSTERMAN, H. 54
FORTMANN, Arnold 59
FOSTIER, Amelia 93
  Anna 93
  Augt. 93
  Caroline 93
  Ernst 93
  Johann 93
  Maria 93
FOURNIRMAUN, T. 76
FRALA, Anna 131
  Fan 131
  Martin 131
  Rosina 131
FRALKETTE, Annie 97
FRANK, Carl 9
  Carl Grott 33
  Friedr. 13

FRANK (cont.)
  Rosine 13
FRANKE, Anna 94
  Christiane 61
  Emily 94
  Gotlieb 94
  Wilhelm 61
FRANTZ, Charles 42
FRANZ, Anne 103
  Carl 104
  F. Ernsest 103
  Frederich 103
  J. K. 103
  Marie Anne 103
  Otto 103
  Philipe H. 103
  Sidonie F. 103
FRANZISKA, Oceana 30
  S. M. 73
FRANZISKE, ___ 16
FREDENBURG, Helene 106
  Henrich 106
FREDRICKS, G. 74
FREELY, Aug. Catharine 46
  Henriette 46
  J. H. 46
  Joh. Chr. 46
  Johanne 46
  Peter Heinr. 46
FREES, Deider 88
FREICKE, Christine 115
  Sophia 115
FREIDEL, Anna 105
  Johann 105
  Joseph 105
  Mannana 105
FRELS, Gerh 42
  Hiedrich 63
  Johann 44
FRENDENBERG, Elise 98
FRENICHS, Anna 88
  Lena 88
  Metta 88
FRENTRIP, Frederick 10
FRESE, Auguste 88
FRESINNIS, A. 26
FRESTZOK, Chas. 71
  Franze 72
  Franzisca 72
  Jacob 71
  Johanna 72
  Palicap 72
  Theoka 71
FRETAG, Master G. 97
FREVER, Francis 14
  Louise 14
FREY, Friedrich 52
  Fustina 17
  Jacob 17
  Magdalena 17
FREY III, Peter 17
FREYBE, Etna 106
  Olympia 106
FREYTAG, Master 76
FRICHEL, A. F. 25
FRICKE, Frederick 9
  George 9
  Louise 9
FRIDRECHANITZ, John 86
FRIEDERICH, Rosine 49
FRIEDERMANN, Elizabeth 121
  Jacob 121
  Marcus 121
FRIEDLANDER, Carl 32
FRIEDRICHSON, Jans 127
FRIEDRICKS, G. 89
FRIEMEL, Joseph 108
FRIENCEL, Joseph 74
FRIEPER, Anna 77
  G. 77
  Sophie 77
  Wilhelm 77
FRIESUEL, Ernest 85
  Gustavo 85

FRILICA, Rosine 85
FRINK, Ann S. 1
  Christopher J. 1
  Jacob 1
FRITSCH, Anna 84
  Josepha 84
  R. 84
FRITZ, Auguste 22
  Carl 22
  Christn. 5
  Edward 22
  G. 84,89
  Jacob 49
  Louise 22
  Marie 89
  Wilhelm 79
FRITZE, Johanne 103
FRLICA, Johann 124
FROHLEICH, Sibussa 29
FROMER, Christian 84
FROTAL, Johann 124
  Margarita 124
  Michael 124
  Peter 124
  Rosina 124
FRUETSCHEL, Heinrich 50
FRUTH, George 31
FRUTHANT, Edward 131
  Jeremias 131
FUCHS, Carl 6,27,47
  Emmy 27
  Friederich 47
  Fritz 47
  J. C. 27
  Juler 27
  Juliane 47
  O. F. Adolph 20
  Otto 47
  Wilhelm 47
FUHRMISTER, Wilhelmine 100
FULFE, Carl 59
  Julius 59
  Rahele 59
FULHAUFF, Caroline 27
FULTENER, Helene 20
FUMALE, Christine 1
  Fredericka 1
FUNCKE, Freida W. 95
FUNICK, Johann 110
  Rosalie 110
FUNKE, Anna 110
  Johann 110
  Marie 110
  Mathacus 110
FURGESON, Charles 65
  Chas. 65
  Elizabeth 65
  Jane 65
  Mary 65
  Thos. 65
  William 66
FUSCHS, Francis 102
FUST, Henry 80
GABLER, Cathrine 74
  Christoph 74
  Frederich 74
  Friedericke 74
  Gottlieb 74
  Jacob 74
  Marie 74
GADE, Heinrich 30
GAHM, Hans 122
  Johanna 122
GAHMANN, Carl 59
GAHRY, Joseph 91
GAIDO, Johanna 94
GAJUOSKE, S. 56
GALA, Anna 75
  Franz 75
  Joseph 75
  Maria 75
GALLE, Andreas 58,118,119
  Friedrich 119

GALLE (cont.)
  Henriette 119
GAMBEL, Catharine 14
  Eliz. 14
  Frederic 14
  Jacob 14
  John 14
  Marguerite 14
GAMLIN, Frederich 105
GANENDA, John 91
  Martin 91
GANGLER, Jacob 49
GANT, Wm. R. 66
GANTZKY, Daniel 120
  Minna 120
GARBADE, Theodora 112
GARLIN, Lina 98
  Wilhelm 98
GARLITT, Dor. Soph. 32
  Joh Carl 32
  Soph. Carl 32
GARRETT, Edward 23
  Edwd. 23
  Ellick 23
  Mary Ann 23
  Saml. 23
  Sebastian 23
  Susan 23
GARRIS (GARVIS), Jno. 23
GARVIS (GARRIS), Jno. 23
GASCH, F. 55
GASCKAMP, Freidrich 126
GASKE, Christian 96
GASTKAMP, Sophie 80
GASTMANN, Himr 21
GASTRING, Ferdinand 62
  Franz 116
GAUGHLER, John M. 1
GAUGLER, Chrissina 34
  Elizabeth 34
GAUZE, Carol 11
  Fr. 11
  Whilhelmina 11
GEAGER, Fritz 76
GEHNER, Friedr. 49
GEHRMAN, Caspar 35
GEHSDORF, Anne 2
  Caroline 2
  Charles 2
  Jane 2
GEHWOFF, Catherine 113
GEIHRING, Anne 53
  Bertha 53
  Ferdinand 53
  Herman 53
  Ludwig 53
  Martin 53
GEIK, Jacob 79
  Marie 79
  Minna 79
GEISTER, Johanna 76
GELBKE, Antonie 61
  Minna 61
GELDMEYER, Marie 111
GELSEN, Anna Cath. 52
  Cath. 52
GENNER, Ernst 20
GENTNER, Edward 29
  Marie 29
GENZ, Alwine 37
  Carl Ferdin 37
  Carl Friedr 37
  Charlotte 37
  Christi 37
  Frederike 37
  Johann 37
GENZR, Joseph 131
GEORGE, August 29
  Heinr. Paul V. 116
  Henry 68
GEOT, Barbara 15
  Hugo 15
GEPEAR, Anna 125
  Johann 125

GEPEAR (cont.)
  Rosini 125
GERBER, Emilie 80
  Friederike 79
GERBERT Albert 76
GERBETS, Fredrich 103
GERHARD, Márry 14
GERHARDT, Geo. 5
GERHARDY, Heinrich 42
GERLACH, Gustav 102
GERLHOF, Elizabeth 80
  Fred 80
  Miuna 80
GERLOFF, August 112
  Frederich 112
GERMAUN, Anna 84
GERSON, Joseph 55
GERTES, Anna 77
  H. G. 77
  Helene 77
  Meta 77
GERTIS, Wilhelm 131
GETTENBACH, Anna 62
GETTMENT, C. H. 22
  Hedinig 22
GEYES, Rud 25
GIBBEN, Kate 67
GIESECKE, Fred 78
GIFERMAN, Wilhelm 89
GIGKA, Joh. 28
GILBERT, Edwin 24
  Grace 24
  Mary 24
  Roger 24
  Samuel 24
GILES, Carl 28
  C. Hch. 28
GILLAN, John 67
GILLESPIE, Shaw 97
GILMER, Mary Jane 67
GIMBLER, Catharine 45
  Ludw. 45
GIMPEL, Eva 64
GINNSSFR, G. 84
GIONE, Henry 96
GIRNES, G. 26
GISCHNOWSKY, Antan 108
  Joseph 107
  Mgdaline 108
GLACKNER, Friedrich 62
  Heinrich 62
  Johanna 62
  Julia 62
  Pauline 62
  Wilhelm 62
GLASS, Adolph 6
  Anna 39
  Edward 6
  Franz 39
  Hugo 39
  Maria 39
  Theodor 39
GLATZEL, Johanna 62
GLENENINKET, August 78
  Charlotte 78
  H. 77
  Herman 78
GLENEWINKLE, Auguste 127
  Caroline 127
  Chas. 127
  Henry 127
  Justine 127
  William 127
GLETT, Conr. 25
  Maria 25
GNUSKE, Friedr. 13
GOBBERT, Herm 53
GOBEL, Carl 13
  John Peter 14
GOBLER, Joh. Ernst 28
GOEBEL, Carl 20
GOECKE, C. 57
  Carl 109

GOEDEDKE, Andreas 119
  Betti 119
  Gesine 119
  Heinriette 119
  Margarethe 119
GOEF, Edward 15
  Elizabeth 15
  Emma 15
  Louise 15
GOET, Harmann 15
  Johanna 15
  Pauline 15
GOHEKE, Albert 91
  Carl 91
  W. D. 91
GOHLE, Carl 61
GOHLKE, Alwine 52
  Wilhelm 52,112
GOHRS, Charlotte 106
GOLDBACH, Carl 38
GOLDBERG, August 13
  Christina 13
GOLHKE, Mathilda 53
GOODHILL, Alex 69
GOSSENHEIN, Mrs. 70
  W. 70
GOSSLER, Carl 108
  Emilie 108
  Emma 108
GOTH, Elisabeth 59
GOTSCHE, Fr. 27
GOTTE, Caro. 14
  H. H. 86
  Martin 77
GOTTSEN, Heinrich 65
GOTZMAN, Felix 48
GOULD, Jno. 24
GRABSCH, Amelia 105
  Anitia 105
  Carl 105
  Marie 105
  Mtita 105
GRAECKER, John 84
GRAGERT, Dorotha 96
  Fred W. 96
  Pauline 96
GRAHAM, Christian 33
GRAHY, Louis 2
  Louise 2
GRAMBRECHT, F. H. 20
GRANNHORST, Heinr. 43
GRASSISNS 7
GRASSMANN, August 83
  Julia 83
  Paul 83
GRATEN, Christian 71
GRATZEN, Auguste 12
  Marie 12
  Wilhelmine 12
GRAUKE, Emil 114
  Ida 114
  Marie 114
  Ottilie 114
  Samuel 114
  Welhelmine 114
GRAUL, Jacob 59
GRAWENDER, Anna 108
  Friederich 108
  Ludwig 108
GRAY, John 69
GREGOR, J. 57
GREIS, William 14
GREIVE, Frederick 8
  Rosa 8
GRESCHA, Johann 122
  Marianne 122
GREVE, Carl 111
  Catherine 88
  Meta 92
GREVEN, Albertine 98
  Bertha 98
  Johanna 98
  Otto 98

GREY, M. 97
GRIEBEL, Andreas 43
GRIESS, Anna 96
  Augusta 96
  Carl 96
  Emma 96
  Gustav 96
  Helen 96
  Maria 96
  Oscar 96
  Teresa 96
  Wilhelm H. 96
  Wilhelmina 96
GRIFFINBECK, Carl 30
GRITZOW, John 84
GROB, Auguste 39
  Charlotte 39
  Georg 13
  Ottilie 39
GROFF, Wilhelm 53
GROHMAN, Anna 91
  Anton 91
  Berta 91
  George 91
  Louise 91
  Theresia 91
GROKE, Carol 22
  Fridke 22
  Friedr 22
  Fritz 22
  Wilbur 22
GRONEWOLD, Alurne 126
  Carl 126
GROSS, Adolph 16
  Carl 16
  Carl Wilhelm 16
  Eccelie 16
  Frederic 14
  Frederic Carl 14
  Frederich 16
  Gustave 16
  Hedveig 16
  Jacob Martin 14
  Julie 16
  Marguerite 14
  Wilhelm 16
  Wilhine 14
GROSSE, Ernst 38
  Franz 38
  Julie 38
  Louis 38
GROSSOLOKAS, Emil 42
  Louis 42
  Marianne 42
GROTE, Louis 28
GROTERS, Michael 73
GROTHANS, Auguste 48
  Charlotte 48
  Emilie 48
  Friedr. 48
  Fritz 48
  Herm 48
  Louis 48
  Mathilde 48
GRUBE, Fritz 98
GRUBER, Johnn 74
GRUBERT, Auguste 78
  Johanna 78
GRUNDLER, Auguste 71
  Bertha 71
  C. 71
  Christian 71
  Hellena 71
  Herman 71
  Wilhelm 71
GRUNDY, Thos 69
GRUPE, Frdr. 21
  Fredericke 21
GRUSSENDORF, Andr. 29
GUDERJOHN, G. 90
GUDTKE, Heinrich F. 75
  Henrietta 75
GUHL, Minnie 84

GULDNER, A. L. R. 103
   E. F. Yah. 103
   M. C. W. 103
   Sophie 103
GUNLET, John 68
GURKE, Peter 21
GURKEN, Jos. 42
GUSCHEN, C. 56
GUSIKE, Constantina 88
   Elizabeth 88
   George 88
   Wilhelm 88
GUTH, Carl 16
GUTHMANN, Martha 76
GUTSU, Jos. 27
HAACK, Alvine 112
   Caroline 112
   Charlotte 112
   Ferdinand 112
   Wilhelm 112
HAAG, Elise 62
HAAREN, Marta 61
HAASE, Gottlieb 58
HACKBELL, Carl Aug 20
HAERTER, Edward 36
HAFEKUNCH, August 59
HAFERKARN, A. G. 35
HAFERNIK, Joseph 124
   Margt. 124
HAGAN, Mary 68
HAGELSUB, Wm. 47
HAGEMAN, Amalie 10
   Carl 10
   Caroline 10
   Friedrich 10
   Wilhelmine 10
HAGEMANN, Dorothea 31
   Heinr 21
   Heunsch 31
   Max 31
   Rudolphe 31
HAGEN, Anto. 14
   Chr. 14
HAGERDORN, Ferdinand 36
   Master 29
HAGGERTY, Charles 69
HAHM, Wilh. 13
HAHN, Ann Marg. 31
   Christina 95
   Diedrich 31
   Franz 95
   Selina 6
HAHNEL, A. 54
HAKERY, John 90
HALBERSTUDT, August 32
HALENIS, James 66
   Sarah 66
HALFMANN, Heinrich 44
   Joh B. 21
HALFNER, Gertrude 17
HALLASCH, Catharine 119
   Mariana 91
   Rosalie 91
HALOP, Johann 72
HALUP, Anna 92
   Caspur 92
   Catherina 92
   Maria 92
   Veronika 92
HALWALY, Cathrine 79
   Joseph 79
   Maxim 79
   Veronica 79
HAM, Christian 5
HAMANN, Maria 46
HAMER, Carl Ludw. 45
HAMFF, Auguste 81
   Caroline 80
   C. F. 80,81
   Herman 81
   Maria 81
HAMILTON, Ann 70
   Robt. 70
HAMMAER, David 95

HAMMANY, Frels 8
HAMMERSTEIN, Annie Marie 18
   Catharine 18
   Foh 18
   Jacob 18
HAMPFLING, Jacob 71
   Kuniguelle 71
HAMSCHIK, Franz 121
   Marianna 121
   Rosina 121
HANC, Julius 29
HANCH, G. 72
   Henry 72
HANCKE, Joseph 28
HANEGARTD, Anton 62
HANEKE, Adelmo 30
   Fanny 30
   Titus 29
HANGHAMMER, Bertha 27
   Carl 27
   Fanny 27
   Heinnich 27
   Josephine 27
   Maria 27
   Toni 27
HANKE, Edward 6
HANN, Carl 20
   Christ 20
HANNEBAL, Ant. 28
HANROTH, Ferdinand 63
HANS, Ludweg 6
HANSDORF, Carolina 43
   Christoph 43
   Emilie 43
   Fredrich 43
   Friedrich 43
   Henriette 43
   Louisa 43
   Wilh 43
HANSEN, Agathe 127
   Hans 127
   Jans 126
HANSMAN, Christian 60
HARASK, Joh Gerhr 12
HARCICS, Auguste 49
   Doris 49
   Hermine 49
   John 49
HARCLUS, Stephen 81
HARLIK, Joseph 116
HARMEL, M. 57
HAROLD, Carl 42
   Heinrich 42
   Luise 42
   Wilhelm 42
HARRIS, Wm. 24
HARTHIG, Anna 126
HARTING, Otto 83
HARTMAN, Carl 113
   G. 89
   H. 53
   Jacob 81
HARTMANN, Hch. 28
HARTMAUN, Cathrine 74
HARTWIG, Anna 84
   Dorothea 83
   J. H. 83
   Sinchen 83
   Wilhelmina 83
HASELOF, Andreas 57,58
   Carl 58
   Emilie 58
   Friederike 58
   Hermann 58
   Johanna 58
HASKE, Catharine 50
   Luise 50
   Maria 50
HASRINISKY, Adolf 38
   Fredierke 38
   Robert 38
HASS, Emma 93

HASS (cont.)
   Oswald 93
   Pauline 93
   Rosine 93
HASSE, Joh. 28
HASSELMANN, Carl 20
HASSLER, Friedrich 61
   Heinrich 61
   Helene 61
   Louise 61
   Sophia 61
HATING, Ludwig 51
HATTGROVE, Anna 89
   E. 89
   Fred 89
   Henry 89
   Lorenz 89
HAUDE, Bertha 38
   Julius 38
   Louise 38
HAUER, Caeolise 50
   Christian 50
   Gottfried 50
   Maria 50
HAUGHTON, George 68
HAUKE, Geo. 95
HAUN, Otto 42
   Wilhelm 42
HAUPLER, George 74
HAUSCHILA, Sophie 88
HAUSDING, F. W. 27
HAUSER, A. M. 105
   John 49
HAUSMANN, Caroline 13
   Gotleib 13
   Gotte 13
   Henry 13
   Louise 13
   Wilhelm 13
HAUST, Anna 28
HAUTHIG, Hermann 126
   Theodore 126
   Wilhelmine 126
HAVEL, Jan 130
   Johanna 130
   Joseph 130
   Mariana 130
   Rosina 130
   Stephan 130
   Urnkulas 130
HAVEMANN, A. C. E. 58
   Amandus 58
   Heinrich 111
HAVERBAH, Christine 79
   Henry 79
   Regina 79
   Wilhelmine 79
HAVERLA, Andreas 113
   Christine 113
   Louisa 113
   Marie Chen 113
HAYEK, Maria 92
HAYER, Richard 40
HEALTON, David 67
HEBERLE, Gottlieb 1
HEBKMAUN, Anna 85
HEBRIER, Anna 127
   Ferdmand 127
   Louise 127
   Veronika 127
HEDDEGOTTE, Albert 121
HEESE, Franciska 50
HEGER, Johanna 62
HEGG, Frederich 38
HEGWALTH, Rudolsh 54
HEHN, Carl 89
   Margaret 89
HEIDMEYER, Freid. 26
HEIDORN, Master August 116
HEIER, Aug. 91
   Carl 91
   Dorretta 91
HEIL, Anna 128
   Franz 128

HEIL (cont.)
 Franziska 128
 Joseph 128
 Rosalia 128
 Theresia 128
 Vincent 128
HEILAND, Anna 84
 Anna Maria 84
 J. B. 84
HEILENS, Elent 31
HEIMER, Fred 71
 Rosinna 71
HEIMSOHN, Chatarine 37
 Diedrich 37
 Heinrich 37
HEIN, Andrus 105
 Auguste 103
 Christ 105
 Hugo 103
HEINANG, Carl W. 82
HEINBACH, Johann 61
HEINRRICH 16
HEINDT, Minnie 113
HEINECKE, Gottfriede 20
HEINEMEYER, Johanna Saph 21
HEINICH, Francina 101
 Gepke 101
 Josepha 101
HEINRICH, Ferdenand 56
 John 3
 Joseph 56
 Leopold 56
 M. 56
 Thecka 56
 W. 56
HEINRICHSON, Hardine C. 127
 Pauline 127
HEINRICK, Alice 5
HEINRICKS, G. 5
HEINSMANN, Wilh. 27
HEINSOHN, Ant. 12
HEINSOHN, Chatharina Maria 44
 Dtch. Wilh. Friedr. 44
 Meta 44
HEINZELMANN, Gustav 31
 J. A. 31
 Wilhelm 31
 Wilhelmine 31
HEIRIE, Heinrich 103
 Maria 103
HEISCLBERGERIN, Anna M. 73
HEISE, Wichllin 36
HEISLER, Jacob 13
HEITER, William 70
HELFERICH, Franz 16
 Margareth 16
HELFINCH, Paul 6
HELINKE, Christian 81
 Dorothe 81
HELLENDAHL, Doris 9
 Dorothea 9
 George 9
 Ludwig 9
 Theodor 9
HELLER, Mathilde 41
HELLMANN, Robt. 25
HELLMER, Carl Fr. 46
HELLMUTH, Herman 30
HELLWIG, Martin 25
HELMENS, Wm. 27
HEMICHSEN, Master 35
HEMNER, Dorothea 81
 Henry 81
HEMPEL, Joh. F. 24
HENDERSON, Master 17
HENDRICH, Carl 49
HENDRICK, Anna 64
HENENDORF, Johann N. 3
HENER, Bertha 16
 Carl 16
 Gusterve 16
 Louis 16
 Wilhelmine 16

HENIRICH, Etzel 17
HENKE, Heinrich 60
HENKEL, Edward 51
 Mathilde 51
HENMAN, Margarethe 47
 Maria 47
 Mathias 47
HENNEY, Elisabeth 53
HENNINGER, Augusta 11
 Auguste 11
 Caroline 11
 Christian 11
 Frederike 11
 Herman 11
 Johan 11
 Pauline 11
HENNS, Adam 40
 Caroline 40
 Christine 40
 Frederich 40
 Fredericke 40
 Sophie 40
 Wilhelm 40
HENNSMAN, Friedrich 7
HENR., Carol 28
 Christ 28
HENRICH, Joh 2
 Margarethe 106
HENSCHEL, Saml. 46
HENSE, C. 54
 Louise 54
 Marie 54
 Wilhelmine 54
HENSON, Fanny 66
 George 66
HENYSEL, Gustav. 26
HENZE, Andreas 53
 Christane 53
 Wilhelm 53
HENZEL, Betty 39
 Carl 39
 Emillie 39
 Hermann 39
HERBERHOLD, Joseph 13
HERBT, Fr. Aug. 46
HERESKUHNE, Julie 26
HERINCKE, Albertine 39
 Elizabeth 39
 Ferdinand 39
 Friederich 39
 Nicolaus 39
 Sophie 39
HERMAN, Andreas 105
 Joseph 105
HERMANN, Anna 48
 Conrad 48
 Edward 105
 George 105
 Maud 105
 Theresa 105
HERMESSEN, Catharine 9
HERMS, Wilh. 28
HERNFER, Elise 59
HEROLD, John George 15
 Margurite 15
HERRGOTH, Sophie 58
HERRMANN, Phillipps O. 3
HERTHING, Andrew F. 2
HERZBERG, Theodor 29
HERZIG, Aloisa 56
 F. 56
 Joseph 56
 Marianna 56
 T. 56
 W. 56
HERZOG, Carl 62
HESS, Elizabeth 71
 Henry 71
 Henry Jr. 71
 Reinhause 71
HESSE, Barbara 45
 George 45
 Margaretha 45
 Michel 45

HETTEKER, Maria 81
HETTICH, Gustav 103
HETTIGER, Samuel 81
HEUGST, August 34
HEUZ, Albert 93
 Caroline 93
 Christo. 93
 Henrietta 93
 Justina 93
 Karl 93
HEYDEMEIYER, Wilhelm 119
HEYDORN, Marie 57
HEYER, Emilie 19
 Fredenke 10
 Heinrich 19
HEYFISCHER, Caroline 111
HEYNE, H. W. 25
HEZEL, Ferdinand 10
HIENSOHN, Wilh. 44
HIESBERS, W. & H. 29
HIGGINSON, Wm. 68
HIGLING, Thomas 67
HILAS, Binnhard 33
 Clara 33
 George 33
 Maria 33
 Otto 33
 Wathelde 33
HILDEBRAND, Heinrich 30
HILDEBRANDE, H. 71
HILDELRAUDT, Justine 108
 Ottis 108
HILL, Ann 23
 Ann Maria 23
 Eliza 23
 Jesse 23
 Josef 18
 Lavinia 23
 Louisa 23
 Margaretha 18
 Mary 23
 Mary Ann 24
 Saml. 23
 Selina 23
 Thos. Jarvis 23
 Wm. Henry 23,24
HILLER, Johannes 50
 Jozeh 56
HILLERT, Friedr 37
HILLMER, Marie 103
HILLMERS, Master John 127
HILPERT, Henry 96
 Justina 96
 Wilhelmina 96
HINGST, Friedrick 33
HINKENNIS, Herman 30
HINZE, Franz 58
 Fred 58
HIRDES, Master 84
HIRSCH, Alfred 76
 Berth 76, 127
 Lina 127
HIRSCHFELDT, Alexander 92
 Carl 92
 Caroline 92
HISCTABLE, George 22
HITZE, Johann Friedr 44
HOCH, Andreas 56
HODDE, Louise 111
HOESER, A. 13
HOFEING, Catharine 48
 Christian 48
 Frdk. 48
 John 48
HOFFMAN, August 6
 Auguste 54
 Clara 63
 E. 54
 Edw. 93
 Elize 81
 Ernestine 54
 Franz 63
 Franziska 63
 Gustave 17

HOFFMAN (cont.)
  Henry 81
  Johann 63
  John Geo. 3
  Joseph 108
  Louise 81
  Marie 51
  Mich. 49
  Minna 54
  Rudolph 86
HOFFMANN, Anna 116
  J. F. 27
HOFMANN, Alexander 116
  Ed. Roscher 116
  Franzis 116
  Friedericke 116
  Petr. Heinr. 116
HOFSTEN, Jans 126
HOGAMIER, Wilhm. 45
HOHERZ, Emilie 119
HOHLT, A. 57
HOLDERBAUM, Carl 52
  Elzabeth 52
HOLDES, H. 57
HOLISCH, Anna 124
HOLLAS, C. 56
  R. 57
HOLLKAMPER, Chatarine 43
  Heinr. Ludwig 42
  Heinrich 43
HOLME, Christian 53
  Friedrich 53
  Friedricke 53
HOLST, J. A. 19
HOLT, Louise 111
HOLTERMANN, Herm 21
HOLTOPP, William 10
HOLTROPP, Fraz 11
HOLUB, Agnes 122
  George 122
  Ignatz 122
  Marianna 122
  Pauline 122
HOLUBEC, Anna 117
  Catharina 117
  Johann 117
  Maria 117
  Thomas 117
HOLUBETZ, Catharina 117
  Johanna 117
  Josef 117
  Rosina 117
  Veronica 117
HOLZAPFEL, Edward 48
  Gustav 30
  Herman 30
  Louisa 48
HOLZMANN, Joseph 65
HOMBURG, H. 57
  H. T. W. 57
  J. H. 57
  Louisa 57
  T. W. 57
  W. H. 57
HONST, Joh 20
HORADIAN, Franz 86
HORADUR, Anna 86
HORELICA, Johann 116
  Michael 122
  Rosina 122
  Veronica 116
HORELMEYER, Louisa 111
HORLINESS, Ant. 28
HORMANN, Ferdinand 19
HORMBURG, Christian 98
  Dorotha 98
  Louis 98
  Theo 98
HORMEL, Louise 120
HORMEYER, Philip 102
HORN, Ann Marie 1
  Elisabeth 120
  Valentin 1
HORNIKE, Wilhelm 89

HORSCH, Henry 84
HORTON, George 68
HOSEL, Andreas 56
  Franzel 56
  Thecla 56
HOSIG, Johann 36
  Johfrz 36
HOSKA, Justin 122
HOSTNG, Franz 125
  Maria 125
  Wenzel 125
HOTTE, A. 19
  Emilie 19
  H. 19
HOTZ, Elizabeth 74
  Fredireke 55
  Jacob 74
  Julino 55
  Julius 55
  Maria 55
HOVAR, Johann 124
HOWAKA, Franz 92
HOYER, Angus S. 5
  Anton 5
  Christien 5
  Christopher 5
  Johannes 5
  Marie 5
HRIBEK, Anna 128
  John 128
  Rosalie 128
  Rosine 128
  Veronika 128
HUBENER, J. F. 25
HUBER, Cathrine 74
  Fritz 127
HUCHLING, Christian 29
HUCHTMANN, K. W. 75
HUCKSMANN, T. J. 131
HUDERLECK, Anna 107
  Weuze 107
HUEBER, Joseph 97
  Julius 97
  Magdaline 97
HUFSAIM, Fr. W. 129
HUG, Max 13
HUHN, Aualie 36
HUHR, Bertha 49
HULLESURN, Paul O. 109
HULS, John 28
HULSWEDE, J. H. 25
HUMICH, C. Ed 24
HUMMELMANN, Hans C. 27
HUMUGHAKE, Marie A. 103
HUNE, William 14
HUNEFELD, Christian 120
HUNS, Adolf 39
  Charles 39
  Johanne 39
  Louis 39
  Theodore 39
HUPPE, Chr. 22
  Lizette 22
HURICHSEN, W. J. 19
HUTCHINGS, Jas. 23
HUTER, Johann H. 109
HUTH, Gottfried 49
  Julie 40
  Louisa 49
  Peter 40
  Wilhelmine 49
HUTTEL, Herman 41
HUY, Dorothea M. 3
  Ernest 3
IAM, A. 18
IANICEK, Anna 116
  Math 116
  Veronica 116
IANISCH, Anna 118
  Elizabeth 118
  Vinzeng 118
ILLEY, C. F. 55
INHOLT, Elizabeth 21
IOMMERFELD, Gottlieb 109

IOMMERFELD (cont.)
  Michael 109
  Wilhelm 109
IRVING, James 67
ISENFELDT, Nicolaus 112
IUMMERFELD, Aug. Chs. 108
IURZAK, Anna 117
  Johann 117
  Rosina 117
  Thomas 117
JABURG, Master 91
JACBEITS, Edward 113
JACHENS, Berthold 116
  Jacobine 116
  Louise 116
  Lucie 116
JACKEL, Joseph 79
  M. 86
JACKSON, Jno. 23
JACOB, ____ Mr. 56
  Wilhelm 38
JACOBSEN, Christ 126
JACOBY, Lina 48
JAGEN, Carl 60
  Elisabeth 60
  Friedrich 60
  Wilhelm 60
JAGER, Alfred 126
  Fredericke 126
  Fritz 126
  Henriech 126
  Hermann 126
  Johan C. 3
  Johanne 126
  Linna 126
  Max 126
JAGSCHIES, Auguste 128
  Edward 128
  Martha 128
JAHNS, Augusta 96
  Caroline 96
  Franz 96
  Henry 96
  Wilhelmina 96
JAMES, John 66
  Mary 66
JANAK, Agnes 122
  Johann 122
  Joseph 122
JANCALETZ, Anna 119
  Thomas 119
JANCIK, Antonia 130
  Fan 130
  Jan 130
JANECK, Amelia 96
  Franz 96
  Henry 96
  John 96
  Maria 96
JANEKE, Christian 98
  Wilhelm 98
JANISCH, Aug. 35
  C. Theo. 35
JANSEN, Christian 98
JANSSEN, Diedrich 116
  Heinrich 19
  Lina 116
  Ludwig 19
  Maria 19
JARDON, Christ. 85
  Wilhelm 85
JARIGEGCKE, Johann 51
JARIGEZEKE, Catarina 51
  Johann 51
  Rosina 51
JASCHEK, Johann 126
  Marianne 126
  Paul 126
JASKOWIAH, Paul 129
JAUK, Christianne 122
  Johann August 122
  Magdalena 122
  Maria 122
  Matthes 122

JEKSEN, Peter 126
JENSCHKER, Adolph 98
JERICHOU, John 78
  Marie 78
  Wilhelm 78
JESSEN, John 79
JEZEK, Anna 122
  Ignatz 123
  Joseph 122
JOCHEZ, Anna 85
  Caroline 85
  George 85
JOCKUSCH, Robert 112
JOEDEKE, Fred 99
JOHAMKNECHT, Friedr. 28
JOHN, Amandis 108
  August 39
  Bertha 39
  Dorothea 39
  Emile 108
  H. A. F. 39
  Henri 39
  J. C. 25
  Johann E. 108
  Johanne 39
  Wm. 19
JOHNKE, Caroline 120
  Ernst 120
  Hermann 120
  Johann 120
JOHNS, August 71
JOHNSON, A. P. 127
  Richard 70
JONES, Henry 67
JOSOLM, Rudolph 38
JSONTZEN, C. W. 55
  George 55
  John 55
  Mary 55
JULKE, Anna 90
  Emilie 90
  Gustave 90
  Julius 90
  Ludwig 90
  Marie 90
JUNCK, Joseph 86
  Theresia 86
JUNEK, Franz 118
JUNG, Adrian 64
  Benjamin 64
  Elise 64
  Hermann 64
  Maria 64
  Sophie 64
JUNGERSAN, Master 18
JUNGMAN, Catharine 47
  Gertrude 47
  Johann 47
  Mathias 47
  Nicolans 47
  Peter 47
JUNGST, Amalia 47
  August 47
  Ferdinand 47
  Fr'k. 47
  Henniette 47
  Hermann 47
  Johanna 47
  John 47
JUNOTA, Johann 117
  Thomas 117
  Veronica 117
JUNZEN, Augt 93
  Carl 93
  Caroline 93
  Henry 93
JURGENSEN, Elise 19
  H. N. 19
JURICA, Johnn 74
JUSFUE (?), Hermine 54
  Lina 54
JUSINA, Nicolas 94
JUSPAN, Gottl. 28

KACHLER, Albert 16
KADING, Amelia 108
  Emil 91
KADLEC, Anna 131
  Josepha 131
KAHANCK, Franz 94
  Johanna 94
  Maria 94
KAHN, Andreas 51
KAINER, A. 56
KAINMERLEN, Carl 97
  Franeisca 97
  Fred 97
  Marie 97
KALBAAR, Alvin 30
  Benno 30
  Gertrude 30
KALER, Veronica 65
KALLNIGER, August 80
  Gotthold 80
KALLUS, Adolph 123
KALTSCHAK, Anna 64
  Celestina 64
KALYBER, Peter 52
KAMERTEN, Eugene 61
KAMMERER, Wilhelm 37
KAMPE, W. 54
KAMPERT, Bernhardt 44
KAMSEL, Hch. 28
KANAINSK, Anton 94
KANNING, Gesina 15
KANSTADR, Friederich 115
KAPECYNSKI, Andreas 124
KAPKE, Edward 11
  Helen Soph. 12
  Joh Hr. 12
  Tr. 12
  Wm. 12
  Wme. 12
KAPP, Alfred 29
  Antonie 29
  Ernst 29
  Eulie 29
  Hedwig 29
  Ida 29
  Otto 30
  Wolfgang 29
KAPZSCYNSKI, Felix 124
KARISTENSEN, Heinr. 116
KARNER, Heinrich 33
KARNEY, August 53
KARSTENS, Maria 35
KARTLANG, Cath. 21
KASEMACKER, Auguste 13
KASKA, Joseph 63
KASPER, Ferdmand 75
  Gottfried 114
  Johnn 75
  Juliani 75
KASSEL, Franz 74
  Johan 74
  Johnn 74
  Maria 74
  Rosina 74
KASSINE, Franz 27
  Oswald 27
KATITEK, Catherine 92
  Joseph 92
  Maria 92
  Theressia 92
KATTMAN, Friedr. 49
  Julie 49
KATTNER, August 38
  Robert 38
KATTUER, Blanca 39
  Henriette 39
KAUFFMAN, Adolph 38
  Christian 50
KAUFFMANN, J. 20
KAUFMAN, Anna 104
  Elise 104
  Frederich 104
  Marie 104

KAUFMAN (cont.)
  Philip 104
KAUKEE, Anna 108
  Florian 108
  Franziza 108
  Heinrich 108
  Theresa 108
  Varsnika 108
KAUSS, Carl 25
  Helene 13
  Johann 108
  Johbha. V. D. 13
KAY, Wm. M. 69
KAYSER, Chrisr. 5
  Christine 5
  Frederic 15
  Gesina 15
  Harriet 5
  Louise 5
  Louise H. 5
KEBS, Rosina D. 3
KEEFER, Elert H. 103
  Hermann 16
KEEL, Anna 114
  Christine 114
  Frederich 114
  Hermann 114
  Rudolph 114
KEGMANN, Alb. 28
  Louise 28
KEIBLE, Canaes 25
KEILERMANN, Fr. 22
KEILERS, E. H. 77
KELETKA, Maria 92
KELLAN, Frederich 108
KELLENBECK, W. 26
KELLENBURG, Charlotte 80
KELLENMEYER, Peter 21
KELLER, Carl 16
KELLERMANN, H. 26
KELLERSBERGESS, Julius 33
KELLERSOHN, John 78
KELLNIER, Henry 76
KELM, Mathilde 103
KEMMERT, Charlotte 111
  Christian 111
  Welhelm 111
  Wilhelmine 111
KEMPEN, Adolph 81
KEMPER, Elizabeth 41
  Lucia 41
  Theodor Bucks 41
KEMPISKY, M. 55
KENEDY, John 67
KENER, Adolph 62
KENNA, Hermine 9
  Mathild 9
KENSLING, Fr. Wilh. 28
KENTZ, Heinrich 19
KENZ, Johanna 92
KEORTH, Julius 91
  Rudolph 91
KERNER, Carl 75
  Gottlieb 74
  Jocob 75
KERSTING, Wilhelm 113
KERTHAUER, Conrad 102
KESSLER, John 2
KESTER, A. Cath. 32
  Peter 32
KETZING, Bertha 103
  Fanny 103
  Frederich 103
  Helene 103
  Lenore 103
  Lina 103
  Richard 103
KEYLICH, Franz 29
KEYSER, Charlotte 15
KICKERETS, Anna 103
  Christopher 103
  Gustav 103
  Marie 103

KIEHL, Julius 53
KIELER, Car 12
KIELHOLZ, Heinr. 49
KIELMEYER, Carl 44
  Sidonia 44
KIESEL, Cath. 21
  Henrtte 21
  Joh. Hr. 21
KIGHT, Ann 66
  William 66
KILIAN, Ferd. 28
KIMRATH, Elise 59
  Wilhelm 59
KINATZ, Frederick 19
KIND, August 116
  Auguste 116
  Juliama 116
  Justine 116
  Pauline 116
  Therese 116
KING, August 10
  Herman 10
  Fredrich 10
  Kate 68
  Pauline 10
  Wilhelm 10
  Wilhelmine 10
KINKLEY, James 68
KIPHEN, Jonas 73
  Margaretha 73
  Valintin 73
KIPLING, Johanna 34
KIPPEN, J. 57
  T. 57
KIRCHNER, Wilhelm 32
KIRCHOFF, August 108
  Charlotte 108
  F. Wilhelm 108
  Philip 108
  Wilhelmine 108
KIRHALDIE, Herman 73
KIRKE, Wilhelm 7
KIRSCH, Joseph 60
  Wenzel 73
KISELING, Franz 43
KISHARZ, Catherine 109
  Joseph 109
  Margarethe 109
  Wilhelmine 109
KISILING, Carl 38
KISTEL, Augusta 45
  Caroline 45
  Charlotte 45
  Joh. Gustov 45
  Philipine Fitz 45
KITTENBERG, Johamus 62
KITTNER, Franz 17
KITZFELDER, Danzer Barbara
  18
  Leonhard 18
KLAHRE, Ferdinand 108
  Henrietta 108
  Lappie 102
  Maria 108
  Mintz 108
KLANDER, Emma 82
  Haunchen 82
  John H. 82
KLAPPER, Antonetta 30
  Ernst 30
  Heinrich 30
  Jacob 30
  Johanne 30
KLATT, Albert 64
  Auguste Emile 108
  Emma 64
  H. 26
  Henriette 64
  Hermann 64
  Louis 64
  Welhelmine 108
KLEIN, Adam 51
  Michael 60

KLEIN (cont.)
  Pergran 100
  Samuel 104
KLEINE, Wilhelm 29
KLEINECKE, Auguste 42
  Christiane 42
KLENYECHMAN, Louis 30
KLEON, Etke 120
KLINE, August H. 104
  Ernest W. 104
KLINGBERG, Hans 113
KLINGE, Christian 61
KLINGENSPORN, Wilhelm 61
KLINSK, A--- 5
KLIPP, Henry 92
KLIPPEL, Carl 59
  Johanne 59
KLOG, Heinrich 60
KLOSE, Ernst 38
KLOSTERMANN, Frederich 111
KLOTT, Fr. 11
KLUBIG, Anna 125
  Joseph 125
  Rosalie 125
KLUBIK, Anna 125
  Johann 125
KLUDERLICK, Anna 109
KLUMM, Carol 27
KLUNT, August 6
KLURZE, Andreas 109
KLUSENER, Johanne 98
  Martin 98
KLUSKE, Henrietta 108
  Frederich 108
KLUSS, Chas. 70
KMBEL, Franz 52
KMIPPEL, Ernst 37
  Ferdinand 37
  Johann 37
  Louise 37
KMYER, Frdke 21
  Wm. 21
KNACKSUSS, Gustov 6
  Joh. Babeffe 6
  Sophia 6
KNAMPRITS, Simon 113
KNAPP, Aleviss 27
  Carl 27
KNAPPE, Friedr. 116
KNASP, Caroline 85
  Emelie 85
  Julius 85
KNAUNSSKAN, Louis 19
KNEBLECK, Pauline 106
KNEBEL, Anna 60
  Catharino 61
  Christine 61
  Henriette 61
  J. Fred 60
  Johann 61
  Louise 61
  Wilhelmine 61
KNESEK, Ernest 125
  Franzo 125
  Hermina 125
KNETCHSMANN, Alfred 19
  Emilie 19
  Emily 19
  Mina 19
KNGEL, Carl 6
  Caroline 6
  Johanne 6
  Tiffe 6
  Wilhelienline 6
KNIESTCHTOF, Agnes 119
  Barbara 119
  Josef 119
  Maria 119
KNIETE, Dosietta 73
KNISCHTOFF, Anna 120
KNISSCHEER, Carl 13
  Clemens 12
  Friedericke 12

KNISSCHEER (cont.)
  Helene 13
  Joh. 12
  Johanne 12
KNOCKE, Carl 64
  Christian 64
  Dorothea 64
  Gottfried 64
KNOEDEL, August 106
  Caroline 106
  Cathna 106
  Christian 106
  Hermine 106
KNOLL, August 33
  Fr. 28
  Philipine 28
KNOPP, Jacob 3
KNOTH, Wilhelmine 35
KNUSTE, George 17
KOBRO, Heinrich 121
KOBS, Carl Fr. 21
  Frdke 21
  Fr. 21
  Fr. Wm. 21
KOCH, Alwine 37
  Auguste 37
  Bertha 27
  Carl 34,47,81
  Christian 37,47
  Christoph 48
  Dorothea 35
  Emil 27
  Ernstine 37
  Frederich 37
  Friedr 37
  Juliane 32
  Ludwig 35
  Peter 37
  W. 57
KOCHE, Amalie 27
  Gustav 27
KOCHLI, J. T. 74
KOCK, Christian 50
KOENIT, Fr. 26
KOHANEK, Vincend 75
KOHINEKE, Victor 36
KOISTER, Maria 81
KOHLER, August 43
  Geo. 28
KOHL-JOH, Anna Dor. 32
  Christ. 32
  Joh Christ 32
KOHN, Simon 25
KOK, Heinrich 63
KOLB, Edward 6
  Emilie 6
  Frederich 6
  Joh. Regina 6
  Pauline 6
KOLBON, Carl 46
  Johann 46
  Maria 46
  Wilhelmine 46
KOLKO, Christan 53
KOLLATSCHNI, Josef 38
KOLLE, Aug. 26
KOLLINEG, Sophie 76
KOLTE, Carl 26
  Maria 26
KOMALTZ, Bernhard 50
KONIG, Friedke 28
  Hch. 29
KONIGSBERGER, Edward 52
KONVICZKA, Agnes 121
  Andreas 121
  Anna 121
  Johann 121
  Veronica 121
KOOH, Louis 38
KOPETZKY, Agnes 123
  Anna 123
  Catharina 123
  Franz 123

KOPETZKY (cont.)
  Johann 123
  Joseph 123
  Martin 123
  Paul 123
  Petrolina 123
  Rosina 123
  Susanna 123
  Veronica 123
KOPP, Anna 41
  Christoph 41
  F. 26
KOPPER, Anna 86
  Bernet 86
  Henry 86
  Thomas 86
KORNER, Ernst 63
KOROTH, Bertha 83
  Julius 83
KORTEGAS, Henry 95
  Wilhelm 95
KORTHANCER, Hch. 29
KOSCHEL, Samuel 40
KOSEKE, C. Heinrich 19
KOSEL, Mathias 74
  Philomena 74
KOSPAREK, Johann 63
  Veronica 63
KOSTE, Friedrich 40
KOTULLA, Joseph 51
  Rosalie 51
KOTZIAN, Catharine 123
KOWENATZ, Antonia 64
  Apolonia 64
  Barbara 64
  Franz 65
  Johann 64
  Johanna 64
KOYM, Catherine 99
  Ferd. 99
  Freda. 99
  Lisette 99
  Wilhelm 99
KOYN, Caroline 99
  Emily 99
  Joachnn 99
  Wilhelm 99
KR---, Carl 6
  Fritzchen 6
  Johanne 6
  Louise 6
KRACKANSS, Charles Louis 17
KRAEGER, Heinrich 51
KRAGER, Heinrich 73
KRAIMER, Henry 96
  F. Henry 96
  Fredk. 96
  Louise 96
  Sophie 96
KRAMER, Albertine 20
  Bernard 7
  Bernhard 42
  Carl 7
  Caroline 20
  Christian 41
  Christine 20
  Fredk. 96
  Friedrich 6
KRAISHEL, Christine 107
  Johann 107
KRAPT, C. 56
  W. 56
KRAUMAN, Isle 89
KRAUP, D. 54
  Julius 54
  Wilhelmine 54
KRAUSE, Ann Gertrude 103
  August 113
  Carl 113
  Caroline 33
  Christian 7
  Elizabeth 124
  Emile 57

KRAUSE (cont.)
  Emilie 50, 113
  Frederich 113
  Frederika 113
  G. 56
  Gottfried 103
  Hermann 113
  Hulda 50
  J. H. 25
  Johann 50
  Leopold 18
  Louisa 113
  Marie 104
  Minna 113
  P. 57
  Sophie 113
  Welhelm 113
  Wilhelm 50
  William 57
  Yustus 104
KREBS, Dorothea 8
  Edward 9
  Franz 9
  Hemrich 8
  Herman 9
  Julius 9
  Marie 9
  Michael 3
  Otto 9
  Theodore 9
  Wilhelm 9
KREHMEYER, Christ. 13
KREMP, Conrad 21
KREMER, Peter 52
KRENEK, Anton 64
  Frank 64
  Ignatz 63
  Johann 63
  Joseph 63
  Marianna 64
  Pauline 63
  Rosina 63 ·
KRENTZ, H. 57
KRENZ, Florez 25
KREPAIA, Maria 123
KRESS, Faunaurd 115
KRIERSEL, Ernest 127
  Susannie 127
KRISTINIK, Barbarry 125
  John 125
  Paul 125
  Rosina 125
  Vincenz 125
KRONKE, Paul 35
KRISTOF, Mathias 92
KRITSCHIN, Elenora 92
  Maria 92
  P. 92
KRITZSCHMAR, A. 55
  William 55
KROGER, Christian 81
  Elizabeth 103
  Heinrich C. 103
  Jabina 81
  Yohan Welth H. 104
KRUG, Heinrich 38
  Sophia 39
KRUGE, Wilhelm 53
KRUGER, Anna 124
  Atilie 60
  Aug. 92
  Caroline 124
  Conrad 43
  Edward 108
  Emilie 124
  Emma 124
  Friedrich 43
  Henr. 13
  Magdalene 124
  John 14
KRUMRIG, Bertha 88
  Henry 88
KRUS, Katharina 131
KRUSE, August 44

KRÚSE (cont.)
  Bernard 97
  Bernh 44
  Carl 44
  Christian 44
  Dorotha 97
  T. E. 77
  Wilhelm 63
KUAMER, Louise 112
KUBASCH, Marianna 121
  Peter 121
KUBEL, Charles Auguste 17
KUBITZ, Christoph 33
KUCHE, Auguste 40
KUCHNEL, Ernestine 25
  J. H. R. 25
KUCK, Albert 41
  Hein. T. 58
  Marie 41
KUDLACEK, Anna 121
  Franz 121
  Johann 121
  Joseph 121
  Rosina 121
KUESK, Anna 103
  Julia 103
KUHLAE, Friederika 51
KUHLERMAN, Aug. 96
KUHLMANN, Wilhelm 82
KUHMAN, Franziska 30
KUHN, Carl 96
  Daniel 15
  Frederick 11
  Ludwig 91
KULHANEK, Cecilie 130
KULHANLK, Franz 114
KULUCK, Ignatz 64
KUNATH, Ludw. 28
KUNDEL, T. 56
KUNG, John 81
  Maria 81
KUNTZ, Conrad 15
  Elizabeth 15
  Frederic 15
  Henry 15
  Lewis 15
  Lonchen 15
  Mary 15
  William Henry 15
KUNTZEN, John 84
KUNZE, Andrew 107
  Carl Ernest 107
  Johanna 107
  Johanna Chris 107
  Magdeline 107
KUPPERS, Agnes 64
  Catharina 64
  Johann 64
  Maria 64
  Peter 64
  Wilhelm 64
KUPPERSCHMIDT, Christiane 43
  Christina 43
  Heinrich 43
  Peter 43
KURATZKI, Franz 65
  Franziska 65
  Johanna 65
KURETSCH, Johann 107
KURSCHNER, Carl 19
KURSCHNICH, Ernst 93
  Fredk. 93
  Gustav 93
  Louise 93
  Wilhm. 93
KURZ, Emilie 120
  Friedericke 119
  G. W. 57
  Jno. 57
  Ottile 57
  Ottilie 120
  S. 57
KUSTER, Dorothea 42
KUSZUIEREK, Voavine 131

KUTSCHER, Henry 48
KUTZ, Thomas 92
KUTZENDORF, Margarette 30
KYSELLA, C. 54
LADWIG, Henriette 77
   Henry 77
   Julius 77
LAGERSHAUSEN, A. 54
LAGES, Heinrich 59
LAHRMANN, Anna 129
   Dorothea 129
   Fredericke 129
   Joachim 129
   John 129
   Sophia 129
   Wm. 129
LALA, Johann 113
   Marie 113
   Mathias 113
LAMAN, Jacob 67
LAMB, Alexander 17
   Jean Herman 17
LAMBY, Adam 17
   Margaretha 17
LAMKE, Diedrich 102
   Ida 102
LAMS, George 22
LANDER, Christian 10
   Ludwig 6
LANDGRASS, Johann 108
LANDGRIEN, Andrew 78
LANDS, Florence 68
LANGE, Carl 36,47
   Chatrina 36
   Eva 36
   Franz 36
   Johann 36
   Julius 47
   Lena 36
   Ludwig 36
   Wilhelmine 47
LANDVOIGHT, Caroline 12
   George 12
LANG, Agathe 25
   Johan 113
   Lisetta 113
   Ludwig 113
   Marie 113
   Sophie 113
LANGBIER, Christian 102
LANGBUN, Elizabeth 102
   Johanna 102
LANGHEIM, Bernhard 6
LANINGEN, Harry 96
LAPPEL, John M. 21
LARASIN, Josefine 17
   Louis 17
LASSELS, James 66
LASSH, Hermann 45
LATUSCH, Augt. 101
LAUDERGELD, Catherine 105
LAUNER, Marta 81
   Pauline 81
   Robert 81
LAUSAN, David 70
   Josephine 70
LAUTMEIDER, John 81
LAVNER, Gerhard 81
   Julia 81
LAWRENCE, Elizabeth 68
   Henry 68
   John 68
LAWSEN, Alex 66
   Isabella 66
LAWSON, Jane 97
LEACH, Wm. 24
LECHUER, Dorothea 128
LEEK, Joh 28
LEHMAN, Ferdinand 106
LEHMANN, Adolph 32
   Caroline 32
   Friedre. W. 116
   Gottfrd 116
   Hermann 32

LEHMANN (cont.)
   Julius 32
   Ludwig 32
   Therese 32
LEIB, Henrietta 40
   Wilhelmine 40
LEIDING, Heinr. 44
LEITSCH, Franz 62
LEMMER, Conrad 110
   Johann 110
   Kunusgaude 110
   Margarethe 110
   Ohile 110
LENG, Fredericke 21
   Magnus 21
LENTH, Joh. Fried'ch. 46
   Jurgen 46
   Magdalene 46
   Maria 46
LENTZ, Gottfried 104
LEORENZ, Maria 44
LEPPS, Gottlieb 119
   Henriette 119
LESCHIKAR, Anna 118,129
   Bernhard 129
   Elizabeth 123
   Franz 123,128
   Franzisca 123
   John 128
   Joseph 123,128
   Rosalea 128
   Rosalia 123,129
   Theresia 123
   Vincent 128
LESEMANN, Albertine 120
   August 120
   Elise 120
   Elizabeth 120
LESSA, Gustov 38
LESVESTE, Christ 21
LEUBNER, Carl 110
   Wilhelm 110
LEUZ, Fredk. 98
LEVIN, H. 70
LEY, Adam 48
LIBELL, Sarah 68
   Victoria 68
LIBKE, Maria 51
LIDSTONE, N. D. 24
   Nicholas 24
   Susan 24
   Wm. S. 24
LIECKE, August 41
LILIE, Joh 21
LIMMER, Fuer 110
LINDAU, Maloina 64
LINDENBURG 22
   Aug. 22
   Feriederike 22
   Friedr. 22
LINDIEBER, Dirk 101
   Harm 101
   Johann 101
   Margaret 101
LINDIG, Caspard 5
LINDMULLER, Dorothe 11
LINDNER, Christ 76
LINDSEY, William 69
LINK, Wilh. 93
LINN, Jacob 71
LINSKEY, Edward 113
LIPPELL, Catherine 105
LISHPER, Adolph 111
   Auguste 112
   Christophe 112
   Gustav 112
   Marie 112
LISLES, Jane 66
   John 66
   Mary 66
   Robert 66
LOCK, Eliz. 24
   Henry 24
   Jno. 24

LOCK (cont.)
   Richd. 24
   Sarah 24
   Wm. 24
LOCKER, August 102
LOEFFLER, Gothleib 8
LOHL, Christ 20
   Christian 43
   Conrad 43
   Lucia 43
   Wilhelmine 43
LOHMULLER 25
LOHN, Christ 20
LOHR, Joachrin 58
   Johanns 18
   Marie 58
   Minna 58
LOLOWAY, Anton 71
   Catherine 71
   Edw. 71
LONGE, Henry 80
   Johanne 80
   Wilhelm 80
LOOSE, Amalie 27
   Carl Aug. 27
   Carl Theodor 27
   Wilhelmina 79
LORD, John 68
LORENSEN, Andrew 127
LORENSON, Jans 127
LOSE, Madaline 102
LOTT, Doroth 21
   Fr. Wm. 21
   Joh Hr. 21
   Wme 21
LOTTMAN, C. A. 32
   Charlotte 32
LOUGE, J. D. 91
   Julia 91
LUBER, August 102
LUCKEMEYER, Frederick 104
LUCKORN, Andreas 58
LUCKERT, Catherine 78
LUDFKE, Frederich 38
LUDICKE, Chas. 77
LUDWIG, Aug. 26
LUHBERT, Caroline 111
LUHNING, Ernstine 13
LUIDENCHAL, Adle 70
   Herman 70
   M. 70
   Maria 70
   Selma 70
LUIKMANN, Josaphine 80
LUKEMAN, Josephine 98
LUMMER, Wilh. 14
LUNGLOT, Carl Aug 20
LURSSEN, August 42
   Heinrich 42
   Sophia 42
   Wilhelm 42
   Wilhelmine 42
LUSCH, Friedrike 84
   Fritz 84
   Marie 84
LUTKINS, Maria 109
LYMA, Adam 92
   Albert 92
   Ludwig 92
   Maria 92
   Sophie 92
MACH, Carl 40
MACHABECK, Joseph 91
MACHAZEK, Barbara 63
   Johann 63
MACHEKOSKY, N. 104
MACHEMEHL, E. A. 28
   Georg. 28
   Joh. 28
   Mich. 28
MACHN, Anna 117
   Johann 117
   Paul 117
   Rosina 117

MACKEL, Conrad 30
MADACK, Andreas 110
  Anna 110
  August 110
  Johann 110
  Magdalena 110
  Peter 110
MAEDER, Caroline 96
MAEL, Marie 62
MAGEE, Peter 70
MAGUIRE, Hugh 70
  John 70
  Johunna 70
MAHER, Bridget 69
MAHIZKEY, Joh. 25
MAHLER, Ludw. 52
MAHLETEDT, Antoinette 42
MAIMALDT, Friedrich 42
MAIN, Donald 69
MAKEEY, F. M. 24
  Fred M. 24
  Maria 24
  Stephin L. 24
MAKER, Fred 101
MALINGREN, P. W. 127
MALITZKY, Louis 38
MALLABRAID, Barney 67
MALZ, Johann M. 52
  Margarethe E. 52
  Peter 52
  Wm. 52
MANCHESTER, Jas. 68
MANDLEY, Kester 69
MANDLINE, Otto 93
MANEK, Franziska 128
MANERMANN, Bernhard 44
MANEKE, Anna 86
  Emilie 87
  Rosalie 86
  Theresia 86
  Theressia 86
  V. 86
MANHARDT, Anna 73
  Magdalena 73
  Sebastian 73
  Theresa 73
MANN, Anna Maria 41
  J. A. 19
MANNER, Anna 6
MANNINGS, Benj 68
  Maria 68
MANOROSKY, Allosia 75
  Carolina 75
  Joseph 75
  Maria 75
  Veronika 75
MARBERGER, Christine 14
  John Henry 14
MARCAK, Anna 121
  George 121
  Johann 121
  Joseph 121
  Marianna 121
MARCK, Julius 102
MARECK, Anna 107
MAREK, Emilie 118
  Frabziska 118
  Franz 118,123
  Joseph 118
  Joseph 87
  Ludwik 118
  Rosalia 118
  Theresia 118
  Vincenz 118
  Vinzenz 118
MARESCH, Anna 118
  Franz 123
  Johann 123
  Marianna 123
  Marie 123
  Vincenz 123
  Vinzenc 123
MARISCH, Agathe 84
  Anna 86

MARISCH (cont.)
  Franz 84
  John 86
  Rosalie 86
  Theresia 86
  V. 86
MARK, Cark 50
  Franzeska 119
  Veronika 119
MARKER, Fz. 22
MARKS, Heinrich 59
  Paul 57
MARKWARDEN, Fr. D. 25
MARLMANN, Sophie 45
MARN, P. 26
MARRESCH, Franz 129
MARRISCH, Anna 129
  Franz 129
  Franziska 129
  Johanne 129
  Rosalie 129
  Theresia 129
MARTHES, Ernestine 97
MARTIN, C. 55
  Caroline Sophie 13
  Gales 13
  Martha Elisha 104
  Peter 14
MARTINETZ, Anna 129
  Antan 129
  George 129
  John 129
  Joseph 129
  Marianne 129
  Theresia 129
  Varonika 129
  Veronika 129
MARTY, August 90
  Christoph 90
  Dorothe 90
  Marie 90
MASCHEKECK, Frantz 104
MASCHICK, Franz 128
  John 128
  Joseph 128
  Katherine 128
MASKMANN, Anna 14
  Fanedo (H---?) 14
  George 14
MASOE, Bertha 38
MASON, Eliza 68
  John 69
MASS, Fr. 126
  Ottilie 120
MATGDORF, August 81
MATHER, Martha 66
  William 66
MATHEWS, D. 68
MATISKA, Anna 129
MATISKA, Antonia 129
  Christine 129
  Francisca 129
  Joseph 129
  Julie 129
  Theresia 129
MATISTAK, Anna 125
  Johanna 125
  Joseph 125
  Josepha 125
  Paul 125
MATLOCK, Henry 23
MATSCHKE, Elise 41
  Louise 41
  Saml 41
MATTHIAS, Jacob 20
MATULA, Agnes 107
  Anna 107
  Appalonia 107
  Antonio 107
  George 107
  Johann 107,108
  Johanna 107
  Josepha 107
  Maria 107

MATZER, Christian 60
MATZEZICK, Victoria 107
MAUER, Emilie 42
  Geo 42
  Georgie 42
MAUN, Ernst 33
MAUSHAAR, Franz 29
MAVELIN, Susan 67
  William 67
MAX, Geo 47
MAXWELL, John 70
MAY, Catherine 2
  Edwd. 2
  Elenora 2
  Ida 2
MAYER, Carl 65
  Carol 29
  Cathrine 75
  Fred Daniel 16
  Johnie 75
MAYWALD, A. 20
MAZAZE, Anna 117
MAZUCK, Franz 119
MC ANGAS, Wm. 69
MC CONNELL, Peter 69
  Peter Jr. 69
  W. D. 67
MC DONALD, Alex 69
  James 67
  John 67
MC FARLAND, John 66
MC GREGOR, Alex 69
MC GUIRE, Catherine 68
  Hugh 67
MC KEIG, Fred 67
MC KELLY, George 68
MC KENZIE, Christian 65
  Donald 66,69
  Flora 67
  James 65
  Janninan 66
  Jessie 67
  John 66,67
  Margaret 65
  Wm. 65
MC LEAN, Allan 66
  Christian 66
  Isobella 66
  John 66
  Mary 66
MC LEOD, Alex 66
  Anniel 66
  Donald 66
  George 66
  Georgiana 66
  Johanna 66
  Murdox 69
MC VEINLEY, James 69
  Peter 69
MEBIS, Carl 7
  Catherine 7
  Dorothea 7
  Elize 7
  Friedrich 7
MECHALK, J. 57
  T. 57
MECKER, Carl 38
MECTZEN, Laura 40
MEDACK, Mari 110
MEGER, Bernard 80
  Caroline 80
  Christian 80
  Elizabeth 80
  Joseph C. 80
  Marie 80
MEHIMANN, Wilhelm 116
MEHNERT, Chr. Gottleib 106
MEIER, F. 54
  Johan 11
MEIERHOF, Fredericke 10
  Johan 10
  Marie 10
  Minna 10
  Sophie 10

MEIN, Claus 8
MEINEIKE, Carl 7
  Edward 7
  Fred. Will. 7
  Frederick 7
  Joh. Fredr. 7
  Maria Emilia 7
  Sophia 7
  Whelelhmine 7
MEIRSCHEN, Ebert 94
MEISEROSE, Wilhelmine 60
MEISKE, Christiane 111
  Wilhelm 111
MEISNER, Caroline 128
  Juliane 128
  Justine 128
MEITZEN, Franz 35
  Ida 35
  J. E. W. 35
  Marie 29
  Max 29
  Otto 35
MELCHER, Catharina 7
  Christian 51
  Lina 51
  Lisette 51
  Mina 51
MELGIAN, Fr. 11
MENEMACHER, J. 26
MENGEE, William 71
MENKE, Heinr. 44
MENNICH, Adolph 126
  Catharina 126
  Willy 126
MENSING, August 29
MENZE, Adolphe 21
MENZEL, Gottfr. 28
MEOSE, C. 56
MERGER, Wilhelmine 80
MERKA, Johann 123
  Maria 123
  Paul 123
  Rosina 123
MERREM, August 53
MERTZ, Edward 100
  Louise 100
MERY, Heinrich 60
MERZ, Annie Marie 18
  Catharine 17
  Elizabeth 17,18
  Jacob 17
  Joh Hch. 18
  Joh Wilhelm 18
  Margaretha 17
  Marianett 18
  Marie 17
  Ottilia 17
  Peter 17
MESSER, Elizabeth 6
MESSNER, Anna 48
METTING, Catherine 111
  Dorothea 111
METZ, Caroline H. 4
  Henrietta 4
  Johan P. 3
METZGER, Anne Marie 1
  Franz Marie 1
  Frederick 1
  Jacob 1
  Peter 1
  Philip C. 1
MEY, Johan 48
MEYER, Adelbert 37
  Andreas 43,99
  Auguste 99
  Barbara 48
  Betty 37
  Carl 22,49,112
  Carolina 44
  Catharine 48
  Christ 21
  Chs. 48
  Dora 22

MEYER (cont.)
  Dorotha 98
  Emil 37
  Ernst 98
  Fend. Wm. 15
  Franziska 37
  Fred 88
  Frederich 111,112
  Friedrich 40
  Georges L. 4
  Gerhard 44,88
  Heinrich 61
  Henriette 40
  Henry 88
  Herm. Heinr 44
  Hermann 113
  Hr. 12
  Joh. Chr. 12
  Joh. Gy. 22
  Johann 61
  Johanne 88,99
  Julie 111
  Julius 40
  Landorf 20
  Louise 20,111
  Ludwig 65
  Mar. 12
  Marie 88,98
  Richard 37
  Wilh. 116
  Wilhelm 60
  Wilhelm Bohis 109
  Wilhelmine 37
  Wilhm. 45
  Wm. 22
  Wolfgang 48
MICHAELIS, Henriette 38
MICHALEK, Frantz 63
  Franz 63
  Rosina 63
MICHAUS, Franz 21
  Herm 21
MICHEAL, Auguste 88
  G. 88
  Gustave 88
  Louise 88
MICHEL, Anna M. 51
  Audreas 51
MICHELS, Helene 115
  Marie 115
MIDDELEGGE, Henry 96
MIENTZEN, Master 86
MIER, C. 26
  Heinrich 31
MIESNER, Fred 93
MIETZEN, Antonie 30
  Wilhelm 30
MIFUHART (?), John 67
MIKALENCAK, Anna 117
MIKATACHTIK, Johann 51
MIKENKA, Anna 85
  Franz 86
  Peter 86
  John 85
  Thomas 85
MIKSHIP, Bertha 86
  Paul 86
MILATZ, Dorothea 19
  Hemrich 19
  Johann 39
  John 19
MILLER, Andrew 67
  Anne Elieze 31
  Carl 11
  Elsie 31
  Elizabeth 11
  Gerhard 31
  Herman 31
  Johan 31
  Meta 31
  Netta 11
  Theodore 11
  Toleph 11

MILLER (cont.)
  Wilhem 11
MILTON, W. H. 24
MINDEN, Berchard 81
  Henry 81
  Johanna 81
  Marie 81
  Matilde 81
MINOR, China 85
MISSCHEN, Bernhard 90
  Dierd 90
  Fred 90
  Margaret 90
  Marie 90
  Sophie 90
MITCHELL, Alex 70
  James 67
  Jane 65
  Jessie 65
  John 65
  Mary 70
  Robert 70
  Susan 70
  Thos 70
  William 65,70
MOACKE, Julius 113
MOBES, L. 54
MOCHICHEK, Anton 65
  Barbara 65
  Johann 65
  Joseph 65
MOHL, Carl 29
MOHR, Ludwig 129
MOHRIG, Christian 43
  Christiana 43
  Fritz 43
  Maria 43
MOHRMANN, Anna 42
MOKEST, J. G. P. 25
MOLLENBEHSEND, Adolph 21
MOLLER, Clara 8
  Edward 7
  Elise 8
  Fredericke 5
  Herrman 8
  Johann 5
  Josephina 8
  Josephine 8
  Luitgarde 8
  Max 8
  Terese 8
MOLLERT, Franz 56
  John 56
  Joseph 56
  M. 56
  Maria 56
  Sudmilla 56
MORCAT, Joseph 87
MORER, Fritz 46
MORITZ, Gottfried 113
  Wilhelm 119
  Aug. 106
  Henrich 127
MOSER, Conrad 49
MOTTL, Anna 118
  Carl 86
  Franz 86
  Joseph 86
  Theressia 86
  V. 86
MOUREAU, Franz 29
MOURREAU, Julius 52
MOZER, A. 55
MUCHE, Frederick 104
MUCKE, Joseph 27
MUHE, Albert 65
MUHLENFELD, Charles 17
MUHLER, Gebhardt 43
MUHLKE, Gessina 9
  Johann 9
  Marie 9
MULLER, A. 77
  Anna 77,80

MULLER (cont.)
  Anna C. Muller 45
  August 58,75
  Barbara 21,114
  Carl 83,84,88
  Caroline 109
  Cathine 77
  C'fred 36
  Chs. F. 24
  D. 84
  Dorothea 15
  E. Hamm 28
  Eiburt 77
  Eirert 84
  Elizabeth 39
  Emilie 15
  Emily 99
  Emma 15,101
  Ernestine 64
  F. 25,55
  Fd. 16
  Fr. 54
  Francisko 83
  Fred 82,99
  Frederike 65
  Fredrich 75
  Gerhard 31,44,77
  Gustave 15
  H. A. 80
  Henry 80
  Herman 99,109
  Hern 94
  J. 55
  J. W. 77
  Jenny 39
  Joh Friedericke 19
  Johann 95
  Johanna 77
  John 101
  Joseph 14
  Lena 77
  Louise 77
  Ludwig 3,75
  Margaretha 64
  Marie 15,77,99,109
  Martha 109
  Mathilde 42
  Orno Heni 131
  Otto 42,109
  Ottocar 39
  Phillip 15
  Rebecca 77
  Sina 31
  Sophie 82
  T. A. 80
  W. 55
  Wilhelm 81,95
  Wilhelmina 77,95
  Wilhelmine 109
MUNCH, Catunca 25
  Kunigund 31
MUNIM, Ferdinand 44
  L. H. G. 44
  Marie 44
  Theodor 44
MUNISON, Jane 67
  John 67
  Mary 67
  William 67
MUNKE, Carl 40
  Ernst 40
  Julie 40
MUNSO, John 69
  William 69
MURPHY, James 67
  Mary 68
  Richard 67
  Thomas 67
MURRAY, Jane 67
MUTH, Ludwig 50
MYER, Carl ?. H. 108
  Rudolph 109
MYLINS, Fredelin 3

NAGEL, Franzistra 62
NAHARICA, Anna 91
  Franz 91
  John 91
  Theressia 91
NANHMANN, F. W. 20
NANZ, David H. 5
NAPPS, Fredericka 3
  Johann D. 3
  Maria 3
  Maria M. 3
NARVORRA, Anna 127
  Johann 127
  Simon 127
  Wenzel 127
NASCHKE, Augt. 93
NASSMALD, Carl 36
NATZAN, Alexander 71
  Johanna 71
  Julianna 71
  M. 71
  Marianne 71
  Rosale 71
NATZKE, Fritz 98
NAUMANN, F. W. 83
  Louise 83
  Max 83
  Pauline 83
  Rob. 28
NEBER, Anna 4
  Anna S. 4
  Fredk. 4
  Joseph 4
NEHMENS, Jan 127
NEIBOR, Ernst 95
NEIDERMEYER, Ida 16
  Josef 16
NEINASK, Ann Pauline 108
  Carl 108
  Gustav E. 108
  Herman 108
  Paul 108
NEINSTEDT, Frederick 104
  Heindrich 104
  Heinrich 104
  Sophie Margarethe 104
  Wilhelm 104
NELLING, James 121
  Lizzie 120
NENGEBAUR, Wilhelm 108
NERICKE, J. H. 25
NERLEAR, Anna 70
  Christian 70
  Conrad 71
  Johnnie 70
  William 70
NERSTRA, Antonius 121
  Karl 121
  Rosina 121
NESS, Thomas 69
NEST, Thomas 84
NETTE, J. B. 25
NEUBUHR, Henry 7
NEUENDORFF, E. F. 32
NEUGEBAUER, Ernst 98
NEUMAN, Carl 96
NEUMANN, C. W. 85
  F. 54
NEUSMAN, Charles 104
  Frederick 105
  Herman 105
NEUTZLER, Johann 109
NIARIS, Ferdinand 75
NICHOLSON, John 69
NICKETRIL, Franz 93
NIEBUHR, Jacob 114
  Marie 114
NIEHN, Peter 49
NIEMANN, Carl 51
  Conrad 50
  Eliess 30
  Frederick 30
  Friederick 50

NIEMANN (cont.)
  Maria 50
  Sophie 51
NIEMEYER, Anna 120
NIEMZER, Alex 73
NIENS, Friedr 20
NITSCHKE, Adolph 104
  Carl 104
  Emilie 104
  Gustav 104
  Herman 104
  Louise 104
NITZE, Ada 104
  Agnest 105
  Andreas F. 104
  Catherine 104
  Marie 104
NOACK, Christiane 126
  Gustave 126
  Marie 126
  Paul 126
  Peter 126
NOACKE, Andreas 107
  Christinaud 110
  Enst 110
  Ernest 110
  Johann 107,110
  Johanna 107
  Johanne 110
  Magdalena 110
  Maria 107,110
NOAK, Andrew 93
  Anna 93
  August 93
  Ernst 93
NOBBE, Charlotte 111
  Henrietta 112
  Wilhelm 111
NOBIENSKY, Carl 76
NOHE, Alain 27
  Alice 27
  Alma 27
  Beamer 27
  Henriette 27
  Sams 27
NOHL, Adame 34
  Carl Pl 34
  Catharine 34
  Christina 34
  Johann 34
  Juliane 34
  Maria 34
  Phillip 34
  Sophie 34
NOLL, Valentine 87
NORDMAN, Clara 98
  Otto 70
NORK, Johann 94
NORMANN, Adolf 40
  Carl 39
NORTON, Sarah 70
NOSE, Andreas 114
  August 115
  Fritz 115
  Hermine 115
  Minna 115
  Theresa 114
  Wilhelm 115
NOTHNAGEL, Wilhelm 64
NOTTE, Engelbert 59
NOVAK, Franz 118
  Johann 118
  Theresia 118
  Vinzenz 118
NOWOTNY, Josef 117
NUCHWITZ, Barbara 59
  George 59
  Jacob 60
  Joseph 60
  Margarete 59
  Marie 59
  Phillipene 59
NUHISKA, Anna 86

NUHISKA (cont.)
  Franz 86
  John 86
  Joseph 86
  Marie 86
  Rosine 86
  Thomas 86
NULL, Marie 80
NUMBERG, Auguste 39
  Christian 39
  Emilie 39
  F. L. H. 39
  Johanna 39
  Maria 39
  Wilhelmine 39
NUSE, Wm. 21
NUSMAN, Frederick 104
NUSSE, Lorenz 42
NUSSER, Felise 2
NUTSEHKE, Ernest 85
OBELGANNER, Maria 49
OBERFORLLER, Hironimus 75
OBERMANN, Elise 15
OBERMITTAM, Carol 28
OBST, Gotts 29
OEFT, Friedr 21
OEHMANN, Sophie 83
OELENIK, Anna 51
  Georg 51
  Rosina 51
  Thomas 51
OEMBER, Carl 49
OENCH, Adelheid 41
  Friedrich 41
  Oscar 41
  Richard 41
  Rud. D. 41
OFFENBACH, Jacob 79
OFFENBADE, Henriette 29
OFFER, August 64
  Catharina 64
  Louisa 64
  Margaretta 64
  Maria 64
  Marie 113
  Mathias 64
OGLIVIE, Catherine 67
  Wm. 67
OHLDOG, Phillippine 50
  Sophie 50
OLDENBERG, Theodore 76
OLDENBURG, Agnes 76
  Caroline 76
  Wilhl 76
OLDSTRIL, Aneska 129
  Joseph 129
OLENDORF, H. 20
OLIGSLAGER, Margaret 30
OLLAND, Carl 11
OLLE, Aug. 53
OLNAGEL, Wiganese 43
ONDRASCHEK, Stefan 117
OPPENHIEN, John 70
OPPERMANN, Christophe 21
OPSER, Johanna 70
ORDELL, Cathrine 75
  Poldina 75
  Rosa 75
ORENHOLZ, Carl 33
  Maria 33
ORFAG, Anna 106
  Antine 106
  Barbara 106
ORKEN, Alb. gg. 12
  Ges. Marg. 12
  Helene 12
  Joh. Fr. 12
  Joha. 12
  Resnh. Gehr. 12
  Soph. 12
ORLEP, Fredrick 3
  Henry 2
ORLEPP, Auguste 2
  Dorothy 2

ORLEPP (cont.)
  Elize B. 2
  Fredk. 2
  Henry W. 2
ORSAG, Anna 116
  Apolonia 116
  Carl 117
  Ciril 116
  Johanna 117
  Josef. 116,117
  Maria 117
  Paul 116
  Rosina 117
  Vinzenz 116
OSK, Kunig & L. 29
OSTENDORF, Heinr. 46
OSTERLAH, H. 77
OSTERMEYER, Hch. 16
  Mathilde 16
  Richard 16
OSTLICK, Frederick 34
OTHOLDT, Helene 44
OTILIE, Emilie 104
OTTEN, Christ 88
OTTMAN, Joh. Heinr 44
OTTMANNY, Auguste 41
  Diedrich 41
  Helene 41
  Meta 41
OTTO, Johann 71
OUSTA, Ernestine 53
  Mulius 53
OVERHAGE, Wilhelin 11
PAACHE, Chrne 11
  Doroth 11
  Dorothy 11
  Fr. 11
PAASCHE, Chr. 11
  Elise 11
  Frields 11
  Hesner 11
  Marie 11
PAETZ, Friedrich 7
PAGE, Anna 71
  Augusta 71
  Auguste 71
  Emelin 71
  G. 71
  George 23
  Sophia 71
  Wilhelmina 71
  William 71
PAGEL, August 40
  Carl 40
  Emilie 40
  Franz 40
  Frederick 40
  Friederike 40
  Gottfried 40
  Wilhelm 40
  Wilhelmine 40
PAHN, Carl H. 116
  Peter 116
PALLERSTEDT, Anna 131
PALM, Barbara 5
PAMFER, Ma. 8
PANDRUFF, Anna R. 73
  Marie 73
  Peter 73
PANTHEL, Wilm. 4
PARGRE, Johnn 75
PARKYONSKY, Jacob 94
PARMA, Joseph 104
PARMEKAL, Anna 86
  Bertha 86
  Franz 86
  George 86
  John 86
  Joseph 86
  Rosa 86
PASDIERING, Anna 94
  Joseph 94
  Marianna 94
PASSEMANN, Chr 36

PASZENSKY, A. 41
PATHE, Peter 27
PATOIS, Thomas 67
PATSNOWIAK, Catharine 129
PATTERSON, David 66
  Isobella 66
  James 66
  Mary 66
  Thomas 66
PAUL, Auguste 19
  C. Frederick 8
  Christian 70
  Clara 19
  Edward 19
  Frederich 19
  Fredericke 19
  Hermann 19
  Richard 19
PAULIS, Marie 78
PAULMANN, Moritz 46
PAULS, W. J. 58
PAULSEN, Peter 126
PAULY, Margaret 78
PAUMACBECK, Anna 91
  Martin 91
  Rosine 91
  Veronika 91
PAYNANUK, Anna 91
  Joseph 91
  Paul 91
  Thomas 91
PEAREL, William 69
PEARSON, John 66
PECHT, Theodor 32
PECK, Charlotte 24
  George 24
  Mary 24
  Wm. 24
PEDRAMELLA 16
PEEL, Louise 100
  Margaret 100
  Rudolph 100
  Wilhelm 100
PEGELOW, Fred. 53
PELTZER, Clora 52
  Sina 55
PERLE, Elizabeth 125
  Karl 126
PERLITZ, Ana 18
  Carl 18
  Caroline 18
  Friedrich 18
  Werner 18
PESSLAN, Martin 40
  Ottilie 40
PETER, Hana 130
  Jan 130
  Johanna 130
  Joseph 130
  Veronika 130
PETERMANN, Catharina 44
PETERS, Johan 9
  Wilhelm 108
PETOMEGER, G. 55
  H. 55
  P. 55
  Paul 55
PETRE, Arthur 72
  Elizabeth 71
  Erain 71
  Johanne 72
  Minnie 71
PETROZKA, Antonid 108
PETSCHKE, G. 26
PETZOLD, Conrad E. 44
PETZSCH, Ed. A. 52
PFEIFFER, Chatarine 36
PFEFFERKORN, F. A. 3
PFEIFER, Friederike 90
PFLOEGER, Carl 62
  Frederike 62
  Hermann 62
  Julie 63
  Louise 62

PFLEOGER (cont.)
  Wilhelm 62
PFORDTE, Hugo 73
PHILIP, Agnes 125
  Aloys.125
  Lorenz 125
PHILL, Caroline 113
  Frederika 113
  Heinrich 113
  Johann 113
  Marie 113
PHILLIP, Georg Heh 20
  T. 54
PIELINGEN, Ignatz 48
  Juliana 48
  Sophia 48
PIEPER, August 101
  Caroline 101
  Heinrich 50
  Henry 101
  Julian 101
  Louise 101
  Ludwig 50
  Martha Juliania 50
  Eva 50
  George 50
  Jacob 50
  Johannes 50
PIERSIG, Robt. 25
PIPER, Dorothea 106
  Heinrich 111
PITTELL, Edward 121
  Henrietta 121
  Marie P. 121
PLAN, Mary 84
PLANGENS, Henrietta 78
PLANGEUS, Augusta 77
  Fred 77
  Gustove 77
  Herman 77
  M. 77
  Pauline 77
  Susanna 77
PLANKER, Ernest 5
PLASCHEK, Rosina 121
PLOGT, Dorothea 128
  Ludwig 128
PLSCHEK, Cathar. 117
  Paul 117
PLUCKER, E. 26
PLUMELL, Herm 20
POCHNON, Carl 77
PODZENIMY, Franz 96
POHL, Alvina 97
  Anna 97
  Henry 97
  Margaret 110
  Marie 97
POLACEK, Franc 129
POLANSKI, Alosp 127
POLARIL, Franc 131
  Joseph 131
  Josepha 131
  Francisa 131
  Veronika 131
POLASCHEK, Anna 123
  Franz 123
  Franziska 123
  Johann 123
  Paul 123
  Paulina 123
  Rosina 123
POLK, Anna 17
  Constantia 17
  Elizabeth 17
  Jacob 17
  Richard 17
POLL, Fritz 46
POLOBERG, Louise 19
PONTREAFF, Elizabeth 104
  Jacob 104
POPP, Veronica 75
POPPE, Master John 129
  Minna 30

POPPER, Fritz 98
POPPERT, Adelheid 45
  Hug. 45
POSEHYTA, Maye 107
POSEMAN, Anna 104
  Emma 104
  Louise 104
  Marie 104
  Minnie 104
POSTTAG, Ernst 89
  G. 89
POTT, Fred 81
POWALEK, Hedwika 65
  Johann 65
  Johanna 65
POWER, Christine 121
  G. Dudley 121
  Wm. 121
PRADKA, Agnes 125
  Alonie 125
  Franz 125
  Franziska 125
  Johann 123
  Joseph 125
  Lofine 125
  Theresia 125
PRAGAEK, Joseph 101
  Johann 101
  Johanne 101
  Marie 101
PRANGE, Friedrich 40
  Gustov 10
  Louise 40
PRAUZIN, Wilhelm 19
PRAZEK, Franziska 129
  Josepha 129
  Marianna 129
PREPLER, Franz 27
PRESSLER, C. W. 27
  Clara 27
PRIESEMULT, Bertha 53
  Caroline 53
  Friedr. 53
PRIESLER, Emil 49
  Simon 49
PRIESTER, E. 36
PRIESTMUTT, Henrietta 53
PRIETZER, Bertha 113
  Friedr. 113
  Louisa 113
  Marie 113
  Paul 113
PRIEUSS, Josef 18
PRILL, Fritz 46
PRILOP, Christine 104
  Elizabeth 104
  Ernest 104
  George 104
  Heinrich 104
PRNETZEL, Anton 44
PROMS, Gilbert 22
  Jos. 22
  William 22
  Wm. 22
PROMSE, Saml. 24
PROSATIK, Anna 85
  Fanny 85
  Franz 85
  John 85
  Maria 85
  Marie 85
PROTZEL, Wilhelm 36
PRUNETZ, John 98
  Maria 98
PRUTZ, F. A. F. 52
PUFAHL, Julia 75
PUTZ, Aus. 25
QUADE, Anna 120
  Emil 120
  Emilie 120
  Ottilie 120
  Peter 120
  Rosalie 120
  Samuel 120

QUADE (cont.)
  Theodor 120
QUEBE, Henriette 60
QUINLY, John 69
RAACKE, Ludwig 112
RABE, Dorothea 120
  Heinrich 120
  Maria 120
  Martin 120
RACHNY, Aug. 91
RADER, Margreth 91
RAGOWSKE, Minna 84
RAHE, Catharine 45
  Catherine 46
  Christoph 46
  Dorothea 45
  Fried. 45
  Friedr. Wilhm. 46
  Joh. Wilh. 46
  Johanne 46
RAHENNEND, August 97
  Augusta 96
  Carl 96
  Christine 96
  Fritz 96
  Fritz R. 96
  Louise 96
RAIN, Carl 113
RAKE, Fritz 30
  Herrman 30
RAKSDORF, Carolina 43
RALIRAD, Franz 108
RALLAS, August 111
RAMOND, Amatie 60
  Catharine 60
  Emil 60
  Friederich 60
RAMSCHUTZ, Alexander 8
  Amelia 8
  Carl 8
  Maria 8
  Maximus 8
RAMSEL, Wm. 28
RAMSEY, James 69
RAMZENSKE, Ann 108
  Johann 108
  Max. 108
RANSHAUSEN, Elizabeth 61
  Friedrih 61
  Heinrich 61
  Marta 61
  Wilhelm 61
RANSKY, Adolph 32
  Friedrick 32
  Henriette 32
  Maria 32
RAPBERG, Auguste 100
  Carl 100
  Dorotha 100
  Wilhelm 100
RAPPENBURG, Adolphine 88
  Andrew 88
  Marie 88
  Justus 88
  Wilhelm 88
RASCHE, Gesche Marg. 21
RASCHEN, Master 34
RASE, Caro. 14
RASTHOPER, Magdolena 75
RATCKE, Fred W. 104
RATHGE, Caroline 118
RATOIK, Julius 80
RAU, Gustav 113
  Welhelmine 113
RAUCH, Eva 48
RAW, Carl 99
  Henry 99
RAWEY, David 69
REA, Master John 121
RECHENBIN, August 58
REDEN, Wilhma. 14
REDFERN, Mathew 67
REGENBRUHT, Geo. 53

REHA, Maria 85
  Rosine 85
REHLING, Johanna 88
REICHENBACH, H. 26
REICHERT, Emma 56
  Franz 56
  Ida 56
  Minna 56
  S. 56
REICHNICH, Andreas 93
REICKLE, John 84
REIDEL, Adolf 33
  Carl 33
  Caroline 33
  Ernst 33
  Franz 33
  Johanne 33
  Joseph 33
  Moritz 33
REIN, Johannes 48
REINBACH, Max 30
REINCSHE, L. 53
REINHARDT, C. 57
REINDL, George 75
  Maria 75
REINHARDT, Christian 44,48
  D. 57
  H. 57
  Wilhelm 57
REISNER, Auguste 41
  Louis 41
REISS, Carl 40
REMMERT, Friederich 60
  Heinrich 60
  Henriette 60
  Marie 60
  Sophie 60
  Wilhelm 60
REMMIN, Christian 46
RENE, Fredericke 78
  Henry 78
  Louise 78
  Marie 78
  Sophie 78
  Wilhelmine 78
RENHENST, Ernst 19
RENKEN, Gerd. 25
  John D. 91
RENN, Wilhelm 106
RENSCH, Georg 49
RENSS, Anna Cath. 45
  Catherine 45
  Fr. Adam 45
  Joh. Ad. 45
  Joh. Ludw. 45
RENZEU, Marie 115
RESMICKE, Lana 97
RETI, Ludwig 14
RETTIG, Carl 118
REULR, Christine 114
  Henrietta 114
  Herman 114
  Welhelmine 114
REYER, Herman 61
  Johanne 61
RHEINLANDER, Martha 62
RHENCHARD, Henrietta 16
  Jacob 16
  Margareth 16
  Marie 16
RHODA, Anna 125
  Cecilie 125
  Paul 125
  Martin 125
  Vincens 125
RHODINS, Hugo 27
  Ottilic 26
RHODIUS, Christian 3
  Otto 3
RIAKE, John 2
RICE, Henry 68
RICHARD, Athan 106
RICHARDZ, F. 54

RICHEL, Catharine 34
  Lazarus 34
  Lucic 34
RICHSLER, Hermann 59
RICHTER, Andreas 107
  Anna 107
  August 107
  Auguste 15
  C. G. 36
  Carl 110
  Charles 33
  Christian 15
  Eliesse 31
  Heinretta 94
  Heinricht 30
  Henritter 15
  Hermann 15
  Johann 107,110
  John Samuel 15
  Joseph 75
  Julius 104
  Madeline 107
  Magdaline 110
  Maria 107
  Marie 104,110
  Pauline 85
  Robert 104
  Wilhelm 104
  Wilhme 15
RICHTOR, Frangott 8
RICK, Elizabeth 80
RICKE, Carl 11
RICKLEFSEN, Albertian 71
RIDDEN, Fredr. 93
RIDDHOUSE, Louise 81
RIDER, Aloisa 56
RIEBE, Erdmann 32
  Ferdinand 32
  Friedrich 32
  Peter 32
  Wilhelm 32
  Wilhelmine 32
RIECK, Joh 35
RIECHTI, Christoph 75
  Johnn 75
  Marie 75
RIEDEL, Emma 41
  Fritz 41
  Minna 41
RIEGER, Wilh. 21
RIEMERS, Johanne 127
  Peter 127
RIENARZ, Frederick 2
  J. M. 2
  Regina 2
RIESE, Aug. 21
RILLING, E. 55
  Regena 55
RIMER, Julius 83
RINCHART, Carl 19
  Maria 19
RINGER, August 110
  Carl 110
  Hermann 110
  Johanne 110
  Marie 110
RINIK, Johannes 8
RIPKE, Emilie 42
  Ulriche 42
RIPPE, Christian 30
  Dorothea 30
  Marie 30
RISKA, Franz 90
  Marie 90
RISKE, Anna 94
  Carl 94
  Emily 94
RISTO, Malita 71
  Otto 71
RITCHELL, David 67
RIWOLZKI, Wm. A. 35
ROAZ, Anton 84
  Clara 84

ROBEN, Geidt 101
  George 101
  Johann 101
ROBERT, Julius 90
ROBERTS, Catherine 66
  George 66
  John 66
  Louisa 67
  Mary 66
ROBERTSON, Ann 66
  Wm. 66
ROBERTUSCHKY, J. 88
ROBINSON, Martha 68
  Wm. 68
ROCEN, Anna 130
  Johann 130
  Joseph 130
  Therese 130
ROCK, Anton 48
  Catharina 48
  Elizabeth 48
  Helena 48
  Ignatz 48
  Marianna 48
RODEFELD, C. T. 75
  Karal W. 75
  Kath Maria 75
  K. W. 75
  Maria W. 75
  T. W. 75
RODSCZINSKY, Emilie 58
  Louise 58
ROEDER, Ernst 53
ROENAUE, Amelia 8
  Augusta 8
  Carl 8
  Edward 8
  Fredericia 8
ROGGE, Fred 84
ROHLFINGEMEYER, Henrietta 111
ROHLING, Henriette 45
  Joh. Fr. W. 45
  Wilhelm 45
ROHTING, Hr. 22
  Louise 22
ROLDT, Joh. R. 53
ROLINSKY, Elizabeth 71
  F. 71
ROMIR, C. F. 81
ROMOMSKY, F. 34
ROPPE, Heinr 120
  Marie 120
ROSCHEKE, C. L. 81
ROSCHER, Bertha 116
  Franz 116
  Franzis 116
ROSE, J. C. 67
  Jacob 67
  Jane 67
  Mxie 70
ROSENBAUM, Carl 110
  F. 25
  W. 57
  Henrietta 80
ROSENBURG, Arthur 76
ROSENFELT, Josef 18
ROSENHEIN, Fred 88
  Mago. 88
  Marie 88
ROSENTHAL, Ad. 25
ROSENTRATES, Friedrich 126
  Pauline 126
ROSEWNSKY, Anna 94
  Magdalena 94
ROSKY, Albert 6
  Anna 6
  August 5
  Johann 5
  Magdaline 5
ROSLER, Donetta 21
ROSS, Bessie 66
  Donald 66,69

ROSS (cont.)
    George 66
    Jane 67
    John 69
    Mary 66
    Peter 69
    W. F. M. 67
    William 66,69
ROSSBACH, Heinrich 119
    Josef 119
ROST, Carl 99
    Edward 7
    Gottlieb 42
ROTH, Anna Marie 18
    Antan 36
    Barbara 15
    Catharine 18
    Christian 18
    Eliza 28
    Elizabeth 18
    Ferdinand 6
    Fob Phillipp 18
    Johann 18
    John 81
    Marie 18
    Peter 18
ROTHE, Anton 25
    Caroline 46
    Christian 46
    Ernst 46
    H. Jacob 104
    Marie Christine 104
ROTTINGHAUS, Eliz. 15
ROY, Alex 69
RUBAEZ, Eva 123
    Joseph 85
RUBATT, Johamefried 64
RUBY, Louisa 23
    Thomas 23
RUCHENGER, T. 26
RUCHEUTHEIN, Bertha 104
    Carl 104
RUCKER, Anna 104
    Auguste 104
    Christine 104
    Johann 104
RUCKERS, Wilhelmine 87
RUCKSEN, Wilhelmine 41
RUDELMAN, Angeline 100
    Anna 100
    Diedrich 100
    Johanne 100
RUDER, J. B. 77
RUNDERSTROM, Jacob 78
RUENBUHL, Adolph 64
RUF, Anton 25
RUGNER, Chrissiaua 34
    Johannes 34
RUHERT, August 104
RUHNICK, Peter 111
RUMP, Ernst 55
RUPER, Elizb. 22
RUMANN, Fr. 27
    Maria 27
    Rosa 27
RUMGENER, Conr. 13
RUMMEL, C. W. 20
RUMP, J. E. 20
RUNGE, Carl 101
    Marie 101
    Wilhelmine 101
RUNGENER, Aug. 21
RUNGMEN, Chr. 22
RUTEGER, J. W. 84
    Maria C. 84
    Marie F. 84
RUTSCH, Albert 38
RUYNOCK, Joseph 94
RYPE, Anna 87
    Carl 87
    Catherina 87
    Cecilia 87
    Elizabeth 87

RYPE (cont.)
    Franz 87
    Franziska 87
    Johanna 87
    Joseph 87
    Theresia 87
    Venzenz 87
RYPL, Anna 86
SAATHOFF, S. T. 5
SAEGER, Amelia 95
    Karl 95
    Lana 95
    Richard 95
SAILER, Franziska 62
    Margarita 62
SALGE, Christian 58
    Christine 98
    Dorotha 98
    Ernst 88,98
    Fred 98
    Heinrich 58
    Henry 98
SALOMON, Joh 35
SALSMANN, Carl 29
SANDER, Caroline 89
    Christian 89
    Christine 89
    Dorothe 89
    Elizabeth 43
    Fred 89
    Fred. Got. 108
    Friedr. Wilh 43
    Henry 89
    Johann Zerbach 43
    Maria Elise 43
SANDERS, Robert 68
SANDIKE, John 88
    Emilie 88
    Fred 88
SANER, Babette 16
    Julius 16
SANNERT, Clara 41
    Minna 41
SANTHOFF, F. P. 26
SANTRICH, Anna Maria 6
    Christian 6
    Constanze 6
SASCHE, Christian 58
SASS, Friedrike 53
    Gottlieb 53
    Henrette 53
    P. 70
SASSMANNHAUSEN, Henry 14
SATTER, Carl 36
    Friede'r. 36
    Fried'r. 36
    Heinrich 36
    Johann 36
SAUDER, B. 71
SAUER, August 61
    Auguste 82
    Fred 82
    Ludwig 100
    Otto 100
    Sophie 82
    Sophie C. 82
    Wilhelm 82
SAUNTAG, Carl 87
    Franzisco 87
    Veuzeuzia 87
SAUTERBACK, R. 55
SAVETLIK, Franz 121
    Marianna 121
SAWDER, S. 70
SCHADRY, Michael 41
SCHAEFER, Friedericke 50
SCHAEFFER, Ferd. 42
SCHAEZLER, Anna 92
SCHAFER, Amelia 85
    Apolla 85
    Anna 85
    Caroline 85
    Florence 85

SCHAFER (cont.)
    Franz 85
    Josephe 85
    Matilda 85
    Sibella 30
    Stephen 85
    Frederich 10
SCHAINE, Adolph Auguste 7
    Augusta 7
    Catharine 7
    Heinrich 7
    Maria 7
    Maria Louise 7
SCHAIZLER, Gutav 93
SCHALER, Franz 62
SCHALFIRT, Louis 7
SCHALECK, Dorothea 126
    Friedrich 126
SCHALUCH, Auguste 7
    Christophe 7
    Eva 7
    Fredrich 7
    Johanne 7
    Vincent 7
    Wilhelmine 7
SCHALUPKA, Rosalie 110
SCHAPER, Christine 98
    Henriette 98
    Joh. 22
SCHAPKA, Anna 63
    Emilie 63
    Johann 63
    Terisia 63
SCHARONE, Johanna 90
    Minnie 90
    Wilhelm 90
SCHATZ, Louis 58
SCHAWRDA, Anna 123
    Barbara 123
    Franz 123
    Joseph 123
SCHEERER, Geog A. 27
SCHEFFER, Louis 40
SCHEILE, Henry 98
SCHEINESDER, Anna 112
    Gustav 112
    Ernest 112
    Andreas 112
    Marie 112
    Martin 112
    Theresa 112
SCHELER, Barbara 14
SCHELEWO, August 53
SCHELLARS, T. 5
SCHELLING, Diedrich Friedr. 44
    Diedrich L. 44
    Eliza Friedr. 44
    Ferd. Theod. Friedr. 44
    Helena 44
    Maria Friedr. 44
SCHENCK, Caroline 15
    Frederich 48
    Fredericke 48
    J. C. C. 33
SCHENDEL, August 119
SCHEPERKOEPER, Catharine 50
    Friederich 50
    Friedrich 50
    Lisette 50
SCHETCLIG, Frederich 73
SCHETTER, Bernard H. 105
    Fredericke 105
    Joseph 105
    Julie Lousa 105
    Lizetta 105
SCHEVER, Joh. Fidr. 38
SCHIBITZ, Catharine 34
    Ch. 34
    Frederick 34
    Jacob 34
    Johanna 34
    Phillip 34

SCHIECK, David 30
SCHIEFEN, F. 26
SCHIEWETEZ, Frederick 1
 George 1
 Jacob 1
 J. G. 1
 Jane 1
SCHIEWORTH, Anna 123
 Johann 123
SCHILDKNUCHT, Auguste 16
SCHILDNECKTY, Christ 30
SCHILLER, Anna 119
 Carl 118
 Catharina 118
 Franzisco 87
 Franziska 119
 Heinrich 10
 Johann 119
 Johanne 118
 Paul 118
 Rosalia 118
SCHILLING, Joh. Gotte 13
 Johannes 50
SCHIMBKE, Frederike 38
SCHIMEK, Johann 117
 Theresia 117
SCHIMETZ, J. J. 1
 Margaret G. 1
 Philip 1
SCHINDLER, Franz 75
 Max 84
 Rosie 84
SCHINK, E. Anne B. 2
 William 2
SCHINSPKE, Ernest 9
SCHIPKE, August 49
SCHIRAB, Eugen 45
SCHIRLER, Gottfrey 78
SCHITL, Albert 20
SCHLABACH, Alex. 61
 Alexander 61
 Catharine 61
 Eliza 61
 Friedrich 61
 Heinrich 61
 Louise 61
 Sophia 61
 Therese 61
 Wilhelm 61
SCHLECHT, Fredine 14
SCHLEICHER, Heinrich 56
 Johann 56
 Marie 56
SCHLECHT, Anna 53
 Clara 53
 Henrietta 53
SCHLEICHER, S. 56
 T. 56
SCHLEINMER, Marie 93
SCHLENKER, Henrietta 106
SCHLEITER, Albert 30
SCHLESINGER, Edward 19
SCHLEUCH, Joseph 3
SCHLEY, Albert 52
 Auguste 52
 Emilie 52
 Franz 52
 Herman 52
 Louise 52
 Marie 52
 Mathilda 52
 Tulris 52
 Wilhelm 52
 Wilhelmine 52
SCHLEYER, Christian 16
 Emil 51
SCHLIHTING, Gustov 51
 H. F. 16
 Lisette 16
 Pauline 16
SCHLICKUM, Julius 29
SCHLIEDMAN, Friedr. 31
SCHLINKE, Bertha 112

SCHLINKE (cont.)
 Carl 112
 Caroline 112
 Emma 112
 Florentine 112
 Wilhelm 112
 August 112
SCHLOMANN, Adolph 9
SCHLOMER, Fr. 21
 Otto 14
 Pauline 26
SCHLUCKER, Auguste 15
 Wilhelmina 15
SCHMACKE, Louisa 95
SCHMAKER, Magdolean 80
SCHMANN, Wilhelmina 76
SCHMARH, Edmund 95
SCHMARY, Janett 80
SCHMICTT, Anna 106
 George 106
 Johann 106
SCHMIDT, A. O. 5
 Adile 4
 Anna B. 4,45
 Anna S. 3
 August 55
 Autor 4
 Bertha 4
 Bruno 61
 Carl 8,38,59
 Carl Wilhelm 105
 Caroline 105
 Christine 59
 Emilie 61
 Emma 61
 Franz 54
 Fredericka 3
 Frederike 38
 G. 82,88
 G. F. 5
 Gische Margaretha 42
 Gottlieb 59
 Gustav 59
 H. 26
 Hch. 16
 Heinr. 45
 Herman 55
 Jacob 89
 Joh. Fred 42
 Johanna 89
 John Jacob 3
 Joseph 61
 Juliano 59
 Lisette 4
 Louise 55
 Peter 3
 Randolph 4
 Richard 93
 Rosa 128
 Rosamond 61
 S. 55
 W. 55
 W. C. 58
 Wilh. 27
 Wilhelm 38
 William 3
SCHMIDTT, Anna Maria 75
 Johnn 75
 Rosa 75
 Thelka 75
 Theriesia 75
SCHMIDZ, Anna 34
SCHMIEDCKAMP, Wm. 20
SCHMILTZ, Heinr. 53
SCHMITT, Carl 3
 Christine 3
 H. B. S. 3
 John N. 3
 Julin 3
SCHMITZ, Elizabeth 80
 Henry G. 80
 Joseph 34
 Marie 34

SCHMIDZ, Johe. Chr. 116
SCHMIER, Heinrich 111
SCHNAEHENWALTE, Wilh 53
SCHNANGEL, John 91
SCHNARGKOFF, Louise 81
SCHNEICH, J. H. 84
SCHNEIDER, Adam J. 44
 Anna 31
 August 31,107
 Carl 38
 Charlotte 76
 Gust. 22
 Johnn 75
 Jul. 28
 Louis 49
 Marie 31
 Sophie 31
 Ulrich 31
SCHNELLE, P. A. 63
SCHNIDER, Edward 73
 Henry 95
SCHNIEDER, Richard 76
 Rosina 76
SCHNIRG, Caroline 4
 Christian 4
 Heinrich 4
 Maria V. 4
SCHNNEMANN, F. 26
 Tr. 26
SCHNOPPE, Anne 81
 Carl 81
 Gottlieb 81
 Helene 81
 Julia 81
SCHNOREK, Marie 90
 Rosalie 90
 Rosine 90
SCHOBER, John C. 2
SCHOEDER, Catherine 95
SCHOEL, George 48
 Jacob 48
SCHOEMENAEF, A. R. 73
SCHOENBERG, Marie 24
SCHOENHER, Michael 50
SCHOENMAN, Carl 105
 Christian 105
 Franz 105
 Marie 105
 Wilhelm 105
SCHOFFMAN, Wilhelm 11
SCHOLL, Elizabeth 62
 Heinrich 62
SCHOLMOONER, Eva 16
 Wilhelm 16
SCHOLTZ, Auguste 78
 Dorothea 78
 Frederike 78
 Ida 78
SCHOLZ, Heinrich 41
 Pauline 41
 Theod. 41
SCHOME, Mad. 26
SCHOMBERG, Marie 111
SCHONFIELD, Johann 114
 Marie 114
 Mathilde 114
SCHONHOF, Aug. 28
SCHONVOGEL, Bernhard 77
 Gerhard 77
 John 77
 Margaret 77
 T. D. 77
SCHOPPE, Christina 92
 Helen 92
 Johanna 92
 Maria 92
 Michal 92
SCHORISLING, Ernst H. 45
 Joh. Heinr. 45
 Marie Elise 45
 Marie H. 45
SCHORRE, Ed. 28
SCHORLMER, Anna 16
 Carl 16

SCHONSHALLA, Johanna 53
SCHOTZ, Fred 78
   John 78
   Mina 78
SCHOWERT, Hermann 58
   Theodor 58
SCHRADER, Wilhelm 6
SCHRAMME, Caroline 95
   Christo. 95
   Fredk. 95
   Henrietta 95
   Louise 95
SCHRANK, Caroline 120
   Emil 120
   Emilie 120
   Fritz 120
   Ludwig 120
   Ottilie 120
SCHRAVAN, Marie 90
   Johanna 90
   Valentine 90
   Veronika 90
SCHREIHAGE, Carl 10
   Dorothea 10
   Henriette 10
   Ludwig 10
   Theodore 10
   Wilhelm 10
SCHREWARTH, Andreas 114
   Auguste 114
   Carl 113
   George 113
   Johann 113
   Johanne 113,114
   Magdalene 114
   Marie 114
   Rossie 113
SCHREYER, J. C. F. 24
SCHRICNDFEGER, H. T. A. 20
SCHRIEBER, Catherine 105
   Elizabeth 105
   Ernest 105
   Ludwig Lahm 105
SCHRIENER, Emma 97
   Frich 97
   Henry 97
SCHRIFER, Catherine 109
SCHRODER, Albert 52
   Amalie 15
   Anna 48
   Catharine 48
   Christane 53
   Christian 53
   Christoph 48
   Doris 87
   Dorothe 87
   Franz 8,53
   Friedrich 53
   George 48
   Gottlieb 53
   Henry 87
   Henrich 126
   Henricke 126
   Jacob 48
   Joh. H. 52
   Johanniel 48
   Minna 87
   Sophe 126
   Wilhelm 87,126
   Wilhelmine 53
SCHROEDER, Anna 100
   Anna C. 83
   Anne G. 2
   Berind 60
   Cathe. 100
   Christ. 49
   Coed 100
   Elenore 2
   Ferd 36
   Heinrich 113
   Henry 98,100
   Jacob W. 2
   Joh. 28

SCHROEDER (cont.)
   Marie 99
   Charlotte 126
   Wilhelm 36,111
SCHROEDIS, August 73
   Tesese 73
   Caroline 73
   George 73
SCHROETER, Carl 49
   Frederike 49
   Wilhelmine 49
SCHROTMAN, Henriette 60
SCHRUB, Christian 35
   Dorothea 35
   Joachm. 35
   Juni 35
   Rosalind 35
   Seigfried 35
SCHUAR, Barbara 65
   Franz 65
   Johanna 65
   Theresia 65
SCHUBE, Friedricke 75
   Gottfried 75
   Louise 75
   Wilhelm 42,75
   Wilhelmine 75
SCHUBERT, Andrew 94
   Anna 94,110
   August 94
   Christine 110
   Chs. 29
   Dorotha 110
   Emil 12
   Ernst 94
   Johann 94
   Joseph 44
   Magdalena 94
   Maria 94
SCHUCHARD, Wolfgang 16
SCHUCHMAKER, Catharina 8
   Conrad 8
   Margarita 8
SCHUKE, Johan 10
SCHUKRAFT, Fredrick 1
   Gotlieb 1
   J. 1
   J. J. 1
   Marie 1
   Regina 1
SCHUL, Elise 89
   Emilie 89
   Fred 89
   Louise 89
   Marie 89
   Otto 89
   Wilhelm 89
SCHULENBURY, C. 70
SCHULLE, Christo. 93
SCHULLER, Julius 65
SCHULTE, Chr. Fr. 45
SCHULTZ, Albert 114
   Auguste 46
   Bertha 114
   Carl F. 114
   Catherine 79
   Elizabeth 68
   Franz 46
   Friederich 46
   G. 57
   Gottlieb 46
   Gustov 46
   Henry 68
   Herman 114
   John G. 20
   Paul 114
   Sophie 46
SCHULTZE, Carl 58
   H. 54
   Johanna 58
SCHULTZO, Heinrich 58
SCHULZ, Albert 101
   Carl 36,131

SCHULZ (cont.)
   Emil 131
   Ernestine 100
   Fred 100
   Friedr. 28
   Fritz 36
   Gustav 131
   Heinrich 38,112
   Henrick 110
   Henriette 100
   Hermann 36
   Hernheim 131
   Johann 36
   Johanne 100
   Louise 36,98
   Marie 131
   Paul 131
   Pauline 38
   Robert 36
SCHULZE, Adolph 31
   Amalie 31
   Andreas 31
   August 112
   Christophe 31
   Frederich 112,129
   Fredrick 112
   Fredericka 112
   Heinrich 31
   Heurish 112
   Louis 31
   Louise 32,112
   Minnie 112
   Sophie 31
   Thos. H. 73
   Wilhelm 112
SCHUMACH, Franz 95
SCHUMACHER, August 115
   Friedrk 115
   Gustav 115
   Henrietta 115
   Henry 83
   Wilhelm 115
   Welhelmine 115
SCHUMAK, Heinrich 9
   Subina 9
SCHUMAKER, Ahlert 9
   Anna 9
   Diedrich 9
   Eise 9
   Heinrich 9
   Helena 9
   Johan 9
   John 11
   Meta 9
SCHUMANN, Trangott 6
   Wilhelm 6
SCHUMESK, W. 26
SCHUMKE, George 65
   Gottfried 39
SCHUNCK, Auguste 16
SCHUNK, Fred 83
   Hermann 16
SCHUPACK, Franziska 91
   Martin 91
   Paul 91
   Rosina 91
   Veronika 91
SCHUSSLER, Conrad 1
   Eva V. 1
   Guillumne 1
   J. A. 1
   Jacob 1
   John 1
SCHUSTER, Agnes 118
   Henry 89
   Master H. 95
   Master 73,79,116,121
SCHUTZ, Anna 107
   Ernest 107
   Marie 107
   Pauline

SCHUTZE, Anna 82
  Cathrine 82
  Emelie 82
  Fred 82
  Gustave 82
  Marie 82
  Sophie 82
SCHUWZICK, Anna 110
  Johann 110
  Marie 110
SCHWAB, Alexius 44
  Andreas 44
  Elizabeth 44
  Vallim 44
SCHWAMBECK, Carl 63
  Christian 63
  Dorothea 63
  Fritz 63
  Johann 63
  Louise 63
SCHWANAELJACK, Marianne 51
SCHWARTING, Frederick 8
  Hanchin 8
SCHWARZ, Liborinr 38
SCHWAZBACH, Gotlieb 38
SCHWBER, Wilhelmine 82
SCHWECKE, Anna 58
  Heinrich 58
  Johann 58
  Johanna 58
  Wilhelm 58
SCHWEDE, Anna 121
  Gottfried 121
  Karl 121
  Marie 121
  Wilhelm 121
SCHWEDER, Ann 115
  Catherine 115
  John H. 115
SCHWEICHEL, Master 27
SCHWEIMER, Emile 54
SCHWEIZER, Hinrich 33
  Carl 33
SCHWENKE, Diedrich 9
SCHWEPPE, Wilhelmine 109
SCHWERDFLEGER, Ant. 13
SCHWERTFEGGER, Heinrich 40
SCHWETTMAN, Caroline 111
  Christian 109
  Henrietta 109
  Louse 109
  Louisa 109
  Wilhelmine 109
SCHYNCMAN, Heinrich 10
SCOBLE, H. 23
  Jane 23
SCOTT, James 69
  John 69
SCRIMPTON, John 67
SEBASTIAN, Caroline 84
  Emilie 84
  Helene 84
  Henry 84
  Johanne 84
  Julia 84
  Laura 84
  Selma 84
SEEKAMP, A. N. 55
SEEKAMYR, Johann 112
SEELK, Carl 90
SEENE, Euget M. 109
SEHLUNNS, Johann 33
SEHAUCKENBACH, C. 35
SEIDEL, Helene 77
  Theodore 77
SEIGERT, Berthold 38
SEINNULER, Alvin 6
SEIPERT, Auguste 83
  Theressia 83
SELIG, J. 55
SEMERMANN, Fred 79
SEMMLES, Mar. Ferd. 22
SENGER, Elizabeth 48

SENGER (cont.)
  William 48
SENNE, August 109
  Caroline 109
  Sophie 109
  Ernest H. 109
SERASUK, Anna 87
  F. 87
  Franz 87
  Frauzisk 87
  Joseph 87
  Rosalie 87
  Theresia 87
SERFERT, Franz 84
SERVENSKY, John 79
SESSELMANN, Edward 65
SETTERSON, Master 89
SEUDKE, C. 56
SEUFF, August 81
  Carl 81
  Dorothe 81
  Georgine 81
  Herman 81
  Wilhelm 81
SEUNERMANN, Fred 79
SEYDLER, Fr. August 33
  Fr. Gustav 33
  Wilhelm 33
SEYFERTH, Louis 3
SHANKMEYER, Frederick 105
  Henrietta 105
  Minna 105
  Wilhelm 105
SHAW, John 68
SHELL, David 69
SHENDRATH, Mina 79
SHERDICK, Anna 63
  August 63
  Clara 63
SHERIDAN, Ann 69
  Joseph 70
SHICKELS, Anna Oath 12
  Cath 12
  Eilert 12
  Gerd 12
  Gerhr 12
SHINIEK, Carl 118
SHIRLEY, Clementa 97
  Ellen 97
  F. 97
  H. 97
SHMANCH, Aug. Wm. 29
SHULOCK, Auguste 19
  Ernst 19
  Ida 19
  Wilhelmine 19
SHUR, Elizabeth 9
SIDERSTOP, John 34
  Wilhelmine 34
SICH, Caroline 6
  Christian 6
  Johannes 6
SICHART, Friedrich 9
SIEBER, Carl Heinrich 7
  Christophe 7
  Hanna 7
  Hanna Christiane 7
  Joh David 7
  Moritz 7
SIEBERT, Anna 61
  Auguste 99
  Christian 99
  Dorotha 99
  Elizabeth 99
  Emma 61
SIEDEL, Anna 82
  August 83
  Carl 83
  Ernestine 83
  Franz 83
  Joseph 82
  Magdalean 82
  Marie 83

SIEGNER, Master 82
SIENENS, Ant. 22
SIENERTZ, Caroline 82
  August 82
SIEPER, Margaretha 50
SIEVENS, Heinrich 32
  Sophie 32
SIEVERS, Henretta 114
SIEVERT, Mina 64
SIFFEL, Steph. 28
SILVER, August 95
  Carl 95
  Henry 95
  Louise 95
SIMANIS, Christiane 32
SIMON, August 36
  Chr. 36
  Fried'r 36
  Johann 36
SINGLE, Auguste 4
  Barbara 4
  Bertha 4
  Johannies 4
  Wilhelm 4
SINKE, Anton 77
SINZ, Eliz. 14
SIPHAUCKY, John 87
SIPPIN, Auguste 99
  Christian 99
  Sophie 99
SISEN, Catharina 62
SITTERLE, Louise 87
SKRLE, Anna 131
  Marianna 131
  Stephen 131
SKALICKY, Aueska 130
  Fan 130
  Franc 130
  Jan 130
  Joseph 130
  Marie 130
  Wencl 130
SKARPA, Veronica 124
  Johann 124
SLETZIG, Maria 116
SLOVAK, Johann 131
SLUVE, Lena 14
SMIEGEL, Johan 10
SMITH, Geo. 97
SMITH, John 68,121
SMOLIKO, Isidor 94
  Theresa 94
  Valentin 94
  Vincent 94
SNILEK, Johs. 75
SOGEMANN, Helene 76
SOHORT, August 38
  Emil 38
  Wilhelm 38
SOIM, Gottlieb 116
SOLZER, M. 57
SOMER, Ann Marg. 31
  Anne 31
  Gessha 31
  Johan 31
SOMMER, Ferd T. 95
  Pauline 47
SOMMERLATE, A. 54
  August 54
  Caroline 54
  Friedrich 54
  Friedrike 54
  Leopoldine 54
SOMMERS, Joseph 84
SONNTAG, J. B. *!
SONTAG, Reinhard 81
SONTAGG, Joseph 86
  Rosalie 86
SOTTEGAST, Herm. 29
SPACIK, Rosalie 82
SPALTZ, Charlotte 2
SPARTZ, Caroline 2
  Edward 2
  Fredk. 2

SPATCHAK, Franz 64
SPEARMAN, Ernest 106
SPECKMANN, D. 88
SPENGOLER, Fr. Carl 33
SPICKELS, Gehr 12
  Gesche Marg. 12
  Jan 12
  Joh. Chr. 12
  Marg. Cath 12
SPIELERS, Franz 91
  Fredericke 91
  Louise 91
  W. L. 91
SPILLMAN, Anna 46
  F. H. 46
SPINARD, Joseph 81
  Martin 81
SPINGELHAUER, Ernst 79
SPITZER, Ottilia 128
SPREEN, Charlotte 45
  Christine 45
  Franz 45
  H. 57
  Henriette 45
  Wilhelm 45
  Wilhelmine H. 45
SPREENE, Louisa 57
  W. 57
SPRINGER, Albert 41
  Carl 41
  Christian 51
  Marie 41
  Paul 41
SPRINGFIELD, Carl 19
SPUER, Matilda 52
SPULMAN, Henry 82
SRNENSKY, Paul 117
  Veronica 117
STAAKE, Aug. 14
STAATHOFF, C. 5
STABACH, Frede 71
  Peter 71
STACK, Albert 126
  George 75
STAFFEL, August 49
  Eugen 49
  Hino 49
  Lina 49
STAHL, Carl 18,30
  Leonhard 18
  Maria 87
  Matilda 87
  Minna 87
  Sela 87
  Sina 30
  T. H. 87
STAKE, F. Louise 83
  Henry 83
  Margaret 83
  Martin 83
STAKH, Johann 51
  Thomas 51
  Veronika 51
STALBURG, Minnie 70
STALMACH, Joseph 121
  Marianna 121
STAMER, E. H. 35
  Franz H. 35
STANFIELD, Antionette 97
  Cora 97
  Emma 97
  Jane 97
  John W. 97
  Virginia 97
  William 97
STANSFIELD, Edward 33
  John 33
STAPHEL, Carl 8
  Johanna 8
STAPP, Ernst 35
  Mary 35
  Otto 35
  George 35

STAUCKE, Franz 41
STAWZER, Martin 85
STEBNER, Emil 90
  Gustave 90
  Rosalie 90
STEEGLITZ, Valentin 73
STEER, John 22
STEFFEN, Hanne 45
  Henriette 45
  Maria 49
  Michel 45
  Mina 46
STEFFEK, Andreas 63
  Johanna 63
  Veronica 63
STEHL, Carl 26
STEIN, C. F. 98
  Carl 98
  Frederike 98
STEINBRINKER, Catharina 44
  Elizth 44
  Friederich 44
  Heinrich 44
  Johanna 44
STEINBUSCH, Ludwig 14
STEINDEL, C. 26
STEINER, Dorotha 37
  Johann 37
  Mary C. 1
STEINES, A. L. L. 32
STEINHAGEN, C. F. 24
STEINHOFF, Johannes 53
  John 53
  Mrs. 53
STENBERG, Henry 15
  Henry Charles 15
  John George 15
  John Henry 14
  Wilhme. 15
  Wilh. me 15
  William 15
STENES, Edward 27
  Heinrich 27
  Laura 27
  Robert 27
STENNISS, Edward 19
STEPHAN, A. 55
  Anna 124
  Johann 124
  Joseph 124
  Josepha 124
STEPHEN, Vinzene 124
STEPHENS, John 69
STERNHAUSER, Fidel 26
STEWART, Andrew 69
  John 69
STIASNY, Johann 117
  Josef 117
  Anna 117,118
  Maria 117
  Martin 117
STIEBAL, Chrissina 34
STIEGHAN, Hienr 21
STIEGLER, Marie 31
STIEGLITZ, M. 73
STIEL, F. H. 26
STINCH, A. 26
STINE, Henri 13
STIURGRABER, F. 35
STIVINSKY, August 101
STOFFELMANN, Anna 37
  Gerhard 37
  Margarithe 37
STOFFEN, Mary 15
STOFFERS, Johann 44
STOLLE, Joh Fr. 21
STOLTE, Christian 48
  Friedericke 48
STOLTGER, Fred 80
  Louise 80
  Marie 80
  Rudolph 80
STORMER, Heinrich 119

STOVER, Anton 88
  Heline 88
  John 88
  Marie 88
  Meta 88
  Sophie 88
STRADTMAN, Bernard 93
STRAUSS, August 97
  Emily 97
  Marie 97
STRAWE, Dorothea 46
  Eva 46
  Joh. Friedch. 46
  Maria 46
STREAGER, Dorothea 83
  Friederike 83
STREDDE, Johanna A. 20
STREITHORST, August 36
  Friederich 36
STRESCAN, Hermann 129
STRESSNER, Wilhelmine 20
STREUBEL, Therese 25
STRIEPE, Christ 20
STRIETESKY, Anton 123
  Franz 123
  Rosalia 123,124
STRIME, Conrad 48
STROHMEYER, Ecceil 16
  M. 55
STROTHMEYER, Christian 105
  Frederick Edward 105
  Marie Louesa 105
  Wilhelm 105
STRUBE, Auguste 30
  Dorothea 35
  Fredrich 7
  Js. 35
  Maria 35
  Wilhilm 35
STRUMPL, Fred 90
STRUNICK, J. 55
STRUVE, Charles 35
  Ernst 35
STUBBELMAN, Lotte 26
STUBENRAUCH, Ferd. 48
  Johanna 48
STUBNER, Adolph 59
  Friedrich 59
  Juliane 59
  Louise 59
STUBONER, August 107
  Johanna 107
  Marie 107
STUHN, Catherine 5
STUMKE, Joh. 45
STUMPTER, Marie 60
STUNN, Ludwig 42
STURNS, Auguste 83
  Carl 83
  Fred 83
  Friederike 83
  Hermann 83
  Wilhelmine 83
STUSKE, Paul 51
SUCHANCK, Franz 63
SUCHEKAR, V. 87
SUCK, Agnes 118
  Andreas 118
  Anna 118
  Helene 118
  Maria 118
SUDERS, Fr. 26
SUEDLKE, C. 57
  I. 57
SUHRLAND, Fredr. 8
  Frederick 8
  Margarita 8
SUKOP, Elizabeth 61
SULLOCK, Eliz. 24
  Jno. 24
  John 24
  Mary Ann 24
  Wm. 24

SUNFEILD, Dinah 23
  Hannah 23
  Jno. 23
  Mary 23
  Saml. 23
  Thomas 23
  William 23
SURCEK, Anna 130
  Jan 130
  Marianna 130
  Therese 130
  Veronica 130
SUROWICK, Jersey 119
  Maria 119
  Martin 119
  Theresia 119
  Thomas 119
SUSSMANN, Ferdinand 43
SUTTENFUNST, A. 26
SUTTER, Ed. 26
  Theod. 25
  Theodore 26
SYZABUG, A. 55
TACKEL, Math. 28
TAFIA, Paul 91
TAGGLY, Barbara 80
TAILOR, Elizabeth 67
  John 67
  Thomas 67
TALRUACK, Johann 124
TAMSSKE, Allient 27
  Andreas 27
TANGE, Fritz 76
TANISH, Adelheid 50
  Albert 50
  Carl 50
  Freidricke 50
  Herman 50
  Jacob 50
  Ludwig 50
TANSCH, Leop. 13
TAPKEN, Catharine 34
  Gisina 34
  R. 34
TARHOFT, Johan 31
TASH, James 69
TASSKEN, Anna 9
  Johan 9
  Jurike 9
  Marie 9
TAUTERBACH, Heinrich 51
TAYLOR, Charles 7
  Eliz. 22
  Eliz. Ann 22
  J. Henry 22
  Mary Jane 22
  Nicholas 69
  Robert 22
  William 22,69
  Wm. 22
TEAGER, Carl 76
  Friedericke 76
  Geoffrey 76
  Marie 76
TEGGE, Toach 11
TELL, Catharine 34
TELLER, G. 84
TENNER, J. F. 25
TERFEL, Aug. 97
TERSCHORR, Louise 58
TESCH, Anna 40
  Carl 40
  Dorothea 40
  Joh. Ludwig 40
  Louis 40
  Minna 40
TESEN, Bertha 7
TESSNER, Wm. 20
TEULMEYER, Elise 36
  Fritz 36
  Louise 36
  Wilhelm 36
  Wilhelmine 37

THAB, Carol 21
THACHER, Christine 131
  Dan'l F. 131
  Frederiche 131
  Ful Carl 131
  Marine 131
THALER, Fred 79
THANE, Heinrich 60
THEDE, Auge 100
  Ferd 100
THEIS, Heinrich 102
THERNAHALEM, Yoh. C. 102
THIEL, Amalie 30
  Ernst 58
  Jacob 88
  S. 56
THIELMAN, Doretea 114
THIELZ, Febreoht 131
THIEM, C. A. Tal. 76
  Elizabeth M. 76
  Emila 76
  Laura 76
  Selma 76
THIEMAU, Carl 57
THIEN, Helene 44
THIER, Anna 93
  Margaret 2
  Susana 93
THIES, Friedrich 60
  Henrietta 91
THILLE, Christina 95
  Gottfreid 95
  Wilhelm 95
THILLEMANN, Fr. 95
THOMAS, Jacob 68
THOMPSON, Martha 68
THOMSEN, Cath 35
THONIG, Ernst W. 116
  Friedr. W. 116
THULMAN, Henrietta 111
THUNMANN, Wm. 21
THURMAN, H. D. 113
  Marie 113
THURMANN, Fredrich 76
THURNAN, H. 29
THUSIN, Robert 26
TIEHRMANN, Fredr. 127
TIELE, Christian 82
  Christoph 82
TIEMANN, Wilhelm 82
TIETZE, Joh. Henri 13
TILL, Joseph 75
TILLMANN, E. 26
TILLNER, Ernst W. 27
TILLSCH, Carl 85
TIMME, Adolph 82
  Albert 82
  Carl 82
  Elizabeth 82
  G. H. 82
  Otto 82
  Wilhelm 82
TINMELL, Ernestine 41
TIPPERT, Michael 51
TIPS, Anne Carol 27
TKADLICEK, Katrina 131
  Thomas 131
TONNE, Diedrich 47
TOPPER, Ernst 43
TORN, Franz 128
TOTTEN, Frank 68
  George 68
  Marry 68
TOURTAN, James 67
TOUSCH, Franz 89
TOWNSEND, Wm. 23
TRAJAN, Albertine 102
TRALL, Gustave 90
TRANGOTT, Christ. 116
TRANT, Eliz. 22,23
  Jane 23
  John 22,23
  Mary Jane 22

TRANT (cont.)
  Priscilla 23
  Richard 23
  Sam'l. 23
TRCALEK, Johann 117
  Veronica 117
TREFSLAN, Anna 76
  Ferdmand 75
  Friedrich 76
  Uenirka 76
  Wilhelmine 75
TRENTRUP, Friederike 118
TRENT-WEVE, Betty 127
  Meta 127
  Wilhelmine 127
TREUSS, Andrew 90
  Emilie 90
  Louise 90
TRIEBEL, Amalie 51
  Auguste 51
  Friedericke 51
  Johann 51
  Johanna 51
TRINK, Johann 71
TRINNALD, Christian 95
TROLL, Amitie 60
  Emilie 60
  Hermann 60
TROLUISE, Fredrick 72
  Fritz 72
  Johan 72
  L. 72
TRSEBE, Frederic 35
  George 35
  Henry 35
  John 35
TSCHINSCHMITZ, Henr. 13
TUCKER, Jno. 23
TEUBEL, Anna Catharine 51
  Friederich 51
  Michael 51
TUEMMLER, Ernestine Louise 50
  Friederike 50
  Friederike Pauline 50
  Johanne 50
TEUNMICK, Theodore 50
TUNCKE, George 20
  Henriette 20
TURKE, Caroline 129
  Gottlieb 129
  Henry 129
  Julia 129
TURSSE, J. G. 25
UAGEL, Adolphine 62
  Carl 62
  Franz 62
  George 62
  Ludwig 62
  Unsula 62
UEKER, Auguste 126
  Caroline 126
  Ernest 126
  Henrich 126
  Hermann 126
  Karl 126
  Ottilie 126
  Wilhelm 126
UEUTIKER, Catherine 109
ULBIG, Franz 62
UMLAND, Auguste 31
  Elize 31
  Emma 31
  Heinrich 31
  Johanna 31
  Julius 31
  Wilhelm 31
UNCGUA, Joseph 130
  Rosalia 130
UNCULKA, Joseph 130
  Marianna 130
  Valentine 130
URBAHN, Albert 14

URBAN, Stephan 124
URBANKE, Wilhelm 131
V. WESTSHALEN, Edgar 6
VAGT, C. F. 87
  E. T. 87
  Fred 87
  G. A. .87
  Johanna 87
VAHL, Alexander 39
  Elise 39
VALERIAN, Catherine 92
VALERIAN, Franziska 92
  John 92
VALLERY, Ann 69
  Henry 69
  Mary 69
VALLMAR, S. G. 27
VAN DANOF, Otto 49
VARICK, Johann 130
  Joseph 130
  Marianna 130
  Veruse 130
VARNHORN, Catharine 61
VASAGE, Christian 10
VASKEMP, John Henry 15
VASSIVERCKEL, Anna 88
  Gustave 88
  Maria 88
  Wilhelm 88
VEERS, Theodore 101
VEITH, Anna 99
  Auguste 99
VETTA, Carl 82
  Ernestine 99
  Fred 99
  Fredk. 99
  Herman 99
  Henriette 99
VEIVEGER, L. J. 20
VENNEWITZ, Bartholo 2
VERAMSKOFF, Engelbert 4
VESSEL ANDAIRA VALLEY 3
VESSEL BARK ALEXANDER 35
VESSEL BARK ANTON GUNCHER 89
VESSEL BARK DIANA 82
VESSEL BARK DYLE SOOMES 1
VESSEL BARK FORTUNE 97
VESSEL BARK GALVESTON 106
VESSEL BARK GESSNER 91
VESSEL BARK IRIS 95,101
VESSEL BARK JOHN HOLLAND 17
VESSEL BARK LOUIS 15
VESSEL BARK NEPTUNE 20,105
VESSEL BARK TEXAS 86,92
VESSEL BARK WESEN 90
VESSEL BARKE COLONIST 18
VESSEL BARQUE FRANCISKA 8
VESSEL BARQUE NATCHEZ 7
VESSEL BK. FRANZISKA 29
VESSEL BK. HAMBURG-KNOLLEN 31
VESSEL BR. NEPTUNE 27
VESSEL BREMEN 127
VESSEL BRIG. ANTOINETTE 14
VESSEL BRIG. CANAPUS 28
VESSEL BRIG. CANESTUIS 21
VESSEL BRIG. HELEN & ELISE 11
VESSEL BRIG. HENSCHEL 34
VESSEL BRIG. HERSCHEL 26
VESSEL BRIG. JOHN GETHARD 20
VESSEL BRIG. JON DETHARD 12
VESSEL BRIG. REFORM 28
VESSEL CHAS. N. COOPER 5
VESSEL ERNA 112,121
VESSEL GALLIOTT FLORA 24
VESSEL GALVESTON 116
VESSEL HEIRESS 121
VESSEL HERBERT 120
VESSEL ISABELLA TEAGUE 22
VESSEL IRIS 116
VESSEL METEOR 124
VESSEL SCHOONER LEO GARDES

VESSEL SHIP NEPTUNE 84
VESSEL SS LORD BUVE 97
VESSEL WESER 109,118,129
VETTER, A. H. 25
  C. F. A. 25
  J. R. 25
  J. S. 25
VIAHENMAN, Master 20
VIVEOUSC, Carl J. 62
VOELKER, August 82
  Elize 82
VOGEL, Anna 94
  Maria 93
  Carl 93
VOGELSANG, G. 26
  Jacob 20
  Peter 44
VOGELSAUY, Otto 56
VOGES, Diedrich 38
VOGG, C. Frederick 6
VOGLE, August 53
VOGT, Andreas 60
  August 102
  Carl 6
  Christine 102
  Gustav 102
  Selma 102
VOIGHT, Adalheid 6
  Adam 46
  Adolph 6
  Albreht 9
  Andreas 45
  August 6
  Carl 9
  Caroline 6
  Edward 6
  Ferdinand 6
  Franz 9
  Frederike 45
  Gustav 9
  Heinrich 6
  Herrman 9
  Joh 35
  Marie 9
  Michael 9
  Otto 9
  Samuel 6
  Selina 6
  Thekla 9
  Wilhelm 9
VOIGT, Auga. 97
VOLBRECHT, Joseph 102
VOLK, Christoph 53
VOLKEL, Cathe. 100
  Justine 100
  Sophie 100
VOLMER, Auga. 97
VOLRATH, L. 26
VOLTZ, Fred 16
VON GELGENHEIMB, Ferdind 38
VON HADEMANN, August 38
VON HIPPEL, Moritz 38
VON LANSEL, Otto 29
VON LICHTENBERG, E. 16
  L. 16
VON MARSHALL, Charles 17
  Guillanme 17
  Louise Caroline 17
  Mathilda 17
VON MEY, Edward 101
VONPAGEL, Bertha 77
  Emil 77
  Ernst 77
  Gustave 77
  Henriette 77
  Julius 77
VON PLONNIES, Carl 51
VON RATZMON 51
VON ROSENBERG, Alexander 29
  Amande 29
  Auguste 29
  Carl 29
  Engin 29

VON ROSENBERG (cont.)
  Johannes 29
  Johmma 29
  Lina 29
  Walter 29
  Wilhelm 29
VON SETTER, Eugene 16
VON SOHR, Anton 29
VON STEIN, Alvine 29
  Carl 29
  Eliess 29
VONSTEN, Alfred 15
  Charlotte 15
  Edward 16
  Emil 15
VON STNIBE, Amandas 19
  Heinrich 19
  Luis 19
  Minna 19
  Stephani 19
VOSS, Albert 114
  Antonie 114
  August 50
  Auguste 50
  Carl 77
  Christine 77
  Ernest 77
  Frederich 114
  Henry 98
  Herman 115
  Johann 114
  Konradine 50
  Ludwig 50
  Wilhelm 50
  Wilhelmine 50
VOTZ, Joseph 86
  Margaret 86
  Michael 86
VOYLE, Andrea 94
  Johann 94
  Maria 94
WACKER, Catharine 98
  Henry 98
  Marie 98
WAGENFUHR, Andreas 43
  August 43
  Christina 43
  Friederich 43
  Heinrich 43
  Johannes 43
WAGLESTAT, George 66
WAGNER, A. 65
  Carl 101
  Charles 2
  Christian 15
  Edward 36
  Emilie 30
  Frede. 100
  Joachim 100
  Johann 100
  Johonnis 65
  Julius 30
  Marie 100
  Wilhelm 65,101
  Wilhelmina 100
WAGUER, Anna Marie 52
  Joh. Ph. 52
  Sam. 52
WAHERZ, Caroline 110
  Henrietta 110
  Wilhelmine 110
WAHL, Theod. 29
WALBAUM, Caroline 84
  Dieder 84
  Fred 84
  Lena 84
  Mina 84
WALCHAR, Anna 124
  Johann 124
  Joseph 124
  Rosina 124
  Susanna 124
WALKAWIAK, Gustave 91
  John 91

WALKAWIAK (cont.)
   L. 91
   Louise 91
WALKER, Caroline 39
   Heinrich 39
WALLA, Joseph 64
WALLEK, Johann 65
WALLESCHLAGER, Andras 102
   Christian 102
   Gustav 102
   Sophie 102
   Sophie D. 102
WALLEY, Fred 34
WALMSCHAFFE, Fried 115
   Henrietta 115
   Minna 115
   Wilhelm 115
WALMSLEY, Wm. 69
WALTENSDORF, Carl 38
WALTER, Albert 82
   Auguste 41
   Carl 41
   Emlie 82
   Fred 82
   Julius 20
   Pauline 41
   Sophie 82
WALTERS, Minna 78
WALTHER, Caroline 8
   Wilhelm 8
WARBACH, Caroline S. 4
   Emelie 4
   Jacob G. 4
WARHMAN, Christian 112
WARKMANN, Carl Ludw. 28
WARNEKE, Dorothea 58
WARNESKE, Hermann 112
WARNICK, Carl 88
   Caroline 88
   Dorothe 88
   Fred 88
   Henry 88
WARNING, Frd'k 48
WARNKEN, Meinert 44
WARTFIELD, Julius 81
WARTH, Aug. 101
   Carl 101
WASEHZEK, Anna 126
   Joseph 126
   Paul 126
   Veronica 126
WASSILBERG, Fred. 49
WASSMUS, Friedeike 61
   Wilhelmine 61
WASTARK, Franz 128
   Franziska 128
   John 128
   Joseph 128
   Maria 128
WASTENBARTH, Albirtine 76
   August G. 76
   Johnn 76
WATAURZRYK, Andrew 71
   Maria 71
WATCHA, Johann 63
   Marie 63
   Rosine 63
WATCHER, Apolonia 63
   Franz 63
   Johanna 63
WATERMAN, J. 97
WATSON, James 66
WATTSON, John 22
WAUER, Adele 52
   Elise 52
   Heinrich 52
   Johannes 52
WAUMANN, Auguste 15
   F. Aug. 15
WAUR, Mrs. Ida 52
WAYNE, George 24
WEBER, Carl Fr. 22
   Elise 64
   Elize 82

WEBER (cont.)
   F. Henry 82
   Fred 82
   Joh. 29
   Louise 82
   Mathias 30
   Onivatius 37
   Wilhelm 30
WEBERNICH, Albin 60
   Franz 60
   Friederich 60
   Johann 60
   Michael 60
   Wilhelmine 60
WEDEMEIR, Jacob 93
WEGENER, Adolph 100
   Auguste 100
   Friederick 33
   Gottlieb 100
   Henriette 100
   L. 26
   Wilhelmine 100
WEGENES, Alvine 101
   Julius 101
   Ludwig 101
WEGNER, August 90
   Auguste 90
   Heinr 21
WEHMAYER, Frederike 102
   Sophia 102
WEHMEGER, Herman 82
WEHMEIER, Doris 54
   Elisabeth 54
WEHMEYER, Carl 110
   Charlotte 111
   Frederich 109
   Heinr. 45
   Heinrich 109
   Henrietta 109
   Louise 109
   Hermann 110
   Wilhelm 109
WEHNING, Wilhelmine 83
WEHRING, Frederich 109
   Wilhelm 109
WEICHHARDT, Eliz. 14
WEICHMANN, Anna 62
   August 62
   Hermine 62
   Johanna 62
   Maria 62
   Sophie 62
WEIGAN, John 77
WEIGAND, Heinrich 51
WEIGE, Elise 59
   Ferdinand 59
   Henritte 58
   Louise 58
WEIGEL, Auguste 18
WEIL, Henry 3
   Jane 3
   John 3
   Marie Franz 3
WEILBACHER, Peter 49
WEILSHAUSER, Emil 39
WEINENS, Carl 77
WEINHOLD, Christ 31
   Johann 31
   Jos. 31
WEINSCHE, Adolph 59
   Carl 59
   Caroline 59
   Ernst 59
   Gottlieb 59
   Gustav 59
   Johanne 59
   Juliane 59
WEIRMANN, Ludivig 57
WEISS, Adolph 17
   Frederick 106
   Jas. 27
WEITER, Elizabeth 8
   Friedrich 8
   Henrietta 8

WEITER (cont.)
   Heinrich 8
   Johannes 8
   Margarita 8
   Maria 8
   Valentine 8
WELL, Emily 100
   Fredk. 100
   Julius 100
   Pauline 100
WELLERZ, Chatarina 37
WELLMAN, F. W. 57
WELRICH, Otto 55
WELTER, Carl 79
WEMBRIH, Alexander 3
   August 3
   Brenhard 3
   Dorotha M. 3
   John C. 3
   Wilhelm 3
WEMDERLICH, Eliza 61
WENAT, Auguste 76
   Carl G. 76
   Carl T. H. 76
   Friedrike 76
   T. H. C. 76
WENDEL, Johan 111
WENDELL, Gottfried 41
WENDERLICH, Louisa 105
WENDLING, Auguste 40
   Ernestine 40
   Fredricka 40
   Fredricke 40
   Heinrich 40
   Ludwig 40
   Wilhelmina 40
WENZEL, August 110
   John 91
   Pauline 126
WEPPMER, George 70
WERBACH, August 40
   Sophie 40
   Wilhelmine 40
WERGAN, Wilhelmina 79
WERNER, Carl 70
   Christina 130
   Fr. 22
   Franc 130
   Franciska 130
   Gottlieb 116
   Maria 130
   Mathilde 116
   Paul 130
WERSCHAN, Henrich 126
WERTCHITZKEN, Carl 106
   Henrietta 106
   Johann 106
   Yeh. Franz 106
WESCHE, Christine 114
   Fred 72
   Jacob 72
   Marie 114
WESELKA, Joseph 64
WESENBERG, Elizabeth 101
WESSELS, Anne H. 59
   Heinrich 59
   Marie 59
WESSINGER, Ann C. F. 1
   Jacob F. 1
   John 1
WESTERFELD, Wilhelmine 111
WESTERLAGE, Angela 14
   Phil 14
WESTERFIELD, Wilhelmine 60
WESTMEYER, Charlotte 109
WESTPHAL, Carolina 43
WETTERMANN, Aug. 28
   Henry 94
WETTIE, Elizabeth 82
WETTMAN, C. 79
   W. 79
WETZLER, Henrich 3
WEUNMIOHS, Adolph 33
WEYHING, M. 55

WEYHIRG, P. 56
WHITEMAN, John 69
WHLEMANN, Fred 82
WICEKER, Bernard 115
WICHMAUN, J. E. 34
WICKE, Henry 47
WICKEIAND, Fritz 52
WICKESTROM, Olaf 78
WIDMANN, Gust. 78
WIEBUSCH, Ludwig 20
WIED, Mary Elisa 14
WIEDEMAN, Albert 102
   Frederich 102
   Hermine 102
   Mathilde 102
WIEDEMANN, Auguste 8
   Caroline 8
   Edward 8
   Leopold 8
   Michael 8
WIEDENFELLER, Adam 115
   Johann 115
   Margaretha 115
WIEDSTRUCK, Marie 115
   Wilhelm 115
WIEGARD, Dorothea 111
WIEGMANN, Ernst 21
   John Heinr 21
WIELAND, Frdk. 95
WIEMANN, Henry F. 15
WIEMER, Angeline 101
   Christian 101
   Christopher 101
   Johanne 101
WIENAUD, Bertha 102
   Carl W. 102
   Wilhelmine 102
WIENSTRUCK, Marie 33
   Wilhelm 33
WIEPSECHT, Rud. 26
WIESE, Christel 97
   H. A. 57
   Herman 97
   Johinnie 97
WIESS, Fr. K. 47
WIETZBROK, Carl 95
   Dorotha 95
   Frederika 95
   Maria 95
WIGENER, Andreas 43
WILDE, Carl 78
   Christian 78
   Dorothea 79
   Fred 78,79
   Henry 79
   Marie 78
   Wilhelmine 78
WILGEROTH, Aug. Christian 44
   Christian 44
WILHELM, F. 54
WILKEN, F. 56
   H. 56
WIGAND, Anton 14
WIGMEYER, Master 20
WILBERG, Jos. 28
WILKEN, Henry 66
   James 66
   Jessie 66
WILKINS, Jane E. 68
   John 68
   Mary 67
WILL, Apolonia 119
   Christine 45
   Johann 45
   Louise 45
   Maria 45
WILLEM, A. W. 82
   C. A. 82
   Caroline 82
   Christoph 82
WILLENBERG, Aug. 28
WILLIAMS, George 68
   Henry 68

WILLIG, Hermann 128
WILMS, Jorehim 40
WILSON, John 69
WINCKLER, Carl 49
WINDBERG, Andreas 118
WINDEL, Charlotte 82
   Henriette 60
WINDET, John L. 95
WINK, Anna 17
   Anna Marie 17
   Annie Marie 18
   Antonise 18
   Catharine 17
   Francisca 17
   George Paul 17
   Jean 17,18
   Josef 17
   Louis 17
   Magdalina 17
   Peter 18
   Rosina 18
WINKELMAN, Caroline 111
WINKELMANN, Johann 61
   Wilh. 44
WINKLER, Carl 110
   Joh. A. 53
   Margarett 53
WINKLES, Anna 73
   Anton 73
   Franz 73
   Theresia 73
WINTER, Johanne 30
   Wilhelm 30
WINTERS, Carl 112
WINZINGEN, Jul. 22
WIRSCHBERG, A. 70
WIRTH, Dorotha 99
   Franz 99
   Fredk. 99
   Wilhelmina 99
WISCH, Dorotha 99
   Fred 99
WISE, August 109
   Carl 109
   Caroline 109
   Christoph 109
   Henrietta 109
   Louse 109
   Wilhelmina 109
WISSE, Gottlieb 49
WITTE, Anna 36
   Helene 36
   Marie 36
   Victor 36
WITTELSTEDT, Albertine 119
   Anton 119
   Carl 119
   Friederike 119
   Johanne 119
   Wilhelmine 119
WITTING, Friedr. 42
   Georg 49
WITTMANN, Anna 128
   Emma 128
   Fred 128
   Johanne 128
   Louis 128
   Wm. 128
WITTSCH, August 83
   Carl 83
   Emma 83
   Gottfrey 83
   Hermann 83
   Robert 83
   Sophie 83
   Wilhelmine 83
WOEFF, Rosine 57
WOELFF, Sophie 79
WOFF, Bertha 70
   Carl 70
   Erustine 70
   Gustain 70
   Julius 70

WOHMEYER, F. Wilhelm 102
WOILICK, Carl 78
   Cathrine 78
   Johanna 78
   John 78
   Veronica 78
WOJTEK, Anna 124
   Joseph 124
   Rena 124
WOKALY, Anton 91
   Marie 91
WOKASCH, Agnes 110
   Christine 110
   Johann 110
   Johanue 110
WOKATI, Catharina 64
   Franz 64
WOLCZIK, Anna 124
   Johann 124
   Joseph 124
WOLEZIK, Anna 124
   Joseph 124
   Stephan 124
WOLF, Albert 95
   Amelia 95
   Auguste 59
   Catharine 31
   Elizabeth 59
   Ferd 13
   Gottlieb 59
   Henrietta 95
   Herman 95
   J. C. L. 31
   Joseph 30
   Leonhard 30
   Marie 59
   Wilhelm 59
WOLFF, Adolph 89
   Albert 89
   Caroline 89
   Ferdinand 8
   Fred 89
   G. 84
   Gottlieb 119
   John 89
   Louise 89
   Maria 89
   Minna 89
   Wilhelm 119
WOLGERT, Carl 101
WOLKER, Sophie 95
WOLLE, Carl Wm. 20
WOLLSCHLAGEL, Johann 60
WOLPERT, Caroline 65
WOLTER, Anna 127
   Carl 127
   Friedrich 127
   Johanne 127
WOLTERSDORF, J. A. W. 13
WOLZENN, Anna 49
   Gertrude 49
   John 49
WOLZENNQ, Math 49
WOOLSTON, John 23
WORNINGEU, Jean B. 113
WOTZEK, Dominik 63
WOYTHE, Ernst 94
   Gotlieb 94
   Johanna 94
   Johanne 94
   John C. 94
WRANGE, J. 19
WROBEL, Francis 92
   Johanna 92
   John 92
   Thelka 92
   Victoria 92
WRTUS, Hrna 122
   Lucas 122
WULFRING, E. R. 26
WUNDERLICH, Elisa 14
   Fast 14
   Frederic 14

WUNDERLICH (cont.)
  Henry 14
  Mary Elisa 14
WUNSCH, August 13
  Carl Gotlieb 13
  Carl Gott 13
  Christine 13
  Ernst 13
  Gotlieb 13
  Wilhelm 13
WUNSCHER, Carl Wilh. 13
  Chr. Friedr. 13
  Fried. Wilhelm 13
  Richard 13
  Rosine 13
  Rosine Therese 13
WURDERLICH, Christian 82
WURGLOW, Fred 83
WURKELMANN, Henrietta 82
WUNDERLICH, Catharine 59
  Christine 59
  Elise 59
  Heinrich 59
  Louise 59
  T. H. 59
WUSTHOFF, Robert 38
WUSTIRICH, ---- 41
  Otto 41
WYSKALA, Thos. 75
YADICKE, Henriette 103
  Yah. L. 103
YANIK, Ceuil 74
  Johan 74
  Johanna 74
  Theresa 74
YAZKE, Franz 76
YOLLEN, Clement 97
  Jesse 97
  Wm. 97
YUNGERMAN, A. E. 90
  Marie 90
YURGENS, George 74
ZABEL, Christine 40
ZADOW, Carl 63
  Mathilde 63
ZAHEADNIK, G. 56
  Joseph 56
  M. 56
ZAHN, Carl 32
  Emilia 32
  Maria 32
  Gottleib 32
  Wilhelmine 32
ZANDER, A. H. B. 32
  Adolfine 32
  Auguste 32
  Friedrich 32
  Friedricka 32
  Margaret 32
  Wilhelm 32
ZANI, August 33
ZANJI, Albertine 7
  Anna 7
  Auguste 7
  Carl 7
  Caroline 6
  Johanne 7
  Louise 6
  Peter 6
ZAPALAC, Anna 124
  Johann 124
  Johanna 124
  Marianna 124
  Martin 124
  Rosara 124
  Veronica 124
ZAPALAK, Anna 127
  Joseph 127
  Paul 127
  Pauline 127
  Peter 127
  Veronica 127
ZAPP, Carl 52
  Eleonore 52

ZEBST, Auguste 40
  Carl Wilhelm 40
  Henriette 40
ZEH, Chs. Wm. 25
ZEIDLER, Barbara 33
ZELRANECK, Joseph 105
  Philip M. 105
ZENICH, Friedrich 51
ZENN, Fredrika 95
  Henry 95
  Louise 95
  Sophie 95
  Wilhelm 95
ZENNER, Peter 48
ZENTZ, Wm. 25
ZEPS, Ernst 95
ZERBECH, Anthony 3
  John 3
  Eliza 3
  Gertrude M. 3
  Henry 3
  Maria 3
ZERBST, Carl Wilh. 47
ZIFCHA, Jos. 92
ZILEK, Anna 92
  Therissia 92
ZIMMERMAN, Anges 102
  August 51
  Carl 61
  Christian 51
  Christiana 107
  Emma 102
  Freiderich 102
  Friederike 51
  Hanna 51
  Magdalena 107
  Maria 107
  Matilde 102
  Michael 107
  Theressa 107
  Wilhelmine 51
  Yoh. Aug 107
ZIMMERMANN, Daniel 48
ZIVOCKY, Josef 117
ZOLKE, Julius 109
ZORN, Gottfreed 82
ZQITSCHEK, Veronica 63
ZUBECH, August 107
ZUBICEK, Johann 117
  Josef 117
  Maria 117
  Rosina 117
  Thomas 117
ZULSDORF, Fritz 120
ZURCKE, Friederike 118
  Hermann 118
  Ondri 118
ZURHOWSKI, Lorenz 108
ZWIERMAN, Christo. 93

www.ingramcontent.com/pod-product-compliance
Lightning Source LLC
LaVergne TN
LVHW091550060526
838200LV00036B/768